文史探赜

李万堡 著

黑龙江人民出版社

图书在版编目（CIP）数据

文史探赜 / 李万堡著. — 哈尔滨 : 黑龙江人民出版社, 2018.8
ISBN 978 - 7 - 207 - 11488 - 4

Ⅰ. ①文… Ⅱ. ①李… Ⅲ. ①文史—中国—文集
Ⅳ. ①C52

中国版本图书馆 CIP 数据核字(2018)第 196343 号

责任编辑:朱佳新
封面设计:鲲　鹏

文史探赜
Wenshi Tanze
李万堡　著

出版发行　黑龙江人民出版社
地　　址　哈尔滨市南岗区宣庆小区 1 号楼
邮　　编　150008
网　　址　www.longpress.com
电子邮箱　hljrmcbs@yeah.net
印　　刷　永清县晔盛亚胶印有限公司
开　　本　880 × 1230　1/32
印　　张　9
字　　数　230 千字
版　　次　2018 年 10 月第 1 版　2021 年 6 月第 2 次印刷
书　　号　ISBN 978 - 7 - 207 - 11488 - 4
定　　价　48.00 元

《易》曰：憧憧往来，朋从尔思。子曰：天下何思何虑？天下同归而殊途，一致而百虑。天下何思何虑？日往则月来，月往则日来，日月相推而明生焉。寒往则暑来，暑往则寒来，寒暑相推而岁成焉。往者屈也，来者信也，屈信相感而利生焉。尺蠖之屈，以求信也；龙蛇之蛰，以存身也。精义入神，以致用也；利用安身，以崇德也。过此以往，未之或知也；穷神知化，德之盛也。

天山天池

崖峭风高似苦寒，人稀却好驻神仙。
云封四塞葱茏岭，心印一池难老泉。
尘客游方初错意，余霞落涧自成眠。
玉溪如识天山路，从此无须闻杜鹃。

蒋述卓序

探赜索隐,钩深致远。

——《易·系辞上》

中国文史研究历来就有好的传统,那就是文史不分家。这对于做古典文学研究的工作者来说,将这一传统继承下来并传扬下去,就能真正起到传承中华文化的作用了。事实上,文史不分家并不是一种方法或技术,而是研究过程中必不可少的步骤,甚至还可以上升到一种研究理念与思想。不仅如此,文史研究还要向哲学靠拢,进一步做到文史哲不分家。真正的文史大家还走得更远,像我的导师王元化先生所提倡的"三结合"的研究方法即文史哲结合、古今结合、中外结合就是一种眼界更高更阔的研究理念。

万堡先生此书《文史探赜》,其研究取向就在于打通文史,探幽钩沉,在文史哲结合的研究中努力发掘古人作文与做人以及文学与音乐、文学与民歌、文学与巫术宗教、文学与文化等之间的关系,并在这些关系的揭示中进一步探明文学发展的文化轨迹。他不仅去研究"红颜祸水"论的最早源头问题,同时也探讨"务头"一词的起源问题;不仅论柳宗元、晏殊诗文中隐藏的人生忧患和心灵冲突,同时也从哲学角度去诠释陶渊明的"无弦琴"的哲学含义和王国维"人生三境界"的诗性思维和忧患意识;不仅探究巫史为"六艺"之渊薮问题,同时也结合其古典诗歌教学如何打通文体壁垒以及诗歌与音乐绘画的壁垒、打通时代隔阂、填平鉴赏与创作的鸿沟问题。正是在这种打通意识的指导下,万堡先生为我们提供了一种文史研究的示范。这正应了他自己的诗句"玉溪如识天山路，从此无须闻杜鹃”。读万堡先生书，也多有茅塞顿开之感，它带给我们的启发是诸多的。

文学是文化之一部分，研究文学就应该将其放置到它的文化背景中去研究，或探源，或诠释其意义与价值，都离不开文化的探究。俄罗斯文艺理论家维谢洛夫斯基提出的历史诗学，将文学史视为一种体现于哲学、宗教、文学运动之中的社会思想史，尽管他也十分重视文学作品中的叙事、母题、情节乃至语言的研究，但总体上他构筑的是一种基于文化研究之上的文化诗学。之后的巴赫金则继承了维谢洛夫斯基的研究方法，他所提出的“复调小说”和“狂欢化”理论，就是从研究民间文学与民间文化中得出来的。他的诗学其实就是一种文化诗学。巴赫金指出，文艺学应与文化史建立更密切的联系，不能离开时代的整个文化来研究文学，并且高度重视民间文化潮流对文学的重大影响。我国当代学者叶舒宪研究中国古代神话，创造性地提出了“三重证据法”，其中很重要的就是重视被埋没的民间口传文学以及出土文物所隐藏的文化密码的破译。杨义教授近年来所做的“诸子还原”的研究工作，也是欲借用考古学的复原手段，对早期的先秦文化进行文化修复和诠释。杨义教授所做的工作，如对屈原以及楚辞的研究等，实际上是在进行一种文化诗学的实践。

万堡先生此书的探索，也露出这种文史探源、钩玄索隐的势头，他将文学研究置于整个文化体系之中去进行考证、诠释以及对其当代价值的挖掘，都是具有文化诗学的实践意义的。我希望他在这条道路上继续前行，定能取得更骄人的成绩。

2018 年 2 月 23 日

（作者为暨南大学原党委书记、副校长，暨南大学文学院教授、博士生导师，广东省作家协会主席、广东省中国文学学会会长）

刘绍瑾序

我与李君相识几近二十年，本世纪初李君来暨大从余做访问学者，初逢便觉此人木讷中透着轴气。当时我们一起研讨诗歌与音乐关系的话题，他每周除了来听几节课，便是闭门索居。此君嗜饮，周日我们常于黑天鹅小酌，觥筹之间切磋琢磨，唯在诗文，每每分享其昨日于书城所获。一日我去他明湖居的寓所，开窗即是马达轰鸣，闭户便是热汗蒸腾，一几一榻一青灯，多少乱书帷幄中。

诗歌与音乐的关系研究本不是个新鲜课题，也不算是热门话题，李君喜欢此课题，是因为他从诗歌本与乐舞一体之源中，发现诗歌与音乐自古以来就有着割不断、理还乱的关系。于是他在音乐文学史中抽绎出诗歌与音乐的离合、雅文学与俗文学的缠绕、格律派与本色派的聚讼等几个问题，提出一个大胆预想，上窥风骚，中启唐诗宋词元曲，下瞰明清时调之诗歌流变正在走向白话文运动之后，并不是胡适之、郭沫若等于西方横向移植而来的自由体，当然也不是当今复古一派的格律体，而是自弘一法师《送别》以降的新民歌。他甚至认为诗歌一旦与音乐分离，由口头文学而成为案头文学之后，其体裁一经雅化定格，必定催生出新的音乐文学形式，并从而再次回归到“诗者歌也”的路径。自文学“自觉”之后，雅化之声一浪高过一浪，虽然回归“本色”“亲风雅”“真性情”的宏论间出，但皆波澜不惊，未能唤醒诗学界，诗歌的音乐性、通俗性始终被冷落着。虽然“新民歌”（当代创作歌曲）、拟民歌早已登上大雅之堂——走进了人民大会堂，更走进了千家万户,也走进了音乐文学史,但还没有真正走进纯文学史。学界并没有正视民歌一次次地对文人诗的挽救,并没有看清音乐性才是诗歌一以贯之的红线。李君此一执着的意念与探究,无论对于诗与音乐的关系,还是中国诗的走向、通俗文学的雅化等重要问题,都是启人深思的。

李君在研究音乐文学史的同时,还特别重视对作家、作品的诠释。但他似乎更留意于其作品中所打开作家的心扉,于是又撷取了一些文学史上炙手可热的大人物来考察。如陶渊明的超然率性,柳宗元的忧愤之情,晏殊的心灵冲突,苏轼的通达任性,李鸿章的排满情愫,王国维的优患意识,总之,历代文人的心灵世界及其与文化场域的关系也是他的学术重心之所在。但是近期不知什么原因,抑或是其自身的优患意识在作祟,李君又由诗学而复以诗学之眼观照史阈哲思,以《易·系辞》之“天下同归而殊途,一致而百虑”为枢机,由诸子百家而上溯“六艺”,直指巫史,并下瞰《吕氏春秋》,还大胆地称吕不韦为“吕子”、为“通家”,试图通过勘察学术大势和诸子源流而叩问经济之术。不过此问题过于宏阔,挑战之大难以名状,其余勇可贾乎,其期许可待否,尚须拭目。

李君长期执教于南海岸边一高职院校,无论是从他所处地域之偏远还是其以教学为主的职业特点,都堪称身处学术边缘地带。但他不甘心、不气馁,硬是利用繁重的教学之余潜心学术,终于向我们奉献出这样一部有特色有见地的学术著作!逝者如斯,转眼廿载,愿李君以此著为端绪,再迎来一个金秋!

2018 年 7 月于暨南园

(作者为暨南大学文学院教授、博士生导师)

自　序

我长期关注着诗学史，也不断在理论和创作之间游弋，于是产生了一些对诗歌流变的思考。愚以为中国诗歌之流变，诗、词、曲的递嬗正显示了一条独特规律，即音乐化和俗化运动，所以曲之余绪应是现当代“歌词”，而非“五四”以后流行的“新诗”，亦非当下“老夫子”的平平仄仄。尽管我最爱读的和最爱写的仍然是近体诗，而诗歌流变当回归“歌诗”（歌词）本色，故继唐诗、宋词、元曲之后，歌诗必将主宰未来诗坛。所谓歌诗，必具其独特的语言模式和审美趣味：既要字正腔圆，又要通俗晓畅；既要抒情言志，又要凝练警拔；既要含蓄隽永，又要独创体式。文学性与音乐性是其翅膀，而翅膀则不可缺一。但其音乐性，绝不是抑扬顿挫的平仄韵律对，而是字正腔圆的宫商角徵羽。1994 年春，央视四套《天涯共此时》栏目征歌，我应征一首《百姓一家》：“百家姓，百姓家，百姓家家都有一段佳话。不求荣华富贵，不求功名闻达，寻常巷陌酿造千古文化。无论你躬耕桑梓，无论你浪迹天涯，天下龙的传人，谁敢忘黄肤黑发……百家姓，百姓家，百姓家家都有一段佳话。几度金戈铁马，几度渔樵问答，盛衰荣辱系着百姓千家。任凭你风云叱咤，任凭你称孤道寡，心中没有百姓，定叫你折戟沉沙！”虽然此活动无疾而终，但我仍想借此词来表达音乐文学之理念。

一部中国诗史，被以朝断代，并冠以词、曲之别名，实为其口头文学性在导引，故案头文学应是变体。在诗歌流变中有一现象值得关注，即其每次蜕变之后，新体必先遭冷落，待而后其堂庑渐大，文人便取来雅正一番，随之又陷落窠臼。鲁迅《致姚克》说："歌诗词曲，我以为原是民间物，文人取为己有，越做越难懂，弄得变成僵石，他们就又去取一样，又来慢慢绞死它。"文人基于对大众审美的蔑视而过分地追求声律和雅化，漠视鲜见的前瞻理论，如曹丕的"贵远贱近"论、钟荣与皎然的"声律"论、刘勰的"通变"论、王国维的"文学代胜"论等，不仅使创作理论滞后，还使诗歌不断在雅俗之间摇摆，然而在诗歌阶段性地陷入瓶颈之后，又不断引起"复雅尊体""当行本色"及"诗必盛唐"等复古思潮。诗歌的音乐性决定其通俗性，于是每当诗歌由雅化而僵化之际，复得民歌之沾溉而获重生。

因教学之故，除了诗史之外，我还较多地观照了作家、作品，但见学界多注重文本分析，很少关注作家心理层面。突然间，对晏元献"小园香径独徘徊"之句顿生感喟，遂选取几位颇负盛誉之大家审问之。其实关注大家，还另有要因，时下研究生选题，大多寻求冷门，或曰三四流作家作品，如"大历十才子""狭邪小说"之类。愚以为，教育者的学术活动不应偏离教学过远，亦不能因为是名家、名著就望洋兴叹或敬而远之，虽然冷门易出成果，而之于教学无疑隔靴搔痒，此可谓"担当"否？此外，最令人费解的是，与经费、晋职紧密关联的"科研课题"，每次下来"申报指南"都是"为地方经济服务"或"经济欠发达地区的高职教育思考与对策"之类。因为我实在找不出它与我"中国古代文学"之干系，真乃愈指愈难，于是自愿放弃申报，不主常故，另辟蹊径，昔日虽少了几贯散碎银两，而今却多了这篇《自序》。

沈约说陶渊明常拿无弦琴"抚弄以寄其意"，后人从此便寻章摘句，并玄化其旨，但我却发现颜延之说的陶渊明"性不解音"最合其本来面目，后人之"玄解"无非借他人之酒杯浇自己之块垒。故犹当知人论世，还原诗人本色，遂成我若干年的兴趣点。读到寓言，始觉先秦寓言与柳河东寓言各有气象，继之感到柳河东有着先秦诸子所不具备的震撼力量。先秦寓言在嬉笑怒骂之中令人不能忍俊,而柳河东则有长歌当哭之哀。其意象之摄取多在“动物世界”,其叙述方式多在“心理刻画”,其抒情方式则是“冷峻针砭”,并且其中还透着浓重的“忧愤之情”。再如,被誉为“北宋倚声家初祖”的晏殊,以诗闻名,以词行世,但历来褒贬俱存,或肯定其珠圆玉润、雍容华贵之艺术造诣,或否定其富贵闲愁、及时行乐之颓废思想。其实,《珠玉词》其风雅精神也并非完全缺席,其“小园香径独徘徊”之句就极具张力,而这种幽约之风正源于其所奉行的并充满矛盾冲突的圆融哲学。于是他在行动上就常表现为跋前疐后,在艺术表现上则藏锋隐智惟说气象。北宋词坛争议最大者,莫过坡仙,而归结起来只一“本色”而已。元好问以“性情之外,不知有文字”论苏词乃切中肯綮,而余谓其性情当以“通、随、拗”三字为适。前不久有李鸿章“遗诗”横空出世,我发现其间竟然隐藏着一个偌大的秘密,诗中“三百年来伤国步,八千里外吊民残”句,隐约透着“排满端绪”。李氏“名满天下,谤亦随之”,虽有梁任公为其立传翻案,终未改“国贼”骂名,而身后六十年,誉谤稍有改观。李氏于晚清排满驱虏声浪之中执国柄、占枢机,堪称“孤忠”,又在时人多方鼓动之际,终不为“贰臣”,应是基于两千年儒家教化之根底。然李氏并非未对有清一代反思一过,“三百年来”句当指清兵入关之际“国步”已伤！诗读多了,诗人“结识”多了,不禁会问:其人何其伟也？其最佳答案应是最具其独立之精神、自由之思想的倜傥非常之人王国维所建构的“人生三境界”。殊不知这“三境界”之咸酸之外却还有余味,它既体现了典型的中国式诗学智慧(三段式思维),还饱含着厚重的民族文化的悲情。

20世纪90年代初,曾有幸当了几年公务员,偶然间于《文汇报》发现一篇撰写苏步青教授之文,文中引了一首苏教授《夜读聊斋》诗:“幼爱聊斋听说书,长经世故渐生疏。老来尝尽风霜味,始信人间有鬼狐。”此文有个重要观点，即“读书与人生的关系”。文章说人幼小时爱读诗歌、故事，年轻时爱读小说、散文，中年又爱读历史，晚年则爱读哲学、宗教和诗歌。莫管此论当否，回首往事，不觉哑然。当年学历史不爱历史，因为不懂历史之真谛，因此寻求转向之后，一直混迹在文学场。十几年前因喜读蒲松龄，无意间又发现其一首王士禛题《聊斋志异》眉批诗：“姑妄言之妄听之，豆棚瓜架雨如丝，料应厌作人间语，爱听秋坟鬼唱诗。”觉着与苏教授诗异曲同工！最近几年不知何缘由，又悄然回读历史。若单以读小说为谕则或曰：十五志于学爱西游，而立之年爱水浒，不惑之年爱三国，天命之年爱红楼。西游玩之在斗法，水浒砺之在斗勇，三国赏之在斗智，红楼味之在斗心。而今耳顺之年是否该翻检一下经史了，再十年后读什么，可能就是“从心所欲”吧！

几年前商量百家，追溯元典之际偶生疑窦：诸子何去何从？前有庄子“六艺说”、孟子“政治说”振铎，后有西汉刘安“应世之急说”接踵，然百代独领风骚者，莫过于班固之“王官说”，延及清初章学诚与民国马一浮以“诸子出于六艺”而微澜动水，实则“六艺”裂变诸子，即《易·系辞》曰“一致而百虑”，此说庄子《天下篇》已论及，今似当再证之。其二是“六艺”之渊薮。通过梳理“六经皆史说”之源流，发现梁任公与刘申叔早已揭櫫中华学术之大势，三代以前之“巫史”乃一切文明之渊薮。探罢诸子渊源，又该论其归属了。学界虽然早已着眼秦汉以后学术的“综合性”，并以《吕氏春秋》为端绪，以《淮南鸿烈》为接武，然而后世又多斥之为“杂家”，唯似大失公允。其一，以吕不韦佚事而“因人废言”；其二，“九流十家说”归类疏阔，湮灭了百家言人人殊之现实；其三，以杂抄无学而“因学废人”。然百家各执一端必难通经济之事，故贯通百家，即《易·系辞》曰“同归而殊途”，此为天下学术之必然，而当此任者则非“通家”之“吕子”莫属。

结序之际，敢望复谕人生境界，或可有五：少年时读“野火烧不尽，春风吹又生”“乱花渐欲迷人眼，浅草才能没马蹄”“回眸一笑百媚生，六宫粉黛无颜色”；青年时读“致君尧舜上，再使风俗淳”“吴楚东南坼，乾坤日夜浮”；中年读“停杯投箸不能食，拔剑四顾心茫然”“长风破浪会有时，直挂云帆济沧海”；老年时读“独坐幽篁里，弹琴复长啸”“行到水穷处，坐看云起时”。而今夕是何年？正钟情于“人间四月芳菲尽，山寺桃花始盛开。长恨春归无觅处，不知转入此中来”！是为序。

李万堡戊戌仲夏于粤隅海滨寓所

目　录

上编　诗学文化

中编　诗人境界

下编　天人之学

上编

诗学文化

丁酉新春感怀

暮色苍茫送饮徒，壶中浊酒有时无。
新怀落拓乾坤大，老眼蒙眬世事殊。
北里人歌风雅颂，南荒鸟语鬼神巫。
醪糟助我周公梦，莫诗春宵听野狐。

卷一　中国诗歌流变

诗者,歌也。世界上许多民族的诗都是同乐舞同时诞生的,中国也不例外,因此称为诗歌。我国最早的诗歌总集《诗经》其实并非一般人所理解的纯文学的诗集,而是当时的歌词总集。因此,诗歌应具备两大特点:文学性和音乐性。从中国古典诗歌的流变史来看,唐诗宋词元曲其每一体裁的兴衰传承都是诗与乐、雅与俗关系的反映。一句话,诗歌兴于乐亦衰于乐,兴于雅俗亦衰于雅俗,这就是中国古代诗歌流变的规律。由此亦可推知,中国当代诗歌发展的趋势当然不是“五四”以来的新诗,而应是在中国当代文学史上尚无半席之地的歌词。这一点应引起当代文学家与批评家们的高度重视。

一、诗庄词媚

所谓“诗庄”,宏调大度也,从内容到形式都有充分的体现。“诗三百”,孔子皆弦歌之,风、雅、颂即是按音乐来划分的。风是民间俗乐之词,雅、颂是京畿和庙堂雅乐之词。雅颂之乐,以钟鼓奏之,乐府之乐为民歌,以丝竹奏之。《关雎》“哀而不伤,乐而不淫”足见其庄,雅颂要搬上庙堂亦见其庄,唐代科举也考诗文,更见其庄。

然而从东汉的《古诗十九首》开始另辟蹊径,追求纯粹的文学性,并且越走越远,“诗”与“歌”逐渐分野。一为案头的吟诵之“诗”,一为口头的演唱之“歌”,于是人们又不得不狭限诗歌之定义,称合辙押韵之诗为“诗歌”,称合五音六律之诗为“乐府”、为“词”、为“曲”、为“歌词”。建安以后的文人作诗大体是作文章的另一体了。到了唐代,诗达到了文学高峰。唐诗在形式上讲究平仄、押韵、粘对、拗救等,这在某种意义上说就是闻一多先生所指出的诗歌的“音乐美”,这是汉语——孤立语的特点所具有的独特的美所决定的。这是一种抑扬顿挫的、郎朗上口的吟诵的“音乐美”,而不是婉转悠扬的歌唱的“音乐美”。而词的“音乐美”则是要讲究五音(唇齿喉舌鼻)、五声(宫商角徵羽)、六律(十二律吕)、阴阳(清轻为阴、重浊为阳),这就是词律与诗律之别——审音用字。格律诗是诗的顶峰,也是“庄”的顶峰。而古风和古乐府与格律诗的明显区别就是章无定句、句无定字、字无定声。少则两三句,多则过百句,虽然多是五、七言,但四、六、八、九杂言也随处可见,虽然要押韵,但也不严格,可以换韵,虽然有平仄,但不讲究平仄,总之,不以字害意,可以说古风与古乐府就是古代的自由诗。但二者之间也有明显区别,乐府诗是合乐的歌词,而古风则是未合乐的徒诗。乐府诗产生于民间,是诗乐相伴而生的,后来文人拟作乐府都是依曲制辞的。而古风则是先有诗,若使之入乐则须因辞制曲。古风尚不合乐,那么格律诗就更不合乐了。然而乐府没有能够阻止诗歌的格律化,只是给诗坛带来一点震颤,到了隋唐胡地燕乐入主中原,前鉴乐府对诗歌进行改革不成,于是胡地燕乐就自己拉起一支队伍起来革命。尽管盛唐诗人还在尽量以近体诗入乐,尽量使诗乐相配,其诗也被称之为“声诗”,但五七言的整齐诗句同参差不齐的乐句的矛盾则日益突出,而且乐曲愈复杂其矛盾就愈难于解决。因此在惯用的五七言诗式之外探索和创造一种诗乐结合的新句式则是诗歌发展的唯一出路。唐代不少大诗人都因以诗入乐而著称,都在探索诗与乐的关系——写“声诗”。这不光是废弃齐言诗采用杂言诗的问题,还要依乐章结构分遍,依节拍为句,依乐声高下清浊用字——完全依据音乐的曲律制定相应的词律。唐人的乐府诗没有从根本上解决诗乐相配的问题,于是随着北朝燕乐在隋唐的渐渐流行,依曲制辞之风渐盛,至中晚唐,经一些著名诗人之手,词逐步成熟和定型——

词由胡虏之地走进了大唐教坊,又由宫廷宴享走到了士人樽前,而此时的“声诗”则由盛而衰,两者互为消长。

所谓“词媚”,阴柔之美也。从句式上看,词句参差体现了阴柔的曲线美,契合于情意缠绵;而诗句整齐则体现了阳刚的直线美,契合于宏大庄严。“词之体如美人,而诗则如壮士也。”(魏塘曹)大词人李清照则言简意赅:“诗言志,词抒情”,这里的志是豪言壮志,情是缠绵柔情。虽然诗也可以抒情,但诗情不如词情柔媚;虽然词也可以言志,但词志不如诗志豪壮。诗词之别不仅仅是形式上的长短句,而是在神韵上。如:①白日依山尽,黄河入海流。②江上柳如烟,雁飞残月天。③花近高楼伤客心,万方多难此登临。④泪眼问花花不语,乱红飞过秋千去。对诗词稍有常识的读者,一看便知①③是诗,②④是词,其意境有明显的区别。纵观诸家所见:诗庄词媚,诗志词情,诗直词曲,诗刚词柔,诗男词女。再看“无边落木萧萧下,不尽长江滚滚来”诗也,“无可奈何花落去,似曾相识燕归来”词也。由此缪钺又概括出了词的四大特点:其文小、其质轻、其径狭、其意隐。中晚唐诗人中,温庭筠是第一个大力作词的人。此前刘禹锡、白居易等只不过偶一染指而已。这是词的诞生阶段——揭竿而起。

到了五代时期,由于中原兵连祸结,而偏安剑南的西蜀和江南的南唐就成了词发展的两个中心。以时而论,西蜀词为先,以成就论,南唐词尤高。南唐李煜工书善画,知音律,精鉴赏。他在词的创作上恢复了词的抒情功能和发端于民间的抒情词的传统,哀伤身世,自诉衷曲,把历代诗歌言志述怀的传统引进词体,改变了温韦以来词仅用于应歌,流为艳科的趋向。《人间词话》谓“词至李后主而眼界始大,感慨遂深,变伶工之词而为士大夫之词”。温韦的“士大夫词”囿于风月脂粉——花间,用于饮席应歌,乐筵按曲,仍不脱“伶工词”的身份,而李煜却洗净宫体与倡风,把词引入了歌咏人生的正途。入宋词则花开别样红了,这是词发展的第二阶段——改元“宋词”。

诗因折了音乐的翅膀而衰落，词因插上了音乐的翅膀而蜚声文坛。然而作为一种艺术形式又不能不受到其他艺术门类的影响——尤其是说唱话本、诗文与词的交互渗透。于是词的创作就拓宽了境界，并随之出现了两种走向：一是柳永的市井走向；一是范仲淹、欧阳修、王安石、苏轼的以诗为词。柳词把柔情缠绵转为直抒胸臆，把闺房幽怨的典雅香艳换成了市井的平淡房屋，把词的发展指向了下一路，形成了婉约一派，并且柳词中还出现了浓浓的市民味，它预示了在中国诗歌流变中曲的出现，李渔还尊柳永为“曲祖”，因而研究词曲之变不可不多研究柳词。苏轼则以诗为词，想使词发挥诗文的作用，以词言志，以词说理，指向了上一路，形成了豪放一派。婉约者其词情蕴藉，豪放者其气象恢宏。总之，词至柳、苏（范、欧、王）之变形成了词发展的第三阶段——雅俗分野。

唐代填词是依曲调的情感而考虑内容的，所以词与音乐结合得很好，而到了北宋晏、欧、王、曾、苏之后则只是把曲调当成了一种格式，因而出现了声意相悖的状况，同一个词牌子而情调、气氛则相去千里。本来词牌子既代表了曲调又规定了意境，然而后来的填词者又多加上一个题目，这足以说明词已经脱离了音乐，其内容与词牌子已毫无关系了。苏轼作词“曲子束缚不住”。在大体遵守音律的基础上，对词的句法、叶法时做变动，如：“大江东去”中的句子论意则是“小乔初嫁了，雄姿英发。”论调当是“小乔初嫁，了雄姿英发。”所以李清照批评他不协音律，但在他影响下其后的豪放词人则又过之。

随着词的发展，两种走向的矛盾日益加大，词是姓诗（文学化），还是姓歌（音乐化）的争论也日趋激烈。两派斗争的结果是力图使词更加文学化的豪放派占了上风，于是终于使词逐渐脱离了音乐。豪放派作词“曲子束缚不住”，然而婉约派中又出现了另一种倾向——声律化。至周邦彦上承秦观，下启姜夔，使北宋末词风为之一变，一开南宋崇尚雅正词风。研律愈精而持律益严，遂开词律家一派。后来南宋姜夔、方千里、杨泽民、吴文英等，作词全依四声。实际上，周、姜、吴等是从另一个侧面把词推上了至雅脱俗，从而又违背了文学的俗化规律。概言之，秦、李、周、吴使词脱俗，范、欧、苏、辛使词脱乐，因许多词家不懂音乐。当时之风气，文士不重律，乐工不重文，两者背道而驰，其结果是词家之词变成了纯粹的案头文学，而音乐家所杜撰的滥词则沦为秦楼楚馆的口头文学。这是词发展的第四阶段——由盛而衰。

从诗歌的流变看，柳永的俚俗词是向前走的，它预示着元曲的出现。范欧王苏辛的豪放词则是向后挤的，去与诗争夺高位，既丰富了诗，又丰富了词，使词在缠绵中有了豪气，使诗在豪气中多了缠绵；秦李周吴的婉约词也是向后挤的，更使词退出了音乐文学的主流地位。

二、词雅曲俗

词由婉约而豪放，拓宽了意境，也远离了音乐；走向了至雅，达到了巅峰，也面临着绝境。明代王世贞说：“曲者，词之变。自金元入主中国，所用胡乐，嘈杂凄紧。缓急之间，词不能按，乃更为新声以媚之。”雅则赏心悦目——可读，但难于入耳——可听。因此以文为词的上一路流变方向是曲高和寡，而俚俗词的下一个路流变方向则可雅俗共赏，为元曲奠了基。宋末词坛清规戒律太多，正好有悖于当时民间心声富于自由变化的趋势。守律日严，取径日窄，于是只剩下少数音乐文学家自度曲之一途了。而自度曲的乐律一般较严，不易推开，于是又只好感叹“曲高和寡”了。值此之际，又是胡乐藩曲入主中原乐坛，因而诗歌又改朝换代——建号“元曲”。

元曲的出现是历史的必然，它从北方民间的口语较浓的一种诗体发展而来，雅俗共赏。在艺术上，从诗言志词抒情又转到了杂剧的叙事之戏。这是中国古代诗歌流变的又一转折点。诗与词一望便知，只看其句式则可，再深究之，诗庄而词媚。而词与曲之别则不能单从形式上、意境上分析了,还要从语汇上来甄别。由此可见句中增加了俗字,并且还随意加了衬字以合音乐的需要,这就更使句子口语化了。

雅俗之别是词与曲的分水岭,此外元曲还有第二大特征——铺陈排比的辞采。其手法类似汉赋,但汉赋是在空间上尽量排列更多的事物,以显示对更多事物的追求与炫耀、占有与玩赏,是一种对外扩张的心态。而曲的铺陈则只是在一点上、一个事物上、一种情感上铺陈很多的联想和类比,通过"多"来深化"一"。

曲本来多为下层人士——市民乡民所诵唱,于是又有了第三大特征——坦率直露,泼辣尖酸。爱情、相思本是词的主题,词在表现这一主题时是含蓄的。但同样的主题到了唱曲儿的口里就变了味儿。其实这正是曲的根本属性——"俗"所决定的。南宋吴文英曾向沈义父传授作词之法,他说:"盖音律欲其协,不协则成长短之诗;下字欲其雅,不雅则近乎缠令之体;用字不可太露,露则直突而无深长之味;发意不可太高,高则狎而失柔婉之意。思此,则知其所以难。"南宋中前期还没有曲出现,吴文英论述的只是诗词之别,说词难于诗,实际上,在我们今天看来这同时也是词曲之别。

元曲似乎是中国古代诗歌流变的终结。尽管明清时期曾有大量的诗、词、曲作品,但都是叙事文学的附属品,小说取代了元曲主宰了明清文坛。因为社会、政治、文化结构的变化,使以诗文为核心的文艺体系变成了以小说为核心的文艺体系。文艺功能之一是"载道",诗文"载道"呈现的是温文尔雅的教化风,小说"载道"体现的是激烈昂扬的战斗性。散曲的发展指向左一路——以"诗歌载道",杂剧的发展指向右一路——以"小说载道。"虽然京剧已成为国粹,并且各剧种遍地开花,但都已成强弩之末。戏剧作为舞台艺术、作为叙事文学与小说殊途同归,为今天的影视文学奠了基。尽管戏中唱段多多,但与小说中的有"诗为证"、有"《西江月》为证"大同小异,只能是叙事的附属品。从诗、词、曲的流变来看,诗歌的每一种形式——诗、词、曲的衰变或因走向了至雅,或因脱离了音乐,或因模式古老,而历次挽救诗歌命运的又都是乐府民歌。那么元曲之后,诗歌流变的方向究竟是什么呢?自然就是已被绝大多数人忽视了的明清民歌。由于小说主宰了明清乃至当今的文坛,而使人们转移了对诗歌(民歌)的注意力,又加之被“五四”之后的新诗弄晕了头,从而使诗歌迷失了航向。

明代民歌感情强烈,比喻新巧,对当时及后世甚至近世影响都很大。与明代一样,清代也出现了大量的民歌集。有人说,明代无诗,其实明代诗人很多,但他们专事模仿,标榜“诗必盛唐”,殊不知盛唐之诗已多不合乐,盛极欲衰,而此时词(歌)风渐盛。因此那些摹写唐诗宋词元曲的明清诗人们可谓抱残守缺,从而也就注定它只能在小说的阴影下苟延残喘。

诗歌发展到清末,形式主义、拟古主义倾向严重。然又有胡适、郭沫若、刘半农、刘大白等横空出世,挽狂澜于既倒,扶大厦之将倾,以《尝试集》《女神》开了一代新诗的先河。打破格律,自由驰骋,于是自由诗、打油诗、散文诗、朦胧诗等如雨后春笋。新诗革命是从形式入手的,因此打破旧形式建立新形式是关键。这些新诗主要是受外国诗歌的影响,同时也受了中国民间歌谣的影响。诗歌在转型时期,共时性的横向影响往往比异时性的纵向影响更具冲击力。应该说“五四”新诗在纵的继承和横的移植中主要选择了后者,这是一种创新毋庸讳言,但非正流。“五四”以后的新诗人在“小说载道”取代了“诗歌载道”的大势之下,错把元曲当作了中国古代诗歌流变的真正终结,都没有看到明清的民歌承袭了元曲的余绪悄然流行起来,尽管其在文坛上的地位很不显眼。其实明代民歌不仅广泛流传于民间,而且也曾引起了许多作家的瞩目,像李开先、刘效祖、冯梦龙等都写过大量的模拟作品,更有不少作家开始搜集刊刻民歌作品集。陈宏绪《寒夜录》引卓人月语说:“我明诗让唐,词让宋,曲又让元,庶几[吴歌]、[挂枝儿]、[罗江怨]、[打枣竿]、[银绞丝]之类,为我明一绝。"诗、词、曲属情志文学,以情动人,而且其情感的表达愈来愈浓烈,愈来愈袒露,如同古今服饰之演变,又似古今言情之反差,由庄严而蕴藉,由蕴藉而袒露。这就是诗歌的俗化运动。

三、曲文歌白

转眼又是一个世纪过去了,我们在兴奋之余,冷静地想一想,扪心自问,每个人在记忆中又留下了几行新诗呢?是郭沫若的《凤凰涅槃》,还是郭小川的《青纱帐——甘蔗林》?"但记得斑斑点点,几行陈迹";还是"白日依山尽,黄河入海流",还是"莫道不消魂,帘卷西风,人比黄花瘦",还是"枯藤老树昏鸦,小桥流水人家",好在还有几句"风雨送春归,飞雪迎春到"。却原来堂堂百年的求索,偌大一个诗坛竟然又被"他老人家"的几行格律独领了风骚——"已是悬崖百丈冰,犹有花枝俏",只有这"一剪寒梅"在苦苦"争春"。譬如散文诗,它是纯文学性的案头文学,应称之为"诗散文"更确。这证明一个真理——诗歌需要精粹性。而精粹则易流于脱俗,反之,通俗又易导致庸俗,这是诗歌流变的两个困惑,而当代歌词则恰好就解决了这个问题。

所谓"曲文",首先表现在唱段是以文(文章)为曲,以叙事为主,就事论事、实实在在,没有给观众(听众)留下广阔的创造性想象的空间。因此以文为曲应是戏剧衰变的重要原因之一。其次戏曲在表演形式上又体现出浓郁的地方特色,古香古色,无论是语言还是服饰都与现实的距离颇远。京剧讲究京腔京韵,粤剧讲究粤腔粤韵,还有什么秦腔、梆子腔等,实际上都是古腔古韵。"新文化运动"以前的文章我们称之文言文,那么这些古戏是不是可称"文言戏"?看来不是"老戏"的曲调不好,而是唱念做打的味儿不对头。文绉绉的韵味、眼花缭乱的服饰,唱念做打都是几百年的老模式。"以文为戏"使自己主动地抛弃了观众,能怪观众不懂戏吗?可见表现形式上的"文"(古韵味)是戏曲之衰变的又一重要原因。

所谓“歌白”，首先表现在歌词语言的宽泛性、未定性上，他能给听众留下广阔的思维空间——艺术空白。那么歌词与戏曲相比留下了什么样的空白呢？请看《真的好想你》，唱时第一感觉就是写相思之情。但稍加思索就会发现：“你”是谁？远方的情人？他乡的亲人？海峡对面的阿里山？高考得中的夙愿？抑或家乡的一条小河……简直言之不尽。然而有几个北京人喜欢粤剧，又有几个广东人知道豫剧？但广东音乐《彩云追月》则可以直接流入每个人的心田。

“歌白”的另一面还表现在通俗性上——歌词平白如话。无论是唱歌还是唱戏都是听觉的艺术，其词句、意象转瞬而逝，人们没有时间去思考、琢磨、研究（读诗词则不同），因而要求歌词的语言要准确、简明、通俗、生动、形象，把抽象的意念、情感、思辨、哲理具体化，变无形为有形。因此晦涩、概念化或标语口号式都是歌词的大忌。比如给你唱一句“黛山碧溪莺鸣柳”，你知道是什么意思？而当你听到“浏阳河弯过了几道弯”又是什么感觉？像李商隐的《锦瑟》“沧海月明珠有泪，蓝田日暖玉生烟”读都读不懂还能唱吗？诗歌的“音乐美”应是就口头文学而言，“音乐美”应包括吟诵的和歌唱的两个方面——抑扬顿挫和字正腔圆。元曲之后以文为曲使曲走入了死胡同，新文化运动之后，新诗以文为诗，也走入了死胡同，而与此同时悄然兴起的歌曲则渐渐垄断了人们的视听，尽管文学史家、文学理论家们还没有来得及为其说上一句。就歌词的发展来看，“五四”之后大致可分成四个时期，新中国成立前多为豪壮之强音。为了挽救民族的危亡，需要口号式的歌曲来鼓舞人，如“中华民族到了最危险的时候，每个人都发出了最后的吼声”，这是时代的需要。具体地说，20 世纪 30 年代流行着《大刀进行曲》，40 年代流行着《解放区的天》，50 年代则是《志愿军军歌》。“文革”十年的歌曲创作又走了回头路，“语录”等什么形式的语言都可入乐，真是难为作曲家了，但瑕不掩瑜，60

年代人们还传唱着《谁不说俺家乡好》,70 年代初,人们又传唱着《北京颂歌》,这些作品皆可谓世纪经典。1979 年那是一个时代的到来,那也是歌曲创作的春天,二十年来可谓硕果累累。首先是人们抑制不住兴奋地唱起了《祝酒歌》,有人生哲理的思辨的《苦乐年华》《雾里看花》,有歌颂崇高与伟大的《好大一棵树》《长大后我就成了你》,有针砭时弊的《盘算歌》,有思想深邃的历史反思《十面埋伏》《说聊斋》,有桑田沧海的历史回声《长江之歌》《黄河源头》,最后是一曲《走进新时代》总结了新中国半个世纪的历史,同时也恰是 20 世纪中国歌曲的终结。

现代人喜闻乐见的文艺活动非晚会莫属,而晚会的主打节目则是歌舞。年年闹春宵、家家乐陶陶是中华民族的老习俗,守岁看晚会而不饮屠苏则是新风俗。每个晚会下来都会有一曲曲优美的旋律飞入千家万户,同时也会有一些绝妙好辞飞出千万人之口。70 年代末流行音乐由港台进入中原逐鹿,但绝大多数也只能是流行一时而已,因其大多是“作曲家”与“歌唱家”们自度的滥词。在内地,像陈小奇、李海鹰自度的《涛声依旧》和《弯弯的月亮》这样的经典之作可谓凤毛麟角,之所以成其为经典,是因为他们堪称音乐人——词曲两栖作家。

主宰老百姓业余生活的另一个艺术形式是影视剧,而每部戏则必有主题歌、片头歌、片尾歌或插曲,这好像是金科玉律了。《敢问路在何方》一唱就是二十年,《让我们荡起双桨》一唱就是几代人,而今天人们又都哼着“该出手时就出手”。应该说音乐性与文学性是诗歌的两只翅膀,缺哪一只都飞不起来。曲待词传,词借曲行,更值得注意的是,现代的广播电视等大众传媒的发展,又为歌词的这两只翅膀送来了一缕春风,已经使其扶摇直上九万里。一言蔽之,唐诗、宋词、元曲之后,诗歌的流变就应该是当今的歌词,其既体现了文学发展的一般规律——俗化运动,又体现了诗歌发展的独特规律——音乐化运动。因此,新诗则将成为文章的另一体，而歌词则必将成为中国诗歌的正宗且主宰未来的诗坛。

（原载：《韶关学院学报》（社会科学版），2001 年 8 月。稍有订正。）

参考文献

[1] 章培恒、骆玉明：《中国文学史》，上海：复旦大学出版社，1996 年版。

[2] 高海夫：《中国文学史话》，西安：未来出版社，1998 年版。

[3] 贾文昭、徐召勋：《中国古典诗歌艺术欣赏》，合肥：安徽人民出版社，1980 年版。

[4] 吴熊和：《唐宋词通论》，杭州：浙江古籍出版社，1989 年版。

[5] 金钦俊：《新诗研究》，广州：中山大学出版社，1999 年版。

[6] 兰竹：《歌词的现状与走向》，《词刊》，1993 年第 1 期。

[7] 姚连笑：《歌是用耳朵听的》，《词刊》，1998 年第 1 期。

[8] 苗青：《当代歌词应进入当代文学研究范畴中》，《词刊》，1998 年第 2 期。

[9] 刘钦明：《歌词特性随谈》，《词刊》，1998 年第 1 期。

[10] 孙允文：《歌词的文学性与音乐性》，《词刊》，1998 年第 1 期。

[11] 吴善翎：《漫说词与音乐的关系》，《词刊》，1998 年第 3 期。

[12] 刘广涛：《音乐文学概念初探》，《词刊》，1998 年第 4 期。

卷二 “倚声填词”是抑扬顿挫还是字正腔圆

在我们这个诗的国度里,当下的诗歌正处在一个极度幽暗的低谷中。虽然我们的周围仍然还有那么多的人喜欢诗歌,但那都是古代诗词,而对于当代诗则多敬而远之。应该说,笔者从小就读诗、写诗,甚至到今天又来研究诗,但不知不觉之中,对于当代诗坛就无心顾盼了,只是在听歌之余看一看歌词,读罢古体诗词写一写歌词,于是《词刊》常见之案头,而《诗刊》却早就“不胫而走”。因为当代“诗歌”真的像牛殿庆先生在《诗歌的哀鸣与歌词的辉煌》一文中所说的那样:“诗人走进象牙塔冥思苦想。将蛮荒的土地,发黄的历史,挣扎的帆影,还有一些令人生疏的意象拢于笔端,发泄内心的寂寞、苦闷或内心的不满。在假设虚拟的生存空间,作无价值的自我感动……今天的诗人在自娱自乐。”又说:“为自己歌唱写诗的就剩下诗人了,读诗人就剩下诗评家了。”①尤其是,现在的高等学府里的一些教授、学者,还有些田间山林中的“老学究”不喜欢也读不懂新诗的时候,就只好去“格”律、“倚”声了。殊不知这些“格律”到现在也只是剩下其僵硬的外壳了。“学者”们同样是犯了“诗必盛唐”、词必两宋的毛病。他们不想去冷静地思考唐宋词人填词原是为了播之管弦,传之皓齿。不晓此理者认为:“吾今如此填词已得词中三昧。”晓此理者也只去推敲平

① 牛殿庆:《诗歌的哀鸣与歌词的辉煌》,《无锡商业职业技术学院学报》,2001年第2期。

仄,至于清浊轻重且平分阴阳、上分去入也因宫商之不传暂不计较了,窃以为:“此举亦不全失词中三昧,虽颇谬先哲似亦情有可原!”其实,此举用买椟还珠来比喻最恰当! 我大多是“君子”动口不动手的,从未想弄墨于报端惹些是非,但数月来连续读了郜绍周先生的《读词札记》、龚祯熊先生的《声腔美与音乐美的界限》(《词刊》2001 年第 4 期)和郜绍周先生的《是依词谱填词还是依曲谱填词》(《词刊》2001 年第 6 期)等数文,觉得如鲠在喉,不吐不快。

郜文引用龙榆生先生著《唐宋词律》语:“词到了南宋,渐渐脱离了音乐而成为独立的文学体裁,不复歌唱了,但这种‘倚声填词’或‘按谱填词’的方法,依然一直为后世所应用”,并由此说“按谱填词”的“谱”是“词谱”而不是龚先生文中所说的“按曲谱填词”的“曲谱”。[①] 郜绍周对龙榆生的话为断章取义,龙先生在此只是指出了后世词人依声的这种现象,而并非是对此现象所做的评价,说这种方法就可取。龙榆生还在许多篇文章中反复申说过一种观点:“然既号填词,而不研求乐律,则何不自由作长短句?而反效‘春蚕自缚’,兢兢于一字一句之间,终不能以被管弦。劳而寡功,究亦奚补? 自万氏《词律》出,而学者倚调填词,亦不过论平仄、严上去;于声律之学,万氏固茫无所解也。既而好古之士,觉平仄之未能包举当时四十八调之声律,而其说之窒碍难通也;于是有提倡平仄之外,更论四声者矣;有提倡四声之外,更判清浊阴阳者矣;拘制益多,而词终无可歌之望,此非研求词学者之大憾乎?”[②]可见龙榆生对这种“倚声填词”或“按谱填词”的方法本非褒扬的。词自南宋以后脱离音乐而独立为案头文学——“徒词”,背离了诗三百皆弦歌之的初衷。虽然秦楼乐工之歌质胜文而野,

① 郜绍周:《是依词谱填词还是依曲谱填词》,《词刊》,2001 年第 6 期。

② 龙榆生:《龙榆生词学论文集》,上海:上海古籍出版社,1997 年版,455 ~ 456 页。

但是士大夫之词文胜质则必史,故文质彬彬乃为当行本色。由是可知词至南宋而极盛,亦至南宋而渐衰之缘由也。龙榆生先生还有几段精彩的论述:“自周、吴之学大行,于是倚声填词者,往往避熟就生,竞拈僻调,而对宋贤惯用之调,排摈不遗余力,以为不若是,不足以尊所学,而炫其能也。”又说填词者“虽以声害辞,以辞害意,有所不恤也。殊不思四声清浊,虽与音律有关,而非即乐律之律。四声之辨上、去之差,但求谐于唇吻间,原不必拘泥过甚,即就柳永《乐章集》,及周、吴创调,取其同用一调之词,参互比勘之,则亦多所出入,试问果将以何为准乎?且今日填词,要为‘长短不葺之诗’,意格若高,何须因难见巧?”[①]又:“词至今日,特一种句读不葺之新体律诗耳。词体之较律诗为进步,即在其句读声韵变化无方;而当世之所以必依谱(此指音谱)填词者,所谓‘由乐以定词’,故‘莫不由之准度’。而所为‘准度’者,乃在管弦与歌喉,不能执‘旧本之不可歌者一字填一字’,而遽以为有合也。”[②]“古乐府不得不降而为词,词不得不降而为南北曲,当其演变之际,莫不依乐律为转移;而彼此之间,又各有连带之关系。今言词之音律,既不能规复宋人之旧,则何妨自作长短句,而使新乐家协之以律,以验声词配合之理?”[③]南宋以后音谱渐次失传,至今只遗僵硬的躯壳,而我辈依然神秘兮兮、削足适履,又何足道哉?譬如今之学者“格”律“倚”声,一定要说某入声字是仄声,若之于唐宋则当,而之于元明则谬矣,之于今律岂不南辕北辙?唐宋词人填词以俟传之皓齿,而至元,音韵殊异,为应歌而周德清复作《中原音韵》,时人作曲以为绳墨,然而填词犹袭古韵,于是有一段元人填词的趣闻冀警时人蓦然回首:“陋邦腐儒,穷乡村叟,每以词为

① 龙榆生:《龙榆生词学论文集》,上海:上海古籍出版社,1997 年版,484 ~ 485 页。

② 龙榆生:《龙榆生词学论文集》,上海:上海古籍出版社,1997 年版,148 页。

③ 龙榆生:《龙榆生词学论文集》,上海:上海古籍出版社,1997 年版,149 页。

易事，酒边兴豪，即引纸挥笔，动以东坡、稼轩、龙洲自况，极其至，四字［沁园春］、五字［水调］、七字［鹧鸪天］、［步蟾宫］，拊几击缶，同声附和，如梵呗，如《步虚》，不知宫调为何物，令老伶俊娼，面称好而背窃笑，是岂足与言词哉！”[①]蔡桢对张炎《词源·作词五要》中第四条所作的疏证云：“按推律之意义，乃谓推求此调某律某音，然后协某韵，方始合律，即段安节《乐府杂录》五音二十八调所说是也……然宋词往往不拘，盖文士挥毫，不暇推求合律故耳。方始培言尝取柳永《乐章集》安之，其用韵与段说合者半，不合者半。乃知宋词协韵，比唐人较宽，以耆卿之精于音律，其用韵犹如此，他可知矣。”[②]这种墨守成规的填词方式违背了诗歌流变的两大规律——音乐化、通俗化，所以使词从此衰颓。但这不能全怪词人，在当时记谱符号（工尺谱）不科学等因素的影响下，南宋以后历代文人多不通音乐，他们填词都不顾宫商而只按“词谱”实不得已而为之。但我们似乎不应认为存在的就一定是合理的，就像当代新诗一样虽苟延残喘却偏有人要振臂高呼“我们要振兴诗歌”！其实大家讨论的问题本质上只是一个再简单不过的问题：什么是诗歌？诗歌是姓文（文学化）还是姓歌（音乐化）？那么答案就在眼前：诗者，歌也。数百年来文人、诗人都只记得诗而忘记了歌，于是模糊了诗歌的“音乐美”的实质。其实何谓“音乐美”才是定义诗歌的焦点。当代作家、评论家、教育家都在口口声声谈诗的“音乐美”，其实都是在谈抑扬顿挫的吟诵的“音乐美”，这与我们所讨论的散文语言、戏剧语言的“音乐美”并无二致。之所以很少有人谈到诗歌的字正腔圆的歌唱的“音乐美”，是因为大家已经忘却了诗歌在本质上还是要歌唱的审美特质。窃以为“音乐

① 仇远：《山中白云词序》，吴则虞校辑：《山中白云词·附录·参考资料集》，北京：中华书局，1983 年版，165 ~ 166 页。

② 蔡桢：《词源疏证》，北京：中国书店，1985 年 9 月影印“金陵大学中国文化研究所丛书”本。

美”之内涵有广狭之分:广义的是诗文(案头文学)的“音乐美”,而狭义的则是诗歌(口头文学)的“音乐美”。

龚、郜两文都曾对苏轼、毛泽东填词的“随意犯规”的现象发表了宏论。龚文说:“他们创作时,顾不得那么多的清规戒律,许多古人都发现了苏东坡的所谓随意犯规现象并提出批评,幸好没有人敢批评毛泽东,他的格律错误才能长期掩盖下去,也许永远也不须要平反。”①此言得之矣!其实对于苏东坡的“随意犯规”,曾受到了李清照的严厉批评——“不通音律”,“若作小歌词,人必为之绝倒”。只是我们今天不敢批评,也没有资格批评而已。纵观苏东坡的词,应该说李清照的批评有些言重,苏东坡的“犯规”是不以辞害意,是“曲子缚不住者”,其实苏东坡对音乐还是略知一二的,只是不能与柳永、周邦彦、李清照、姜夔以及吴文英等音乐家相提并论而已,他自己也曾说平生三不如人——吃酒、下棋、唱歌。“三不如人”并不是说一窍不通,退一步讲,其实不必一定要懂音乐才可以填词,只要会唱那一首歌就行。苏轼虽曾遭易安之讥,但亦“自是一家”并深得后人称许,还被尊之为豪放之宗。而今人若“犯规”就一定被骂成“门外汉”。这真是只准州官放火,不许百姓点灯!其实我们只要扪心自问,你“门内汉”填词时是否考虑过五音六律,是否考虑过宫商徵羽?苏轼的“随意犯规”是“全场不超过六次”,是大体上还循规的。而我们今天的“犯规”则大都是平上去入屡验不爽,宫商徵羽皮之不存!相比之下,你所犯的规就更严重了,是原则性的!那么,你为何要去揪住别人的一点点平仄的问题不放呢?怎么苏、毛犯得我就犯不得,更何况你能犯得我就犯不得?毛泽东是诗人我们不能否认,但我们也没看出他与音乐有何情结,他是按着几百年来的老模式(词谱)来填词的,幸甚至哉,“歌”以咏志嘛。他更不是真正意义上的文

① 龚祯熊:《声腔美与音乐美的界限》,《词刊》,2001年第4期。

艺理论家,在当代诸如胡适、鲁迅、郭沫若、闻一多等大文学家还没有提出系统化的诗歌理论的时候也不必要在诗论方面来个“为天下先”。因此毛词根本不是有意去犯规,只是顺水推舟而已,应该说他根本就没有想过《西江月》或《满江红》是怎么唱的。凡事都有个度,苏东坡“犯规”还不至于“哀声而歌乐词,乐声而歌怨词”(宋·沈括语),今人填词多有不知“念奴娇”为何物,不知何谓“近”,何谓“慢”。我听说施光南希望在他死的时候能以他自己谱写的《多情的土地》作为挽歌,这是不错的。然而在现时生活中、在有些老百姓的送葬队伍中却曾传出过《潇洒走一回》《走进新时代》的旋律(绝非戏言)。如果在送葬时只读悼词,肯定会催人泪下,然而若把这篇悼词填到《潇洒走一回》旋律中去唱起来岂不喷饭?由是观之,“倚声填词”的“声”是“词谱”还是“曲谱”,孰是孰非,两刃相割,利钝乃知。

按曲谱填词确实并非易事。不说古代的词牌子,就是现代的乐曲也是如此,因为诗人能读懂曲谱的太少了。词坛泰斗乔羽也自称很少去填词,只有一首《心中的玫瑰》是“倚声填词”。反之,按词谱曲则相对容易,因为作曲家的文学修养大多要比文学家的音乐修养要高。大凡词与乐有不协处,作曲家往往可以大胆斧正,也可以就此提出来与词作家商讨。谷建芬说“乔老爷的词我很少改”,说明乔老爷既不是音乐的“门外汉”,又说明乔老爷的词也是可以改的。同时还告诉我们古人“倚声填词”是在新牌相对不足的情况下实不得已而为之的。宋词的曲牌虽有上千个,但常用的只近百个,不过是古时候作曲的人少,通讯也不发达,加之文人又多不会作曲,有了个曲子,歌楼的女孩子学会了,别的客人就倚旧声另外编个词给她唱。把破帽年年拈出,是一种穷人家过日子的办法,于是就多有同寄一调之词。现在,大词作家都只是略通音乐,那么,中、小词作者能懂多少音乐我们就更是可想而知了。从某种意义上讲中国人都可以自称为“诗人”而不敢自称为

“作曲家”。稍加思索,我们不难“发现”,现代歌曲多是一词一曲。大多是先作词再去求曲,或者词人与音乐人联袂而作——故每曲必独创。

总而言之,既然古乐谱已失传,那么今人作词又何必刻意去填写什么《渔家傲》,这是否是抱残守缺?不去讨论何谓音乐美,不去讨论何谓诗歌,却偏偏高呼要振兴诗歌,这是否是舍本逐末?在现代这样的一个后工业社会里,传媒如此发达,知音律者如此之多,记谱方式如此之科学,应该是破除“倚声填词”的迷信的时候了。我们应该自创体制,独抒性灵,先去作词,然后再寻求谱曲,只要是好词就一定会有人来谱曲,就一定会有人来歌唱!假如你只是为了诵读,那就写几首律绝吧,或者写一些自由诗聊备一体也未尝不可!真的不必绞尽脑汁憋一首《贺新郎》来让人家朗诵!然而,令人遗憾的是:“为何当代文学史编撰者只把一些谁也不知道的诗人编了进去,叫什么‘现代诗潮’,为什么不把乔羽、晓光、石祥、罗大佑、琼瑶、车行、蒋开儒等写进文学史”(牛殿庆语),这是否是一叶障目?另外还有令人欣慰的是:我突然发现,今年广东的新编高中语文教材竟然有了《长江之歌》和《那就是我》两首歌词。最后还要重申的是,当代诗歌发展的正流是自由诗还是歌词值得理论界明辨!

(原载:《语文学刊》,2006年第20期)

卷三　诗歌的音乐性及其文学性的支撑

新文化运动之后，诗式发生了急剧变化，"新诗"之形态五光十色，然而有多少是真诗、是好诗，又有多少不过是徒有其表的自炫冒充！20世纪诗歌的数量如此之多，然而诗歌在文学艺术中的文学地位则一落千丈，十分令人困惑。我想其根本原因应是当代诗人对诗式——语言模式（法则）的模糊认识，对诗歌语言的音乐性及其与文学性的关系的模糊认识，简言之尚不懂诗歌存在的意义何在。这应该是当代诗歌创作、诗歌理论亟待反思的问题。歌德曾说"国家的不幸在于没有人安居乐业，每个人都想掌权；文艺界的不幸在于没有人肯欣赏已创作出的作品，每个人都想由自己来重新创作。此外，没有人想到在研究一部诗作中求得自己的进步，每个人都想马上也创作出一部诗来。"现在正是人人都想当诗人而又都不愿意读他人诗作的时代，这不光是读者不想读，更主要的是作者"拒绝"读者。就是说不能引起读者共鸣的作品就不是好作品。诗是心灵的交流，并非只是消遣玩乐，因而严重的"个人化"是当代诗歌发展的一个怪症。那么诗式之特质又何在呢？刘勰的"六观说"很值得我们研究：位体——作品的结构类型，置辞——措辞方式，通变——文体的继承与创新，奇正——风格的平正与奇巧，事义——事例的意蕴，宫商——语言的音乐性。现在应该是我们反思的时候了，我们今天应该站在古人之上、站在读者之中、站在诗歌之外、站在文学之外来重新冷静地审视诗歌。

一、音乐性是诗歌的千年关纽

《毛诗大序》认为诗是情感强烈的产物,诗同乐舞三位一体。初唐孔颖达说:"诗是乐之心,乐为诗之声,故诗、乐同其功也。初作乐者准诗而为声;声既成形,须依声而作诗。"(《毛诗正义》)中国现代诗论则是这样描述诗的音乐性的:节奏鲜明、语言凝练、音调和谐,这是诗歌在表现形式上与其他文学体裁的显著不同。它节奏特别鲜明,讲究音调的和谐押韵,这就使人读起来顺口、记起来容易,使人的情绪获得更好的表现。但何谓"节奏"、何谓"音调",始终也没有人讲清楚。自闻一多用"三美"说做了总结之后,当代诗人、理论家就自然地、不约而同地认同了"音乐美"即节奏和谐、押韵——郎朗上口即"音乐美",而似乎所有的人都已淡忘了诗歌与生俱来的歌唱的特质,此后便无人冷静下来把《诗经》与当代歌词打通研究,更无人看到所谓的散文诗不仅缺乏歌的韵律,而且还缺乏诗的韵律这个致命的弱点。因此,我们只能说它是"诗散文"——富有诗意的散文,还不是诗。诗歌经四言、五言、七言至杂言,诗之于词是因为齐言诗已难入乐、词之于曲也是因为词乐已僵死,曲之至今几成绝响正在被当作国宝来抢救更是因为不合时乐,这都说明了其形式的流变——声律的演进是随着音乐及语言(口语)的总体发展而发展的。如果我们永远奉前代声律为圭臬必是刻舟求剑;但如果彻底抛弃前代声律,并且远离音乐,必是盲人摸象。因为齐言诗在与音乐的配合上已显现出了很大的不足,所以唐代以齐言诗入乐演唱时,配不上的地方就用无声词的和声或泛声的来解决。譬如王维《渭城曲》唐人唱时要把后三句叠唱一次(苏轼根据一个古本《阳关》认可此说,并与白居易诗注相符)以回复《诗经》连章叠唱的特质,元代《阳春白雪集》有《大石调·阳关三叠》如下:"渭城朝雨,(一霎)浥轻尘。(更洒遍)客舍青青(千缕)柳色新。(更洒遍)客舍青青,(弄柔凝,千缕)柳色新。(休烦恼)劝君更进一杯酒,(人生会少,自古功名富贵有言分,莫遣容仪瘦损。休烦恼)劝君更进一杯酒,(只恐怕)西出阳关(旧游如梦,眼前)无故人。(只恐怕)西出阳关无故人。"①纵观诗词曲之流变从来都没有离开过音乐。

至于说当代新诗,应该还是"尝试"阶段,尚缺少示范性和经典性的力作,大家耳熟能详的诗歌语言的音乐性就明显匮乏,难道不等于说多数诗中的百分之四五十的"有效成分"原本就不存在了吗?鲁迅说:"诗歌虽有眼看的嘴唱的两种,也究以后一种为好,可惜中国的新诗大概是前一种,没有节调,没有韵,它唱不来,就记不住,记不住,就不能在人们的脑子里将旧诗挤出,占了它的地位……"②其实后一种才是诗歌的原型,而前一种则是衍生物,由歌诗到诗歌其实是诗的蜕化。诗词曲的流变是不断矫弊救诗的更生过程。

二、语言也要随着音乐与时俱进

诗歌要有音乐性就必须具备通俗性。诗既为歌,是口头文学,口耳相传,转瞬即逝,因而晦涩费解是诗歌衰变的原因之二。鲁迅在《致姚克》中说:"诗、词、曲,我们以为原则民间物,文人取为己有,越作越难懂,弄得变成僵尸,他们就又去取一样,又来慢慢绞死它。譬如《楚辞》罢,《离骚》虽有方言,倒不难懂,到了杨雄,就特地'古奥',令人莫名其妙,这就离断气不远矣。词曲之始,也都文从字顺,并不艰难,到后来,可就实在难读了。"③陈圣生说:"唐诗宋词的盛况已一去不复返,其中的原因有二:一是诗

① 朱恒夫、王基伦:《中国文学史疑案录》,南京:江苏教育出版社,1998年版,281页。

② 鲁迅:《致窦隐夫信》,《鲁迅全集》(第12卷),北京:人民文学出版社,1981年版,556页。

③ 鲁迅:《致姚克》,《鲁迅全集》(第12卷),北京:人民文学出版社,1981年版,339页。

语与日常口语拉开的距离过大,造成了文言和白话的断裂现象,同时渐就弃绝了诗与广大民众的联系;二是中国古典诗歌的体式发展过慢,出现了变生为熟、缺乏新鲜感的流弊。于是诗歌语言的'革命'——由'文'变'白',并且向外国各种体例的诗歌学习,便成了本世纪初中国'新诗'运动的历史使命。"①但长期以来,人们有个错觉,认为仿古便是文雅,平易便是野俗;文绉绉便是文雅,质朴朴便是野俗。《诗经》《楚辞》唐诗宋词便是高雅,乡间小调民谣俚曲便是低俗。其实不知"三岁贯汝"就是当时老百姓口头的白话语言。今天的"文"就是昨天的"白",而今天的"白"也必将成为明天的"文"。因为中国的语与文是分离的,加之独特的象形文字具有超语言的稳定性,尽管文学离不开活语言,但象形文字所支撑的文言可以与活语言保持相当的距离,所以在文体发展中语言的通俗化应是不易之理,语言也要与时俱进。

通俗不是庸俗,雅俗共赏是文学艺术的最高境界,曲高和众是曲的生命力之源泉。明学者李东阳主张在晦涩与直露这两个弊端之间取其中是值得我们思考的:"作诗必使老妪听解,固不可;然必使士大夫读而不能解,亦何故耶?"②历史上出现过的"玄学派的狭窄、晦涩,它驱赶走了大部分的读众,也就别提听众了;即使有些'奇想'勉强可以理解,由于过多凭借智力,也会使人失去艺术欣赏中的直观乐趣。"③如果连大学生都不懂,是否应叫"玄言诗"? 不管何种艺术,任凭其有多高的技巧,最终达不到悦己乐人的美善效果,所付出的艰辛就大损。

诗与文同,浅入深出、浅入浅出是大忌,深入深出则曲高和寡,深入浅出才雅俗共赏,才是艺术的最高境界,我们要拒绝"庸

① 陈圣生:《现代诗学》,北京:社会科学文献出版社,1998 年版,10 页。

② 李东阳:《麓堂诗话》,丁福保辑:《历代诗话续编》,北京:中华书局,1983 年版,1382 页。

③ 陈圣生:《现代诗学》,北京:社会科学文献出版社,1998 年版,199 页。

俗”也要彰显“通俗”。

三、缘情言志不是老生常谈

中国古典诗以抒情的短篇为主流，《毛诗大序》中已不仅透辟地论述了诗乐舞的关系，还强调了它是人们感情强烈的产物，陆机也指出“诗缘情而绮靡”，曹操也常在诗的结尾处加上两句曰“幸甚至哉，歌以咏志”，包括西方理论家也指出：凡是不以情感为题材的作品便没有诗意。

情化与理化是诗歌与论文的本质区别，诗意既不包含未经情感濡染的思想，也不包含不具有思想深度的自然情感。在日常生活中，情感与思想泾渭分明，而在诗中则必须水乳交融，诗歌应以情为主，所以宋诗“以文为诗”“以理为诗”“以才学为诗”才多为后世所争讼。宋诗以理为主大多缺乏情趣，就连苏轼也写出了《送参廖师》“欲令诗语妙，无厌空且静。静故了群动，空故纳万境”这样理趣加禅趣的乏味之作，因为诗之理趣，忌讳将“理”暴露在面上，否则即是有了哲思而丢了情思，有了思想而丢了意境，换言之字字直切，风流尽失。“菩提本无树，明镜亦非台。本来无一物，何处染尘埃”之所以叫作“偈语”道理就在此。钱钟书说“理之在诗，如水中盐，缶中花，体匿性存，无痕有味，现相无相，立说无说。”①唐诗风格的长处正在于“情韵”“情辞”“情采”“兴会”即以不露痕迹的创造思维的加工来表现万物和人心的自然情趣，不涉理路，但“理”已在客观描写或主观抒情之中，如王之涣的《登鹳雀楼》、李商隐的《乐游原》、杜牧的《江南春》、苏轼的《题西林壁》和林升的《题临安邸》等不都是理趣的好诗吗？明代杨慎说“唐人诗主情，去《三百篇》近，宋人诗主理，去《三百篇》却远矣。匪惟

① 钱钟书：《谈艺录》，北京：中华书局，1984 年版，231～232 页。

作诗也，其解诗亦然。”[①]就其功能而言，诗主要供审美之用，而文则供生活实用——诗主虚，文主实，这正说明诗与文所处理的题材和写作方式的不同。

情化与事化是诗歌是否被广泛传诵的关键。抒情言志，只需微言大义，意在言外，而记叙与描写则不洋洋洒洒，穷形尽相不足以说清道明。表达方式的不同就使不同体裁的文学作品产生了不同的审美特质。诗歌语言的基本特征是跳跃性，而散文的叙事语言则不得不遵循时间的连续性，其议论的语言则又必然隐含着哲理的过程来刺激读者的逻辑思维，即语言的逻辑性。而一首诗歌的语言是否完美地体现了这种审美特质则又直接关系其流传的广泛性。那么，诗歌的节奏、分行等手段就是为了有利于摆脱散文那种与生俱来的连续性和逻辑性，使语言中感性的因素得以自由地浮现出来。对于叙事文学来说，读者更多的是记住其典型的人物形象、曲折的故事情节，很少有人去背某一段文字。对于《钢铁是怎样炼成的》，人们可能只会背那一段“……当你回首往事的时候，不会因为虚度年华而懊悔……”而对于《红楼梦》人们则必定去背一些“风刀霜剑严相逼”之类。散曲承宋词余绪而来主情志，是诗式之正流；杂剧偏叙事，加强了故事性——铺衍历史故事和传奇小说，已入叙事文学之列。因此，至今仍能被人们记诵的元曲也只是那些散曲，是“小桥流水人家”“兴、百姓苦，亡、百姓苦”，而不是“天也，你错勘贤愚枉做天”。

在我国古代浩如烟海的抒情言志的短小诗词的掩映下，也出现一些叙事名篇，如汉民歌《孔雀东南飞》、北朝乐府《木兰辞》、杜甫《北征》、白居易歌行双璧《琵琶行》《长恨歌》等，篇幅虽不超过373句的《离骚》，然而毕竟还嫌稍长，于是这就影响了人们对它记诵的完整性和流传的广泛性。李季的《王贵与李香香》、阮章

① 杨慎：《升庵诗话》，丁福保辑：《历代诗话续编》，北京：中华书局，1983年版，717页。

竞的《漳河水》、公刘的《阿诗玛》等现代新诗就真正地走上了叙事文学的道路,走上了去情就事、去诗就文的道路。当然,抒情言志的诗词也不是拒绝叙事,只是其叙事的方式“别是一家”,李易安的小词就讲究“故实”,柳耆卿的乐章也讲究“铺叙”,李商隐的《夜雨寄北》即使是四句话也可以讲一段缠绵的爱情佳话。总之,一唱三叹的“散曲”(歌词)才是当今诗坛之正流,那些出自“杂剧”中的叙事长歌如《盼天下劳动人民都解放》《兰花花》《孟姜女》等虽然还是久唱不衰,但已决非脍炙人口,演唱者大都是专业歌手,他们主要是为了展示自己的演唱技巧和声乐才华而已,是为了音乐而歌唱,并不是为了诗歌而歌唱。更值得世人深思的是2002 年第十届全国青年歌手大奖赛的其中一项规定——参赛歌曲不得超过三分钟,如果超长 30 秒则扣除 0. 30 分,似乎音乐人已经告诉了诗人什么是诗歌!

四、连章叠唱需要经典小制

诗歌比其他文学体裁概括生活更为集中,语言更为凝练。如《长恨歌》—《长生殿》,《会真诗》—《莺莺传》之对比。这主要还是诗式的最基本的审美特质——音乐性所决定的,简短精粹则易记易唱,但因其叙事性强、篇幅稍长还是影响了人们对它的记诵。从十五国风开始就以连章叠唱的制式来抒发和升华情感,当代歌曲也仍然以这种音乐制式为主,这就要求它的词最好是经典小制。格律诗就是精粹的典范,它往往在语法上表现为省略(谓语或动词),成为不完全句,基本不用助词连词等虚词,句式倒置。王国维说马致远的《天净沙·秋思》“寥寥数语,深得唐人绝句妙境”,我国公众历来评诗以能经得起岁月剥蚀的“名篇丽句”的多寡来衡量时代和个人的诗歌成就,而这些脍炙人口的“名篇丽句”绝大多数都是短而精的小诗。爱伦·坡与波德莱尔都承认诗在本质上只有抒情一种,不承认“史诗”“叙事诗”“哲理诗”“诗剧”

等其他诗式存在价值的观点虽然值得商榷,但其中也给我们启示颇多。

因为精炼在文学艺术领域中不仅仅是量的增减问题,而且是可能将成为诗体文学与散体文学的最后分水岭。司空图《二十四诗品》中有许多品都落实在了精炼上。散文与诗歌的区别犹如走路与跳舞,散文的语言是一种手段,如走路一样,旨在达到某处;而诗的语言本身就是目的,诗人的思想感情全部都贯注其上,并要求它如同伴随着音乐的美妙舞蹈一样,时时变换出种种动作的姿态、情调和旋律以吸引观众。

历史上不少叙事长诗,尽管是名篇,但少能令人耳熟能详,这也不能不令人深思。陆游和唐琬的婚姻悲剧与焦仲卿和刘兰芝的婚姻悲剧在性质上是十分相似的,读前者须参照诗词背后的故事,而后者则把背后的故事完全搬到了台前,仿佛一部歌剧。后世的弹词基本上是走了这条道路,但是人们已经不把弹词当作诗了。明人胡应麟曾说"长篇《孔雀东南飞》,断不可学",这又是值得当代诗人深刻思考的一个问题。曾被称作"诗史"的诗,它能给人们的美感,往往不是诗歌所特有的那种美。如杜甫之"三吏""三别",李商隐的《行次西郊作一百韵》,都不是以"诗美"取胜,而是以题材阔大、思想性强以及叙事生动而见称——着眼于它的认识价值,吴梅村的诗歌也是因此而被誉为"诗史"的。这些长篇叙事诗应是聊备一体吧。反观当代是一个诗歌的叙事化、散文化的时代,同时也正是诗歌的衰颓时代,这正应是当代诗界反省之点:其一,诗与文的本质区别究竟是什么?李健吾提出了"散文诗"最好另用一个独立性的名称,笔者回答是把"散文诗"改名为"诗散文"。其二,当代歌词的历史地位在哪里?这些都是目前诗学界的盲点。其实我们今天大都没有跳出"五四"以来的思维定式,只把眼睛盯住了现代"城市诗",对歌词则视而不见,就像词在宋以前也登不了大雅之堂一样。好在据说近日北京某高校的《文学概论》教材已收入了乔羽的《思恋》等两首歌词作为诗歌创作理论的研究对象。

五、因含蓄而凝练，因凝练而精粹

“学诗浑似学参禅，语可安排意莫传。会意即超声律界，不须炼石补青天。”(《南缘诗话》)诗歌的妙处在于只可意会不可言传的地方，不在于它的“外意”——字面意义，而在于由“外意”所引发的联想、讽喻等的“内意”——言外之意，含而不露之处才最引人入胜，就是说诗歌通过语言建构的意象的间接性。在文字之外建构的许多想象的空间——艺术空白，犹如书画之布白——虚处。寓实于虚，便可以诱发读者的审美思维活动，读者情不自禁地“入乎其中”，以自己的人生经验体悟、揣摩、想象其所隐含的幽微、朦胧之处，填补其空白，发掘其内涵，从而实现对诗歌意象的深刻感悟。如“孤帆远影碧空尽，唯见长江天际流”，李白把一怀思绪托付于滚滚江水；“山回路转不见君，雪上空留马行处”，岑参把万般惆怅融入于空寂的蹄印之中；“座中泣下谁最多，江州司马青衫湿”，白居易把宦海沉浮洒向襟袖之间。散文贵在实，有话都要说出来，而且还要说得较明白，尽管也讲究简练含蓄；而诗贵在平淡，寓浓丽于平淡之中、语出委婉、忌讳直露、以少胜多、有话不说。

诗语精粹凝练、含蓄委婉，它尽管可以用日常语言来译解，但没有人能一语道破玄机。它不像科学著作那样通过明晰单纯的逻辑论证来直接表达，并且其中审美意象所显示的意义，有时甚至还会同作者本人的理解有或大或小的出入，即使是叙事文学也存在这种现象，所以对于《红楼梦》则“经学家看见《易》，道学家看见淫，才子看见缠绵，革命家看见排满，流言家看见宫闱秘事。”[1]高尔基说:“文学形象几乎永远大于思想”就是语言的模糊性之魅力所在。然而真理前进一步则是谬误,含蓄的前面就是晦涩,因此掌握好含蓄的度则是十分重要的。掌握不好含蓄的度,不失之晦涩即失之“媚俗”。因此,晦涩、媚俗与通俗三者的关系极为密切。

六、不可翻译性

所谓独创性即语言的原发性,是在诗性思维中创造出来的新词和丰富的语言内涵。诗歌应创造出一种诗性的“意境”,这种“意境”便可以表达日常语言所不能表达的意思。于是这种独创性便成了“不可翻译性”。“诗是翻译中失去的那些东西”(美国罗伯特·弗洛斯特),也就是说翻译过来的语言却不是诗,而恰恰在翻译中流失的东西才真正是诗。

任何一种诗歌都有其特殊的民族性和某些言外之意,假如把唐诗宋词翻译成任何一种文字,都肯定会失去它的独有的那种抑扬顿挫、婉转幽微的音乐美,会失去汉民族语言的特色及思想感情表达的韵味;同样把外国诗歌翻译成汉语,我们也看到了译者的水平直接影响到译著的水平,同时译者的水平也永远没有一个顶点,从而也就没有任何一个翻译家敢说它的译著比原文更美。如“鸡鸣茅店月,人迹板桥霜”所提供的审美意象,你如果让人用英语来表达,那就非叫人不知所措不可——因为这一系列的审美意象都无法按照一定的语法规则来安排。即使是同一民族语言,你用日常用语来翻译古代诗歌也不是明智的,其实人们都早已不自觉地承认了这一事实,于是我们现在也就根本找不到一个唐诗宋词的译本(汉语),而只能偶尔见到一点《诗经》《楚辞》的译文,这是因为春秋战国时的语言距离现代汉语太远、太难解读所致。

---

① 鲁迅:《“绛洞花主”小引》,《鲁迅全集》(第7卷),北京:人民文学出版社,1991年版,419页。

所以没有人敢说有了译文就可以扔掉原诗。我们今天译它只为了初步解读,扫清文字障碍、语法障碍,从而进一步地涵咏、解读,而不是为了以“雎鸠鸟在河边上关关(求偶声)的鸣叫”来代替“关关雎鸠,在河之洲”。

总之,本文旨在说明现代新诗的变质,诗文之别,诗的发展轨迹,诗的发展方向,而尤其是与诗人商榷应该去写什么样的诗。吴乔说:“文喻之炊而为饭,诗喻之酿而为酒。饭不变米形,酒形质尽变。啖饭则饱,可以养生,可以尽年,为人事之正道;饮酒则醉,忧者以乐,喜者以悲,有不知其所以然者。”①简而言之,文是直接表达思想传达知识的工具,诗是供人玩赏细细品味的艺术;文可供人使用,诗则令人陶醉。因此诗的语言要委婉含蓄、精辟警拔,才能让人爱不释手。

(原载:《金陵科技学院学报》(社会科学版),2008 年第 1 期)

① 吴乔:《围炉诗话北京》,郭绍虞:《清诗话续编本》,上海:上海古籍出版社,1983 年版。

卷四　寻找“美人”神韵

——诗歌与音乐关系的审美文化考察

“一代有一代之文学”，自风骚以降，唐诗、宋词、元曲及明清小说又各领风骚数百年。其间明清民歌虽然悄然兴起，然而终被叙事之小说所淹没。时至今日，诗坛又谁主沉浮？这是一个极为简单而又令人羞于回答的问题——自由诗。因为当代人几乎写的都是这种诗，而当代读者乃至于学者又都很少去问津，诗人们已成了新时代的“精神贵族”。一些文人学者或文学爱好者偶尔兴之所至，只去写几首旧体诗或填几首词，但鲜有佳酿，多为应制唱和之作，甚而为呻吟声。真乃“但记得斑斑点点，几行陈迹”。

一、昨夜西风凋碧树——“曲高和寡现象”之反思

词之体虽如美人，但自其诞生之日起便被视为“小道”，词与美人似乎有同样之命运，总是为诗壮士之从属，难以与诗比肩。即使在其鼎盛之际，也被称为“诗余”“琴趣”“遗音”“樵歌”“痴语”“别调”，即使是苏轼其词作也都远远少于诗作。诗为壮士，终为正统；词如美人，终为变流。然而天晓得身为嫡长子的壮士诗在宋代就早已成了名义上的正统，而庶出的女儿词竟然典一代之风范。美人犹有垂老时，至元明词只成余响，清代也只是回光返照。

美人垂老非关病，只合岁月不饶人。美人生于隋唐，荣于柳苏，枯于辛姜，朽于吴张，而乐之不传，势所必然！原因之一，北宋

时，人们把填词称作“倚声”——按谱（曲谱）填词，至南宋，因当时记谱方法尚不科学，一些词调相继散佚，词人填词已经出现了不依音谱而只依前辈词作，谨守四声平仄的情况，如方千里、杨泽民、陈允平等和清真词，其中已多不可歌。这犹如折断了一只翅膀，自然难以飞翔，其颓势必然。其二，南宋人大量的以文为词、不顾乐句，又好掉书袋、晦涩难解更破坏了歌词的音乐文学的特质，歌唱传媒受阻，其颓势亦必然。其三，词人守律日严，取径日窄，使词成了少数音乐人的专利，令诸多文人望而却步，这又使词失去了大批的创作群体，曲高和寡，其颓势更是必然。张炎说他父亲（张枢）“创作一词，必使歌者按之，稍有不协，随即改正”，这倒不失为一个良策。反之诗人过度追求音律，就会在写作技巧、表情达意上使创作主体失掉了充分自由。像李白、苏轼等天才型的大家都不肯墨守成规，而是追求个人的才情气质的充分张扬显现。不然的话，李太白何以有那么多的古风歌行？苏轼何以能令关西大汉执铁绰板而歌？明人李东阳曾说：“唐人不言诗法，诗法多出于宋，而宋人于诗无所得。所谓法者，不过一字一句，对偶雕琢之工，而天真兴致则未可与道。”[①]正如一位美国评论家所说：“当一个传统开始化为一种准则时，它就开始丧失生命；当它完全地形式化以后，它就失去了生命——变成了一种伪传统。”[②]南宋词一困于“雅”，一困于“法”，有如宋诗，然而对于宋诗则有杨万里、陆游对江西诗派的反省，只可惜对于词则无人反省！

至元代，宋之遗老张炎还是抱残守缺，力主“清空”“雅正”，一方面使词与大部分文人疏离，一方面使词与大多数受众疏离，而最终成了孤芳自赏的玩意、无疾而终。诗词雅俗流变规律大体相同，自诞生至成长时皆为胸中自然流淌的天籁之音，而后一经

① 李东阳：《麓堂诗话》，丁福保辑：《历代诗话续编》，北京：中华书局，1983年版，1371页。

② 於可训：《当代诗学》，长沙：湖南人民出版社，2000年版，198页。

文人染指雅化，最终使之高雅脱俗而“慢慢把它绞死”（鲁迅语）。当代学者陶然说：“南宋词雅化的倾向本身即导致了词的衰落……这即体现在词风本身的严雅俗之辨，俗字俗词一概摒弃，着意表现文人士大夫高雅的气度与生活情趣，但词之所以能天下风行，正在于其雅俗共赏的美学风范，一味地贴近俗，自然在文人圈中得不到欣赏；而一味地崇尚高雅，则使得词只能成为文人抒情诗的一种，不能再传唱于市井民间，不再流行于时尚。词的特质多因此失落，割断了词联系不同文化层面的通道。”①文人作词自然不会像民歌那样“冲口天成”，自然要雅化并且时有用典，然而若高雅而不晦涩，用典若熟而不僻，同样也可以收到雅俗共赏的艺术效果。当代歌词早已很好地处理了这一问题，这可以从中随处找到乐府和古典诗词的神韵，如脍炙人口的李叔同《送别》之“夕阳山外山”句，即源于戴复古《世事》诗，元人张可久于《南吕·金字经·未晚》曲中亦曾化用之。一首好词大体虽作“本色语”而又不失其典雅蕴藉。

二、衣带渐宽终不悔——“胡云翼现象”之断想

寻寻觅觅，冷冷清清，“美人”神韵今何在？尽管元明清也“大家”时出，但都于事无补，时至今日也仍有痴男怨女寻几缕“溪纱”来浣洗，觅几首“渔歌”来唱和。为此有学者曾做了三个层面的分析，似可略表今人寻美之心态：1. 标题形式丰富多彩之美；2. 体制结构摇曳多姿之美；3. 句式句法参差多变之美。② 的确，无论是《采桑子》还是《渔歌子》，无论是《满江红》还是《西江月》，都是那么富有诗意，都是那么令人神往；其词体无论是单调还是双叠，无论是三叠还是四叠都是窈窕妩媚、袅娜多姿；其句子无论是长句

① 陶然：《金元词通论》，上海：上海古籍出版社，2001 年版，95～96 页。
② 刘尊明：《“词之体如美人”——唐宋词形体美初探》，载《文艺研究》，2001 年第 6 期。

还是短句,无论是齐言还是杂言都是那么风云变幻、仪态万千。

痴男怨女哀以思,墨客骚人忧以怨。胡云翼先生探索词学四十年,他倾毕生精力于词学,却仍未见到“美人”之神韵。因为他未能听到“春天的故事”,更未有幸“走进新时代”。胡云翼先生(秉承王国维之说)指出“词”乃是那一时代的文学,并且他更强调是那一时代最有价值的文学:“中国文学的活动,以音乐为依归的文体活动,只能活动于所依附产生的那一种音乐的时代,在那一时代兴盛发达,达于最活动的境界……凡是与音乐结合关系产生的文学便是音乐的文学,便是有价值的文学……歌词之法传自晚唐而盛于宋。作者度曲亦解其声,制词与乐协应。”[①]胡先生高度评价了宋词在中国文学史上的地位,并强调宋以后的词其作为音乐文学的生命已经完结——“只能算是词的余响”,而成了文学史上的陈物,从而他否定了今人填词的意义。其实,今人填词仅取其“西江月”三个字的韵味、取其长短句之躯壳,不就是买椟还珠吗?既然你不解其宫商,又何必再去苦苦推究其平仄?你为何不去自创新题、自度新曲、出己之胸臆而自为长短之句?当今学者骚人为何不走出象牙塔去听一听“长亭外,古道边”的歌声,为何不去看一看“好大一棵树”的风姿?

胡先生毕生致力于词学研究,他有小说集传世,也有散文集传世,而独无词集传世,更无散文诗集传世!胡先生仿佛在无声地告诉我们:词只是“一代之文学”,宫商之不传只求其平仄之空壳又有何用?此外,他还有一本旧体诗集传世,不过他早已把它名之为《废笔吟》(因为旧体诗早已不属于音乐文学)。可见,胡先生之与古典诗词、与当代“散文诗”的情结有多么的微妙!然而这一情结与他所坚持的要珍视文学遗产而不去恢复这一古旧体的文体思想又是一以贯之的。他没有写过词,并不是他不喜欢

① 胡云翼:《宋词研究》,北京:中华书局,1926 年版,4 ~6 页。

词,而是他不知道(声腔)该如何写。他没有写过“散文诗”,不是他不懂得“散文诗”,也许他觉得那根本就不是诗。胡云翼在谈到他写作《词学ABC》一书的主旨时说:“第一,我写这本《词学ABC》并没有提倡中国旧文学,这是最要辨明的。我们为什么要研究词?乃是认定词体是中国文学里面一个重要的部分,它有一千多年的历史,遗留下来许许多多不朽的作家和不朽的作品,让我们去鉴赏享受,我们当然不愿意抛弃这种值得享受的权利……第二,我这本书是‘词学’,而不是‘学词’,所以也不会告诉读者怎样去学填词……因为我不但不会告诉他一些填词的方法,而且极端反对现在的我们,还去填词……我们对于曾经有过伟大的光荣的词体,是异常尊重的。可是这种光荣已经过去很久了,词体在五百年前便死了。”①他认为古体词随乐而亡,因不解其宫商,故而羞于模仿。

中国现代诗发展的困境则从另一方面给我们以启示。毛泽东在1958年3月22日于成都召开的中央工作会议上谈到诗歌问题,流露出对半个多世纪以来已经占主流地位的中国新诗十分不满:“我反正不看新诗,除非给100块大洋。”②毛泽东反对“欧化”倾向,指出中国诗歌未能很好地继承中国古典诗歌的传统,也抛弃了中国民歌的优良传统。木斋(王洪)在谈到金元诗坛状况时说:“这局面颇为类似当代文坛的样子,虽然人才辈出,作家蜂起,作品每年数以万计,却并无一部两部可以称得上里程碑式的作品来,也并无哪个作家可以称得起时代巨匠的称号。也许这就是现代文学的特点——没有巨匠的时代。”③如果说胡云翼先生认为词是一种已经过去的文体而拒绝填词有些偏激的话,那么现代新诗

① 胡云翼:《词学ABC》,上海:世界书局,1930年版,1~2页。

② 陈晋:《毛泽东与文艺传统》,北京:中央文献出版社,1992年版,322页。

③ 木斋:《走出古典——唐宋词体与宋诗的演进》,中国社会科学出版社,2002年版,259页。

割裂传统则更是有失正路。胡云翼认为词随乐谱的散佚而成为过去的词体,但却未看到填词也应随时代新声的发展变化而发展变化,当代歌词遵循古典诗词强调诗词的音乐性这一传统因词度曲(偶尔因曲制词)的创作举动,为日趋走入困境的中国诗词的发展注入了无比鲜活的生命力。胡云翼生不逢时,未能见到改革开放后歌坛的累累硕果,他只能带着一个大问号谢世而去。若以传统的理论而言,自由诗才是当代诗坛的所谓正宗,然而,我们不妨掩卷而思,侧耳倾听,时代新声早已主宰国人视听,近二十年来词坛硕果累累,光耀一代诗坛。“当代无文字,闾巷有真诗。却沽一壶酒,携君听《竹枝》”,袁中郎所言极是,原来真诗仍在歌中。无奈学人装聋作哑,学生课本不选,文学评论不谈,文学史籍不载,当代新歌仍处于当年唐宋词的“诗余”境地。

三、那人却在灯火阑珊处——乐府宋词今词三位一体

美人生于民间,有汉魏乐府为表征,有南北朝乐府为表征,有敦煌曲子词为表征,有晚明《挂枝儿》为表征,更有时代的大地飞歌为表征,乐府民歌、唐宋词、当代歌词三位一体、一脉相承。长短句之美实乃中华民族几千年来文化的积淀,其句式以四言为主,从一到十一言诸式兼备,据有关资料统计,使用频率最多者为4、7、5、6、3言。但其长短绝不是乱用,像自由诗那样天马行空、横行无忌。其句内节奏,句外组合;何处该长,何处该短;如何过片,如何起结等均有玄机。笔者以一介鼠儒呼吁:在新世纪之初,我们再回首,再用心去倾听那渐渐远去的天籁;我们再放眼,用真情去一睹那奔腾的大地飞歌!兹从字句章三方面来探讨其三位一体之关系:

(一)字(词)法——响亮妥溜

张炎《词源》说:“盖词中一个生硬字用不得,须是深加锤炼,字字敲打得响,歌诵妥溜,方为本色语。”“响”——响亮悦耳,“妥

溜”——音乐的圆滑感和旋律感。

妙用实字——画龙点睛。妙用实字即妙用动词、形容词起到画龙点睛的作用。如秦观“华灯碍月，飞盖妨花”，欧阳修“绿杨楼外出秋千”，李清照“绿肥红瘦”，李叔同“芳草碧连天”，张名河“凄苦的岁月在琴弦上流”，“失明的双眼把暗夜看透”，李海鹰“你那弯弯的忧伤，穿透了我的胸膛”，胡宏伟“你用磅礴的力量，挽起高山大海”。

巧用虚字——振起全句。其句子多用去声字领起。以去声字高亢响亮、语势昂扬振起全句。据《词旨》统计领起用的单字有33个：任、看、正、待、乍、怕、纵、问、爱、未、已、应、若、莫、念、甚、奈、似、但、料、想、更、算、怅、快、早、尽、嗟、凭、叹、方、将等，这些领字也有用在句中的，以表示程度和范围。双字领的有：纵使、不如、料得、何曾、且向、怎生、似觉、哪堪、还又、莫是等。三字领的表达感情色彩更为强烈：更哪堪、怎奈何、细念想、唯只见、如何向、最无端、最好是、又却是等。

慎用代字——蕴藉含蓄。沈义父又言“用字不可太露，太露则直实而无深长之味”，接着他举出了一些代字。如：桃——红雨、刘郎，柳——章台、灞岸，书——银钩空满，泪——玉箸双垂，簟——困便湘竹，法髻——绿云缭绕等。这些字（词）若用得恰当，自具蕴藉含蓄之妙；若用得不当，则堕入粗俗晦涩之境。王国维就坚决反对此法，纪昀《四库提要》也说“其意欲避鄙俗，而不知转成涂饰”。看来我们对沈氏、王氏及纪氏之论尚须持平论之。古人所用之代字较为固定化，因而渐渐熟而成俗，而我们今天的词人则早已脱古人之窠臼，自由驰骋，率意设代，似“羚羊挂角，无迹可求”。如现代歌词：受欺压的百姓的冤魂野鬼——牛鬼蛇神，贪赃枉法的达官显贵——正人君子，生活——一团麻、一根线、一条路、一杯酒等，比比皆是。

(二)句法——奇偶相生,摇曳多姿

在词之前四言诗都是二二节奏,偏于板;之后五言的“三字尾”就使句式增加了很多变化;但五言句式容量小,于是又有七言。以齐言为主体的文人诗,其缘志抒情还是不能意到言到、酣畅淋漓;词之出现,带来了乐府民歌的三五句律、三七句律的特质,又吸纳了齐言诗的五言句律、七言句律的长处,之后又融进了四六文的俳偶句律的优点,兼采三大句律之长。这样既充分发挥了汉字的单音独体的特点,借鉴了奇音步诗体一板一眼的特点,又发展了偶音步诗体一板两眼的节奏紧凑的长处,无论从句内节奏上看还是从句间组合上看都显示了奇偶相生的特点,使句式与篇章变得摇曳多姿,使歌词在歌谱中渐渐升至主要地位。

起结句律。词中长短句的组合并非任意为之,而有很强的规律性。一般说来,篇首多用短句,篇末次之,篇中又次之。其一,篇首的句律,一般又都是二短一长式(一般以五言以下为短句)。如:乐府民歌《读曲歌》:“思欢久,不爱独枝莲,只惜同心藕。”敦煌曲子词《捣练子·孟姜女》:“孟姜女,杞良妻,一去烟(燕)山更不归。造得寒衣无人送,不免亲自送征衣。”李叔同的《送别》就是典型的二短一长的起句。这首曲子原名《梦见家和母亲》,为美国的J. P. 奥德威所作,日本作家犬童球溪又进行了再创作,填上了这首词《旅愁》:“西风起,秋渐深,秋容动客心。独自惆怅叹飘零,寒光照孤影。忆故土,思故人,高堂念双亲。乡路迢迢何处寻,觉来归梦新。”可见不同的民族、不同的语言其抒发情感的方式、乐句长短的组合规律却是相通的。现在词的句式还有由短向长发展的趋势(但不是无限延长,一般在十四字以内),如《长大后我就成了你》《好大一棵树》等。据笔者对《老民歌》《老童谣》(江苏古籍出版社)的三言短句的使用情况的统计,其三言短句首起占一半以上,并且又多为二短一长句式。《老民歌》总数是128篇,三言起的是65篇;《老童谣》总数是122篇,三言起的是80篇。又据笔者对目前安徽人民出版社发行的《豪放词》《婉约词》两个选本的统计,总计143调,其中短句首起有78调,长句首起有65调。宋代使用频率最高的词调同样是短句首起多于长句首起,其短句首起如:《水调歌头》《念奴娇》《满江红》《减字木兰花》《木兰花慢》《沁园春》《清平乐》《满江红》《念奴娇》等。其长句首起如:《浣溪沙》《鹧鸪天》《菩萨蛮》《西江月》《临江仙》《蝶恋花》《水龙吟》《太常引》等。其二,篇中句律、意象组合也多采用二(或三、四)短一长式,如前文所举之四六句律。在慢调盛行之前,词以三五七句律为主,而慢调盛行之后则四六句律大出,二者相得益彰,"尤其是在长调慢词发达以后,四六句律后来居上,而词中相对独立的意象单元亦往往以四六句律出之"①。今词又把古体词的句律(民歌的三五七句律和俳偶的四六句律)发展成四四七句律,三、十句律及五、十四句律,如:乔羽《岁月如流》:"岁月如流,往事悠悠,时光一去不回头。"张名河《二泉吟》:"风悠悠,云悠悠,凄苦的岁月在琴弦上流。"乔羽《说聊斋》:"鬼也不是鬼,怪也不是怪,牛鬼蛇神倒比正人君子更可爱。"词调在句尾变格的方法上有摊破、摊声、添字,都用了唐代歌曲中交替为和声的遗法,使结尾变长为短。如:《竹枝词》中的"竹枝""女儿",《采莲子》中的"举棹""年少"。或在上下片末都加一个三字句,于是就变成了短句结尾,这是有意识地增加短句结尾的方式之一。

俳偶句律。古今词中的俳偶句式要比散句工整而近于偶句,而又比律句灵活,不拘平仄,不避重复,因而形成独特的风姿。古词:"柳丝长,春雨细。"(温庭筠)"华灯碍月,飞盖妨花。"(秦少游)"月上柳梢头,人约黄昏后。"(欧阳修)"明月别枝惊鹊,清风半月鸣蝉。"(辛弃疾)"无可奈何花落去,似曾相识燕归来。"(晏殊)"江上舟摇,楼上帘招……风也飘飘,雨也萧萧……银字笙调,

① 韩经太:《诗学美论和诗词美境》,北京:北京语言文化大学出版社,2000年版,304页。

心自香烧……红了樱桃,绿了芭蕉。”(蒋捷)今词:“长亭外,古道边。”(李叔同)“亮煌煌几页史书,乱纷纷万马逐鹿。”(魏明伦《十面埋伏》)“天地间荡起滚滚春潮,征途上扬起浩浩风帆。”(蒋开儒《春天的故事》)“几分庄严,几分诙谐,几分玩笑,几分感慨。”(乔羽《说聊斋》)“战场埋伏、官场埋伏、朝廷埋伏、宫廷埋伏。”(魏明伦《十面埋伏》)

叠字句律。在古体词中,哪些词、哪些句可叠不可叠均有严格规定:一字叠《思帝乡》,二字叠《调笑令》《如梦令》《声声慢》,三字叠《忆秦娥》《长相思》,四字叠《添字采桑子》,五字叠《东坡引》,六字叠《摊破丑奴儿》。在今词中,叠字较古词灵活,表现为或部分字词叠,或整句叠,或隔句叠。如:前引张名河《二泉吟》的词叠,魏明伦《十面埋伏》的句叠,胡宏伟《长江之歌》和石顺义《黄河源头》的隔句叠,乔羽《说聊斋》结尾的连句叠。叠字句盖因乐句重叠或修饰性延长以表达某种特殊的声情。

顶针回文句律。顶针回文句法的运用可以营造出余音袅袅、连绵不断、回环往复、一唱三叹的艺术效果。如唐人王建《调笑令》:“玉颜憔悴三年,谁复商量管弦,弦管,弦管,春草昭阳路断。”李海鹰《弯弯的月亮》:“遥远的夜空有一个弯弯的月亮,弯弯的月亮下面是那弯弯的小桥,小桥的旁边有一个弯弯的小船,弯弯的小船悠悠是那童年的阿娇,阿娇摇着船唱着那古老的歌谣,歌声随风飘啊,飘到我的脸上……”乔羽《岁月如流》:“岁月如流,往事悠悠,时光一去不回头;往事悠悠,岁月如流,人生都在写春秋。”

句式节奏。词的句式节奏灵活多变,充分体现了奇偶相生、摇曳多姿的艺术特色,尤其是句尾的变化。常见的节奏如:三言——2·1式:汴水|流,泗水|流(白居易);长亭|外,古道|边(李叔同)。1·2式:深|黛眉,浅|黛眉(唐歌伎吴二娘);梦|悠悠,魂|悠悠(张名河)。四言——2·2式:人生|如梦(苏轼);岁

月|如流(乔羽)。五言——2·3式:照花|前后镜,花面|交相映(温庭筠);日出|嵩山坳,晨钟|惊飞鸟(王立平)。3·2式:睡不成|还起(柳永);高天上|流云(凯传)。六言——2·4式:无言|独上西楼(李煜);敢问|路在何方(阎肃)。七言——3·4式:杨柳岸|晓风残月(柳永);亮煌煌|几页史书(魏明伦)。4·3式:平林漠漠|烟如织(李白);功臣末路|断头颅(魏明伦)

(三)章法——承转捭阖、一唱三叹

分片与意脉——抒情及结构的线索。有单调、双叠、三叠、四叠。单调以《竹枝》为最短,只14个字,以《寿山曲》最长为60个字,一般以30字左右为最常见。三叠——非双拽头(三换头——三段均不同)、双拽头(一二片一致,第三片不同),现存有12调。四叠——"序子""序曲",是词调中最长的,现在可考的仅二调。双叠以朱敦儒的《柳枝》最短,仅32字,苏轼的《哨遍》最长,为203字。双叠中有上下片基本相同的,有稍有出入的,也有上下大异的。词体中双叠词最多,而当代歌词也以两段体(双叠)为最多。唐词多单调,宋词从单片小令发展成上下两片,因而就出现了"换头"(过片、过遍、过变)法,以求得音乐节奏之变化。换头是在下片开头处,是全词关键之所在,其"过变"即是要有"变化"——曲调、情感变化之意。当代词如《弯弯的月亮》属于双拽头,上片深沉低回,在思恋美好的童年中饱含淡淡的忧伤,到了下片"我的心充满惆怅,不为那弯弯的月亮,只为那今天的村庄,还唱着过去的歌谣……你那弯弯的忧伤,穿透了我的胸膛!"一下子打开情感的闸门,音乐旋律突然高亢明亮,发出对古老的家乡缺少活力、贫穷落后的强烈喟叹和对古老的家乡的美好未来的强烈企盼!今词与古词不同之处在于,有时词不换头而曲调换头,如三部曲式的《那就是我》,其曲则属于三换头。总之,在景物的描写、感情的抒发、事件的叙述等方面要首尾呼应。上下片分则独立,合则一体,所以上片结句就要似起似合,下片首句就要似承似转,使全篇意脉贯通。“不换头”的上下片句法相同,多为单调重叠而成,如当代歌曲中的二部曲式《草原之夜》《春天的故事》等。

首起与作结——辞章的开头结尾。起——(1)景:“小径红稀,芳郊绿遍。”(晏殊)“蓝蓝的天上白云飘。”(内蒙古民歌)(2)情:“怒发冲冠。”(岳飞)“总想对你表白,我的心情是多么豪迈!”(蒋开儒)(3)叙事:“梳洗罢,独倚望江楼。”(温庭筠)“在那遥远的地方,有一位好姑娘。”(新疆民歌)(4)奇突:“大江东去。”(苏轼)“美丽的姑娘见过万万千,唯有你最可爱!”(新疆民歌)(5)问语:“春花秋月何时了?”(李煜)“黄河的源头在哪里?”(石顺义)结——(1)景:“西风残照,汉家陵阙。”(李白)“绿水常围着青山转。”(高山族民歌)(2)情:“欲说还休,却道天凉好个秋。”(辛弃疾)“生活是一杯酒,饱含着人生酸甜苦辣,苦乐年华。”(张藜)(3)叙事:“烂嚼红茸,笑向檀郎唾。”(李煜)“长大后我就成了你。”(宋青松)(4)比喻:“问君能有几多愁,恰似一江春水向东流。”(李煜)“二泉的月,是你命中一曲不沉的舟。”(张名河)(5)问语:“念桥边红药,年年知为谁生?”(姜夔)“空留下《十面埋伏》古琴谱,让后人评述,功过何如?”(魏明伦)结语用得好可使词的意境含蓄深远,令人回味无穷。

连章叠唱、一唱三叹。双调上下同体的就如同《诗经》中的连章叠唱,同一旋律反复再现、反复咏唱同一内容,而视角却逐层转换,意象也不断变幻。简言之,于不变中求变,使语言的节奏韵律与音乐的旋律达到了天然的和谐。这样既便于记忆,又利于传唱,使情有反复、语有跌宕、自然和谐地抒写心性。其中节奏与音韵这二者就是诗歌语言的显著特征。《诗经》的重章叠唱是民歌艺术的传统手法,至今影响尤甚。当代的歌词单调的极少,多为二叠、三叠、四叠,总之都属于连章叠唱。如《那就是我》,四段歌词句式基本相同,而且每段只换了几个词,全词采取复沓的手法,反复咏叹,层层深化情感。前面两段旋律舒缓,情调低回,表达了游子对妈妈对故乡的深切的思恋之情;随着情感的发展,到了第三段,“我思恋故乡的渔火”,旋律陡起,情感汹涌如潮、炽烈如火,仿佛妈妈和故乡立刻出现在眼前;过了一会,妈妈的身影故乡的渔火又从眼前飘然而去,于是第四段思绪回转、旋律回落,他乡游子又陷入了深沉的怀恋之中,妈妈依稀伫立在村口企盼游子的归来,全曲一唱三叹,荡气回肠,余音袅袅。

总之,我们从以上的字法、句法及章法三个层面的分析中应该初步领略到了“美人”的神韵:充分吸收乐府民歌、齐言诗以及杂言诗的优点,创造出了摇曳多姿、众体兼备的“美人体”,并领一代风骚。今天,古词体虽然已经衰落,但是当代歌词——无论是民间歌词还是文人歌词——都已深得“美人”神韵。当代“美人”既有典雅蕴藉的古典美,又有妩媚飘逸的现代美,她早已深入人心,雅俗共赏。

(原载:《重庆交通大学学报》(社会科学版),2008 年第 4 期。)

卷五　诗歌辨体论

中国文学史上有一个怪圈颇耐寻味，大凡旧体陈陋而新变之际，总不被“正统话语权力”受容，后当陈陈相因转复腐陋之际复被宗之圭臬，犹如明代遗老有“气节”者决不肯留辫子，而同是汉人入辛亥又决不肯剪辫子。理论家在文学史上的作用是推动还是阻碍，理论家的识力常常是前瞻还是滞后值得反省。

王国维在元杂剧不受重视之际，突破文体上尊雅排俗的陋见，突破文学史上以诗文为正统的狭隘观念，提高词、曲、小说的地位，尤其是给元杂剧还以公正的评价；客观地揭示中国文学史上峰峦迭起、丰富多彩的面貌并对文体的新变予以肯定。在前人的文学“一代有一代之所胜”基础上提出：“凡一代有一代之文学。楚之骚、汉之赋、六代之骈语、唐之诗、宋之词、元之曲，皆所谓‘一代之文学’，而后世莫能继焉者也。”①又：“四言敝而有《楚辞》，《楚辞》敝而有五言，五言敝而有七言，古诗敝而有律绝，律绝敝而有词。盖文体通行既久，染指遂多，自成习套。豪杰之士，亦难于其中自出新意，故遁而作他体，以自解脱，一切文体所以始盛终衰者，皆由于此。故谓文学后不如前，余未敢信，但就一体论，则此说固无以易也。”②

然而，王国维“文学代胜”的流变观历经踵事，或被宗之圭臬，或被诟之弊病，然两论皆滥觞于“误读”，从而衍生对文学研究、文

① 王国维：《宋元戏曲史·自序》，天津：百花文艺出版社，2002 年版。

② 王国维：《人间词话》，唐圭璋：《词话丛编》，北京：中华书局，1986 年版，4252 页。

学创作乃至文化消费整体状况认识上的偏移。一曰割断文学史。言“秦汉以下无文”“三唐以后无诗”“两宋以还无词”云云。二曰割断诗歌史。词不是诗,曲不是词,“各有本色,假借不得”(黄宗羲),于是诗为正统,词曲为“余绪”。

一、“退化”与“进化”之辨

由于“文学代胜”论的被误读,于是诗史被随代切割,声律被与时定格。严迪昌说:“由于这一观念的不断被推崇和引申,简单化地从纵向发展上割断着某一文体沿革因变的持续性,又在横向网络中无视同一时代各类文学样式间的不可替代性,终于导致原本丰富多彩、无与伦比的中国文学史变成为一部若干断代文体史的异体凑合缝接着。”①

一般说来,在旧体陈腐之际,一些人革故鼎新,一些人率兵勤王。揭竿者人微言轻,前赴后继,但尤轰轰烈烈;勤王者权柄在握,龙盘虎踞,但仍然不断江山易代。可奇怪的是,易代之后,大家又都不约而同地表现出对前代的膜拜与追思。譬如宋词虽被后世尊为“一代之文学”,但当时连词人自己也没有把词看得比诗更尊贵。后世学者“粘对”则“宗唐”,“倚声”即“祧宋”。然诗律易依而词调难倚,致令殚精竭虑而难工。

“诗”当初的律化是待选诗配乐,其音乐性是宽泛的,可一诗多唱,今虽早成案头文学,但格律尚可计较,一者不致以辞害意,二者记诵功能强大。“词”则选调填词,其音乐性是具体的,须一字协一腔,一调别一格,与诗迥异,是为“倚声”之学。南宋以后音谱渐次失传,至今只遗僵硬的躯壳,而后辈依然神秘兮兮、削足适履!譬如今之学者“格”律“倚”声,一定要说某入声字是平声,若之于唐宋则当,而之于元明则谬矣,之于今律岂不南辕北辙?李

① 严迪昌:《清诗史》,杭州:浙江古籍出版社,2002 年版,2 页。

叔同的《送别》与犬童球溪《旅愁》同是填的 J. P. 奥德威的《梦见家和母亲》旋律，而词曲皆相得益彰。我们不妨比较一下。

旅　愁

西风起，秋渐深，秋容动客心。独自惆怅叹飘零，寒光照孤影。忆故土，思故人，高堂念双亲。乡路迢迢何处寻？觉来归梦新。

送　别

长亭外，古道边，芳草碧连天。晚风拂柳笛声残，夕阳山外山。天之涯，地之角，知交半零落。一觚浊酒尽余欢，今宵别梦寒。

两首词调如下：

旅　愁

— — |，— | —，— — | | —。— | — | | — —，— — | — |。| | |，— | —，— — | — —。— | — — — | —？— — — | —。

送　别

— — |，| — —，— | | — —。— — — | — — —，— — — | —。

— — —，| — |，— — | — |。| — — | | — —，— — — | —。

两调完全相同的只有开头和结尾两句，而下片的前两句完全相反，虽然前一首是日文的汉译，但是唱起来也能字正腔圆，那么哪一首是正调？单说《送别》，按旋律，“古”“碧”“柳”应阴平，“笛”“觚”应上声，但在此语境下稍有不协并不影响理解，应属协律，这就说明词与乐的配合既具个性化又具宽泛性。那么，当“怀土恋乡”的填词者斤斤计较于形式的音乐属性时，是否考虑过内容的音乐属性？急智歌手张帝不管什么内容随口都用《北国之春》唱之，而且也大多字正腔圆，将如何解释？虽然张帝的音乐只是“戏作”,不属严肃艺术的范畴,而我们填词者全不管哀乐之情,用同样的曲子来唱:“怒发冲冠,凭栏处,潇潇雨歇”和“家住江南,又过了,清明寒食”,其中的谬误,比个别字的平上去入问题不知大了多少倍,所以后人多倚词谱曲,罕见倚声填词。鉴此,窃以为时贤不必买椟还珠,应丢掉镣铐,自铸伟辞!

唐宋词人填词以俟传之皓齿,而至元,音韵殊异,为应歌而周德清复作《中原音韵》,时人作曲以为绳墨,然而填词犹袭古韵,于是有一段元人填词的趣闻:“陋邦腐儒,穷乡村叟,每以词为易事,酒边兴豪,即引纸挥笔,动以东坡、稼轩、龙洲自况,极其至,四字《沁园春》、五字《水调》、七字《鹧鸪天》《步蟾宫》,拊几击缶,同声附和,如梵呗,如《步虚》,不知宫调为何物,令老伶俊娼,面称好而背窃笑,是岂足与言词哉!”①不晓此理者认为:“吾今如此填词已得词中三昧。”晓此理者也只去推敲平仄,至于清浊轻重平分阴阳、上分去入也因宫商之不传暂不计较了,并窃以为:“此举亦不全失词中三昧,虽颇谬先哲似亦情有可原!”文人们过分强调词与曲的不同,尤其是元季,词袭宋调已多不可歌,歌调多为“曲”。但宋翔凤却说:“宋元之间,词与曲一也,于文写之则为词,以声度之则为曲。”②此论有两意,一是说词曲一家,二是说词曲分家。其实这依然是模糊的认识,词原本也是“以声度之”的。

倚声填词的现象是具有时代性的。在古代,能创调的人少,传媒也不发达,歌楼优伶学会一些曲牌就得反复使用。为了丰富曲目、求新求变及唱听互动等多方面的原因,一些文人骚客就另填新词赠予歌女,遂成一曲多词的景观。新调绝大多数都是来自民间和域外,除了柳耆卿、周美成等少数词曲两栖作家外,绝大多

---

① 仇远:《中山白云词序》,吴绍虞校辑:《中山白云词·附录·参考资料集》,北京:中华书局,1983 年版,165~166 页。

② 宋翔凤:《乐府余论》,唐圭璋:《词话丛编》,北京:中华书局,1986 年版,2498 页。

数的词人都只好凭旧谱或自己所熟悉的曲牌填词。因此，难以做到像今天这样一词一曲，“倚声填词”实不得已而为之。

中国诗歌在流变史上，总有一个显在的文化“巨石”在压迫，同时也还有一股潜在的神秘“巨流”在涌动，这股巨流正是诗歌流变的元动力，也正是我们要追寻的终极目标。那么这股巨流究竟是什么？王世贞曾指出：“三百篇亡而后有骚赋，骚赋难入乐而后有乐府，古乐府不入俗而后以唐绝句为乐府，绝句少宛转而有词，词不快北耳，而后有北曲，北曲不谐南耳而有南曲。”①王论不仅言诗歌一代有一代之胜，而且还指出“音乐”是诗歌体式嬗变的核心力量，无论如何变，宗旨都是应歌。他还说过：“词兴而乐府亡矣，曲兴而词亡矣，非乐府与词亡，而调亡矣。”②“乐府”随清乐而亡，“词”随燕乐而亡，诗歌之各种体裁之兴替皆在于应歌，在于民众或社会对乐歌的需要。“诗体形式必须与新的音乐相适应，是新的音乐呼唤着新的诗体形式。”③

二、“正体”与“变体”之辨

诗学历来以诗为“正”，以词曲为“变”；以文人诗为“正流”，以民歌为旁流，而不见词、曲才最得“风雅”之旨！词矫诗之弊，曲矫词之弊，明明是本色的回归，却偏说是“余绪”，偏见与生俱来，现在又有“曲余”（主要包括现代诗和流行歌曲）说，尽管他的核心观点——流行歌曲是诗歌的正统（窃以为精当），但其间也不乏因袭陋见之嫌，譬如“曲余”说。

李易安的“别是一家”说仿佛是理论上的诗词辨体，其实不然。首先她不是在以文学史家的眼光来观照诗歌，而即使她是文学史家，也不可能做出令今人满意的阐释，因为她“身在此山中”；

① 王世贞：《艺苑卮言·曲藻·序》，济南：齐鲁书社，1992 年版。
② 王世贞：《艺苑卮言·附录》，济南：齐鲁书社，1992 年版。
③ 张仲谋：《近古诗歌研究》，北京：中国社会科学出版社，2002 年版，267 页。

其次是她意在彰显词的歌法功能。虽然诗词本是不同时代的歌词,但是诗(狭义)的正统地位自古就从未动摇过,尽管一般认为宋以后“诗”渐衰、“词”大盛并与“诗”并行,但在人们的理念中“正”“变”之数未变(元散曲、今歌曲命运亦然)。其实,古人早有卓见,只是后人视而不见:“词非诗之余,乃诗之源也”(李调元《雨村词话·序》),“不知者谓诗之变,而其实诗之正也”(王昶《明词综》)。

诗三百,孔子皆弦歌之,而后裔诗乐部分的分道扬镳,一路变成“徒诗”,一路相沿“声诗”本色。徒诗多为士大夫之族所激赏,声诗多为里巷市井所传播,白居易的“时之所重,仆之所轻”,恰好表明了文人心态与诗歌流变的悖律。徒诗以“雅正”而居庙堂,声诗以“婉丽”而播里巷,及至衍为词、曲、时调乃至今朝之“大地飞歌”,亘古以来歌声不绝如缕。无奈话语权握在上层之“文人雅士”手中,于是有乐天诗“浅俗”、耆卿词“尘下”之讥。但我们仍有理由以“音乐”一以贯之,诗、词、曲及时调都是“歌”(乐府)并且是“正流”,“徒诗”“徒词”“徒曲”(乐谱亡佚之后文人按谱调所填的词曲)是“旁流”。至于诗、词、曲其体式及雅俗的代变都是伴着时代语言和音乐等要素而流衍的。

诗歌本就是歌词,但人们却把一路弃家而去的徒诗尊之为正统,又给另一路继承祖业的歌诗取了一些别名——歌诗、乐府、杂曲子、曲子词、词,乃至“余”。由于清乐、燕乐等的相继流播,诗词曲等形式也相继流变,这是不断的“亲风雅”的“本色”回归,而宋末的“纯雅”词是对传播功能的蔑视,也是对风雅本色的背叛,清代词坛的“复兴”是回光返照,只是文人间的酬唱觞咏,其传播功能早已流失殆尽。随着政治政权的因革,民族文化的对撞,文人心态的代变,新旧音乐的叠兴,诗体也“与时因革”,在不断的解构与建构中流变。俗言之,清兵入关后就是神州大地的正统,南明小王朝才是旁流,因此,我们对侯方域和李香君应该或可重新审视!

退而言词，词被受容之后，文人复以正变来论词体，多是以源为流，动辄以“别格”“变调”云云。夏承焘说：“按词之初体，出于民间，本与诗无别；文士之作，若刘禹锡、白居易之《浪淘沙》《杨柳枝》《竹枝》以及张志和、颜真卿之《渔父词》，亦近唐绝，并非以婉丽为主。至晚唐温庭筠能逐弦吹之音为侧艳之词，始一以梁陈宫体、《桃叶》《团扇》之词当之。若寻源溯流，词之别格，实是温而非苏；《提要》之论，适得其反。惟后来《花间》《尊前》之作，专为应歌而设，歌词者多女妓，故词者十、九是风情调笑。因此反以苏词为别格、变调，比为教坊雷大使之舞，‘虽工而非本色’，此宋代以来论词之偏见也。”[①]瞿禅所论极是，若论词之本色乃梦得、香山并非飞卿，若论变调乃飞卿、端已并非东坡，苏词当是本色的回归，故“抑柳扬苏”是偏见，“褒秦贬苏”也是偏见。抑柳因其俚俗，贬苏因其旷放，然而文人所轻者正是世人所重。

宋人以时尚为本色，以不趋时为变调，后人多道听途说，趋炎附势，遂令本色而变色！刘熙载早有所云：“太白《忆秦娥》，声情悲壮，晚唐、五代，惟趋婉丽，至东坡始能复古。后世论词者，或转以东坡为变调，不知晚唐、五代乃变调也。”[②]后世只言词肇端于是、曲滥觞于兹，夸大其“变”而漠视其“因”。其实今人非古人，而今人亦古人也。论者只言婉约乃词之当行、尖酸乃曲之本色，而不见其诗、词、曲、歌是一而四、四而一的关系，是“诗歌”之于不同历史时期、不同社会文化心理中所显现出来的不同的情感表达方式。譬之文人心理，盛唐张扬而刚健，晚唐抑郁而低回，北宋沉稳而婉丽，南宋激愤而雄豪，蒙元失坠而谐谑，如此则有“本色代变”。“夫诗，心声也。无古今一也。顾体由代异，材以人殊，世有推迁，道有升降，说者以意逆志，乃为得之。”（汪道昆《诗薮序》）

---

① 夏承焘：《词学论丛·四库全书词籍提要校议》，《夏承焘集》（卷2），杭州：浙江古籍出版社、浙江教育出版社，1997年版，186页。

② 刘熙载：《艺概·词曲概》，唐圭璋：《词话丛编》，北京：中华书局，1986年版，3690页。

又“夫文章体制，与时因革，时也既殊，物象既变，心随物转，新裁斯出……故事际一变，则文成一体，一治一乱，文运攸关，说似诡谲，理实寻常”（姚华《井堂类稿·曲海一勺》），“世道既变，文亦因之”（袁宏道），但是诗歌的真正的“本色”——音乐性、大众性——“风人”之旨未变。因此，所谓由“风人”之旨演为“骚人”之旨的“进步性”似应商榷！“宗经征圣”与“文必秦汉”等思想看似复古，其实都是对当下文学流弊的批判和对未来道路的指引。“桐城谬种”与“选学妖孽”虽是一时激愤之语，但我们还应重新参悟其合理性。

“因”是继承，是不忘祖制，“变”是发展、是与时因革，“变则通，通则久”。“因”而“变”之是通途，以不变应万变是灭亡之道！刘勰早就指出文学之美乃至文学的生命力就在于“通变”，在继承中谋发展，在发展中求生存：“夫设文之体有常，变文之数无方，何以明其然耶？名理相因，此有常之体也；文辞气力，通变则久，此无方之数也。明理有常，体必资于故实；通变无方，数必酌于新声，故能骋无穷之路，饮不竭之源。然绠短者衔渴，足疲者辍涂，非文理之数尽，乃通变之数疏耳。”[①]又：“时运交移，质文代变……文变染乎世情，兴废系于时序。”[②]所谓诗歌之“正体”当是流动之体，不是一成不变之体，否则即刻舟求剑！

三、“诵诗”与“歌诗”之辨

“正体”就应是循着音乐性和大众性的轨迹流衍，而乖离者就是“变体”，“流而不断”“变而不变”是诗史的本来面目。上窥风雅颂，下瞰信天游，变的是音乐形式，不变的是音乐本质；变的是时代气息，不变的是生活气息。王骥德曰：“曲，乐之支也。自《康

① 《文心雕龙校注·通变第二十九》，《文心雕龙·杨明照校注拾遗》，北京：中华书局，2000年版。

② 《文心雕龙校注·时序第四十五》，《文心雕龙·杨明照校注拾遗》，北京：中华书局，2000年版。

衢》《击壤》《黄泽》《白云》以降，于是《越人》《易水》《大风》《瓠子》之歌继作，声渐靡矣。‘乐府’之名，昉于西汉，其属有《鼓吹》《横吹》《相和》《清商》《杂调》诸曲；六代沿其声调，稍加藻艳，于今曲略近。入唐而以绝句为曲，如《清平》《郁轮》《凉州》《水调》之类，然不尽其变。而于是始创为《忆秦娥》《菩萨蛮》等曲，盖太白、飞卿辈实其作俑。入宋而词始大振，署曰‘诗余’，于今曲益近，周待制、柳屯田其最也；然单词只韵，歌止一阕，又不尽其变。而金章宗时渐更为北词，如世所传董解元《西厢记》者，其声犹未纯也。入元而益漫衍其制，栉调比声，北曲遂擅盛一代……迨季世入我明……至北之滥，流而为《粉红莲》《银纽丝》《打枣竿》。南之滥，流而为吴之《山歌》，越之《采茶》诸小曲，不啻郑声，然各有其致。”①

诸宫调、长短句、律绝、歌行乃至风骚都是“乐府”，“文而不文，俗而不俗”是它们共同的基本的美学范式。民族融合，文化交融，时代播迁，音乐必然代变，诗主情志，文人心态也会随代播迁。如唐之高扬、宋之沉稳、元之愤世，百姓心态亦千差万别，于是诗歌从形式到内容必以应之。不管是“言志”“感物”还是“起兴”，总之嬉笑怒骂，歌以咏志。有道是：荆卿别易水，文君卖当垆。宋玉悲秋雨，明妃伤春露。青莲频中圣，少陵架茅屋。半山得魏阙，东坡适江湖。诡谲师成心，搦翰江山助。如是而已！

乐府脱乐以后只能吟诵，于是老杜首先不受其体制，以“即事名篇，无复依傍”，老杜深知已经不歌而诵为何还要依其旧题？自燕乐新声滥觞，歌者纷纷倚声，歌诗者鲜矣，从此诗人作律绝则别有目的，只为讽诵而不俟管弦。词到南宋后也因“雅化”而难歌，因“律化”而难填，从而也与律绝一样成为“贵族”们的案头文学。沈伯时教人作词，唯模拟其四声句读，依样画葫芦，“自古作词，能

① 王骥德：《曲律》（卷一），《中国古典戏曲论著集成本 · 论曲源第一》，北京：中国戏剧出版社，1959 年版。

依句者少，依谱用字，百无一二”（杨守斋语）。至此“倚声填词”的“声”已被偷换了概念，由“乐”谱变成了“辞”谱，又继之胡乐新声竞繁，能歌旧词之优伶珠黄花落，词人也只好自觞自咏。既然脱乐而后人又津津乐道于“倚声”，似乎令人费解！其心态或诚如曹丕所言：“常人贵远贱近，向声背实，又患暗于自见，谓己为贤。”萧涤非揭示说：“尝试论之，此种填词办法之产生，原由于作者音乐知识之浅薄，并不能视为乐府之极则与幸事。盖斯路一启，易生取巧，凡不识乐者，亦得以因人成事。第按准前式，率由旧章，不必求之声调之本身，而所作即不难播之弦管，协于歌喉。故填词者愈多，知音者愈少。填词之技术愈精，创调之能力斯愈弱，观乎两宋，盖可知矣。”①龙榆生先生更是一针见血：“自周、吴之学大行，于是倚声填词者，往往避熟就生，竞拈僻调，而对宋贤惯用之调，排摈不遗余力，以为不若是，不足以尊所学，而炫其能也。”②

“丑女来效颦，还家惊四邻；寿陵失本步，笑杀邯郸人。一曲斐然子，雕虫丧天真。棘刺造浴猴，三年费精神，功成无所用，楚楚且华身。”李白十分精辟地指出了时人乃至后人此举的心态与后果。研究词必先研究声律，否则终是门外汉，而一入此门就必精研穷年，及成声律家，虽若有所悟，又何忍于自我否定？这一点，并非近人才有所醒悟，钟嵘早就指出：“古曰诗颂，皆被之金竹，故非调五音无以谐会。若‘置酒高堂上’，‘明月照高楼’，为韵之首。故三祖之词，文或不工，而韵入歌唱，此重音韵之义也，与世之言宫商异矣。今既不被管弦，亦何取于声律耶？……王元长创其首，谢朓、沈约扬其波。三贤或贵公子孙，幼有文辩。于是士流景慕，务为精密，襞积细微，专相陵架。故使文多拘忌，伤其真美。余谓文制，本须讽读，不可蹇碍，但令清浊通流，口吻调利，

① 萧涤非：《汉魏六朝乐府文学史》，北京：人民文学出版社，1984年版，165页。
② 龙榆生：《龙榆生词学论文集》，上海：上海古籍出版社，1997年版，384页。

斯为足矣。至平上去入，则余病未能，蜂腰鹤膝，闾里已具。”[①]梁武帝就素不好“四声”，属词“不甚遵用”。钟嵘也力辟声病说，但他又不完全否定诗歌的声律。“余谓文制”六句，是他的声律论的纲领，以为作品要能“讽读”，就要有声律，只是不令语言“蹇碍”，念得上口就足够了。皎然也说：“沈休文酷裁八病，碎用四声，故风雅殆尽。后之才子，天机不高，为沈生弊法所媚，懵然随流，逆而不返。”[②]钟、释二论，足以上规古人，下矩来者，无论风骚、乐府、律绝乃至词曲，唯“歌”而已！

当代一些词学大家如夏承焘、龙榆生、唐圭璋及詹安泰等，对声律学都多有创获，并且也填了不少词，只有胡云翼决不填词。

但是龙先生的内心还是矛盾的，他在多篇文章中曾反复申说写词应脱声律窠臼：“然既号填词，而不研求乐律，则何不自由作长短句？而反效‘春蚕自缚’，兢兢于一字一句之间，终不能以被管弦。劳而寡功，究亦奚补？自万氏《词律》出，而学者倚调填词，亦不过论平仄、严上去；于声律之学，万氏固茫无所解也。既而好古之士，觉平仄之未能包举当时四十八调之声律，而其说之窒碍难通也；于是有提倡平仄之外，更论四声者矣；有提倡四声之外，更判清浊阴阳者矣；拘制益多，而词终无可歌之望，此非研求词学者之大憾乎？”[③]

又：“虽以声害辞，以辞害意，有所不恤也。殊不思四声清浊，虽与音律有关，而非即乐律之律。四声之辨上、去之差，但求谐于唇吻间，原不必拘泥过甚，即就柳永《乐章集》，及周、吴创调，取其同用一调之词，参互比勘之，则亦多所出入，试问果将以何为准

① 钟嵘：《诗品序》，郭绍虞：《中国历代文论选》，上海：上海古籍出版社，2001 年版，311 页。

② 皎然：《诗式·明四声》，郭绍虞：《中国历代文论选》，上海：上海古籍出版社，2001 年版，74 页。

③ 龙榆生：《龙榆生词学论文集》，上海：上海古籍出版社，1997 年版，455～456 页。

乎？且今日填词，要为‘长短不葺之诗’，意格若高，何须因难见巧？”①

又：“词至今日，特一种句读不葺之新体律诗耳。词体之较律诗为进步，即在其句读声韵变化无方；而当世之所以必依谱（此指音谱）填词者，所谓‘由乐以定词’，故‘莫不由之准度’。而所为‘准度’者，乃在管弦与歌喉，不能执‘旧本之不可歌者一字填一字’，而遽以为有合也。”②

又：“古乐府不得不降而为词，词不得不降而为南北曲，当其演变之际，莫不依乐律为转移；而彼此之间，又各有连带之关系。今言词之音律，既不能规复宋人之旧，则何妨自作长短句，而使新乐家协之以律，以验声词配合之理？”③

这些只是散见于龙氏论集中的部分见解，然足可以窥一代学人之心理幽约。此外，龙先生还曾躬身实践，自作新词以招知音者谱曲。

杨希闵曰：“书家学真书，必从篆隶入乃高胜。吾谓词家亦当从汉魏六朝乐府入，而以温、韦为宗，二晏、贺、秦为嫡裔。欧、苏、黄则如光武崛起，别为世庙。如此则有祖有祢，而后乃有子有孙，彼载从南宋梦窗、玉田入者，不啻生于空桑矣。”④此论溯流讨源，一曰诗词一脉相承，二曰本色当在乐府，三曰倚声莫落窠臼。

蔡桢对张炎《作词五要》第四条之疏证云：“按推律之意义，乃谓推求此调某律某音，然后协某韵，方始合律，即段安节《乐府杂录》五音二十八调所说是也……然宋词往往不拘，盖文士挥毫，不暇推求合律故耳。方始培言尝取柳永《乐章集》安之，其用韵与段

① 龙榆生：《龙榆生词学论文集》，上海：上海古籍出版社，1997 年版，384～385 页。

② 龙榆生：《龙榆生词学论文集》，上海：上海古籍出版社，1997 年版，148 页。

③ 龙榆生：《龙榆生词学论文集》，上海：上海古籍出版社，1997 年版，149 页。

④ 杨希闵：《词轨·序》，刘扬忠：《晏殊词新释辑评》，北京：中国书店，2003 年版，203 页。

说合者半，不合者半。乃知宋词协韵，比唐人较宽，以耆卿之精于音律，其用韵犹如此，他可知矣。”[①]

南宋以降守律日严，仿佛不如此就不足以入管弦。回首敦煌曲子词体制尚未固定，然而字字句句可歌，并不在字字计较。如说某字一定要填某声，不如说某字一定不能填某声准确些。汉乐府旧调多已消失，唐人作旧题以入新调，王昌龄《出塞·秦时明月》即被时人以《盖罗逢》唱之；刘采春以“当代才子诗一百二十首”唱入《罗贡曲》。又，苏轼擅歌《阳关》，常以己诗入此调，他迁岭表与弟分手之前即歌十八年前与弟彭城观月之诗《书彭城观月诗》。据《朱孝臧校注东坡乐府》纪年录案：“本集书彭城观月诗云：‘余十八年前，中秋与子由观月彭城，作此诗，以《阳关》歌之。今复此夜，宿于赣上，方迁岭表，独歌此曲，聊复书之。’”[②]

杨慎《廿一史弹词·临江仙》（滚滚长江东逝水），无须勘其是否谨守“词谱”，单看今人谷建芬曲、杨洪基之歌不是字正腔圆？以上可见，一诗多曲、一曲多诗等做法并不影响诗歌的音乐性。字与腔相协是灵活的，用原调来唱就应倚其声，不歌而诵就应自作新声。后人所谓“曲律宽于词律”，只是“身在此山中”之见，实际上辞乐协和本当如此。

纵观古今，理论的滞后和后人对灵光一现的前瞻理论的漠视与误读，既阻碍了诗歌创作的发展，同时也不断引发学界的论争和雅俗的碰撞。于是，诗歌就不断在雅俗之间摇摆，一次次地“复雅尊体”，又一次次地“本色回归”，一次次地自下而上地革命谱写了中国的诗史。

（原载：《内蒙古社会科学》（汉文版），2007 年第 1 期）

---

① 蔡桢：《词源疏证》，北京：中国书店，1985 年 9 月影印版，唐圭璋：《词话丛编》，北京：中华书局，1986 年版，237 页。

② 朱孝臧辑校：《彊村丛书》，上海：上海古籍出版社，1989 年影印版。

卷六 “务头”它说

“务头”论肇始于元代周德清，他在《中原音韵》中的作词第七法中说：“要知某调某句某字是务头，可施俊语于其上，后注于‘定格’各调内。”①此后便鲜有人论及，虽然明代王骥德的《曲律》又做了较详细的阐释，但仍如雾里看花。此后诸说纷争，见仁见智。清代李渔在备陈前贤诸说之失后又说：“填词者必讲务头，然务头二字，千古难明。……予谓务头二字，既然不得其解，只当以不解解之。”②于是他就用传统的意象批评法“葫芦提”地推测了一番：“曲中有务头，犹棋中有眼”云云。时至今日，许多学者仍然试图解之，但还是见仁见智，“以不解解之”。周德清“未言明”，王骥德“未阐明”，至李渔已经“说不明”了，那么后人也就只好猜谜了。

一、“语源学”的阐释

“务头”之说究竟是周德清“自造”，还是渊源有自，“部头”“歌场术语”“行院术语借用”“喝彩”“关目”诸说纷争数代。康保成教授2002年11月23日于在“梁廷楠暨第六届中国散曲研讨会”（广东顺德）上发表的“新说”又令人耳目一新。他的最新考辨是：“首先，‘务头’的语源是禅宗术语‘悟头’。‘悟头’与‘务

① 中国戏曲研究院编：《中国古典戏曲论著集成》（第1卷），北京：中国戏剧出版社，1959年版。

② 李渔：《李渔全集》（第三卷），《闲情偶寄·词曲部·音律第三》，杭州：浙江古籍出版社，1992年版。

头’都具有法门、技巧、谜语、隐语的意义，而且有二者互通的用例。其次，‘务头’没有固定的格式或模式，它的基本原则，是揭示度曲与歌唱的双向互动关系。其三，曲中‘务头’，是歌唱家容易唱出‘转音’效果之处，即使用反切的唱法，将一字中声与声之间，一句中前后两字之间， 曲中前后两句之间的转折过渡唱得婉转悠扬。其中，一字中唱出头、腹、尾音，而使三者熨帖自然最为关键。”[①]综观康教授之论，一曰源于禅宗，二曰格式多变，三曰唱法熨帖。

就语源学而言，窃以为：“务”有致力、从事之义或简言之勉力从事，“务头”就是主动去品味、探究，是创作者——创调、作曲、演唱三位一体的施动行为，是由内而外的过程；“悟”有觉醒、理解、启发之义，“悟头”则是被动地来领会、醒悟，是听众、观众的受动行为，是由外而内的过程。二者不可互换。《说文解字》悟条：“觉也，觉下曰悟也，是为转注。按古书多用‘寤’为之，从心，五故切。”务条：“趣者，疾走也，务者，言其促疾于事也，从力，亡遇切。”《康熙字典》悟条：“《说文》觉也。”务条：“《说文》趣也，从力。徐曰言趣赴此事也。《尔雅·释诂》：务，强也，[注]事务以力勉强。《广韵》事务也，专力也。”北方方言的轻声词中有“动词+头”的现象，其“头”字多作为词缀而读轻声。如“看头”“想头”“吃头”……是当下还活着的语言，“务头”本有其词，古人不必借用“悟头”，我们也可不必再从故纸中索解。因此“务头”作“勉力从事”解，或当。作曲者可施“俊语”于“其上”，演唱者可蕴“深情”于“其中”，听众可生“期盼”于“其时”。于是“揭音转调”“喝彩”“字头”“曲中平上去三音联串”“定腔乐汇”“词中顿歇处”或是“法门”“技巧”诸说都可以有所安顿，尤其是对“关目”一说的阐释更具有支撑性的作用。

---

① 康保成：《“务头”新说》，《文学遗产》，2004年第4期，96~106页。

那么,元代的北方话是否已经有了“轻声”的现象的呢?对此,我特别叩教了暨南大学语言学教授伍巍先生,他在给我的信中说:“你提出的是一道难题。从语音的角度看,元代的‘务’(v-或w-声母)与‘悟’(n-声母)在北曲中并不同音。根据《蒙古字韵》的材料,‘务’是微母字,元代的微母字尚保留v-声母,这是确凿的。从理论上分析,两个字的读音是有别的,李珍华《汉字古今音表》这两字就注不同的音。……汉语的词汇轻声我已思考了十余年,未得到满意的结果,原因是在历史文献的汉字材料中找不到确凿的轻声语音表征,但我认为南宋以后,北方口语中词汇轻声现象应该产生了。”既然“务”与“悟”不同音,又南宋以后,北方口语词汇中若有轻声现象产生,那么周德清就可信手拈来,又何必借用?如果说“务头”是创调、作曲及演唱者勉力从事的地方,那就是精彩的地方、关目的地方。怎样才能使其精彩、关人眼目?第一是声情绝妙配合,不管是转入“高调”还是“在嗓子内唱”;第二是巧设戏剧冲突,不管是小的波澜还是大的跌宕。

二、“摸象”与“看象”的阐释

前不久,赵义山教授曾梳理古今诸家之说为十数种[①]:第一,明人杨慎的“部头”说。第二,明人王骥德的“揭音转调”说、“喝彩”说。第三,清人李渔的“棋中有眼”说,“曲中有务头,犹棋中有眼,有此则活,无此则死。进不可战,退不可守者,无眼之棋,死棋也;看不动情,唱不发调者,无务头之曲,死曲也。一曲有一曲之务头,一句有一句之务头。字不聱牙,音不泛调,一曲中得此一句,即使全曲皆灵,一句中得此一二字,即使一句皆健者,务头也。由此推之,则不特曲有务头,诗词歌赋以及举子业,无一不有务头矣。人亦照谱按格,发舒性灵,求为一代之传书而已矣,岂得为迷

① 赵义山:《元散曲通论》,上海:上海古籍出版社,2004年版,135~141页。

语欺人者所惑,而阻塞词源,使不得顺流而下乎?”①第四,清人沈宠绥、谢章铤的“字头”说。沈宠绥《度曲须知·字头辨解》认为“磨腔”时的字头、字腹、字尾,其“字头”实指每字发腔之始。而谢章铤《赌棋山庄集·词话》(卷七)认为:“君徵(沈宠绥)《度曲须知》内有‘字头辨解’一篇。字头即务头,所谓‘字端一点锋芒,见乎隐,显乎微’也。又云:‘善唱则口角轻圆而字头为功不少,不善唱则吐音庞杂,字疣着累偏多。’此则务头要嘹亮之说也。”②第五,近世吴梅的“曲中平上去三音联串”说(吴梅《顾曲尘谈·论北曲作法》)。第六,今人周维培的“行院术语借用”说③。第七,洛地的“定腔乐汇”说,洛地认为:元曲的各个“曲牌”并没有一个完整的“唱调”即调式、调高、节拍和旋律,都只是在某个地方或某些局部具有某种大体稳定的“定腔”,并且往往很小,其长度还不能构成一个“乐句”,而只是一种“乐汇”。因此“乐汇”处就要求“定腔”,文辞与旋律相一致,这就是“务头”。④ 第八,康保成教授提出的“悟头”说。此外,较有影响的还有“词中顿歇处”“关目”“歌场术语”诸说等。各家说法似乎都有道理,又似乎都证据不足,因为“大象”原本不是“一把扇子”或“一面墙”。

造成诸说纷争的始作俑者是王骥德,他说:“务头之说,《中原音韵》于北曲胪列甚详,南曲则无人语及之者。然南北一法,系是调中最紧要句字,凡曲遇揭起其音而宛转其调,如俗之所谓‘作腔’处,每调或一句、或二、三句,每句或一字、或二、三字,即是务头。《墨娥小录》载:调侃说‘喝彩’。”⑤王论中没有提到“某调”是务头,不知道是王骥德认为它不值得一提,还是不同意有此说。

① 李渔:《李渔全集》(第三卷),《闲情偶寄·词曲部·音律第三》,杭州:浙江古籍出版社,1992 年版,184 页。

② 唐圭璋:《词话丛编》,北京:中华书局,1986 年版,3407 页。

③ 周维培:《论中原音韵》,北京:中国戏剧出版社,1990 年版,149 ~ 152 页。

④ 洛地:《词乐曲唱》,北京:人民音乐出版社,1995 年版,285 页。

⑤ 王骥德:《曲律·论务头第九》,长沙:湖南人民出版社,1983 年版。

王论是:调之务头在句,句之务头在字,并且其位置是在“作腔”——揭音转调处。周德清的“某调是务头”之论也只是轻描淡写,并未举出实例,所以王骥德或是忽视、或是否认、或是含糊其辞、或是只论支曲而不想论套曲(传奇)。当初,周德清还说过:“短章乐府,务头上不可多用全句,还是自立一家言语为上;全句语者,惟传奇中务头上用此法耳。”(周德清《中原音韵·作词十法》)虽然后人很少论及于此,大家都在研究某句、某字的务头,而不管某调的务头。李渔推波助澜地说:“填词者必讲务头,然务头二字,千古难明。《啸余谱》中载《务头》一卷,前后胪列,岂止万言,究竟务头二字,未经说明,不知何物。止于卷尾开列诸旧曲,以为体样,言某曲中第几句是务头,其间阴阳不可混用,去上、上去等字,不可混施。若迹此求之,则除却此句之外,其平仄阴阳,皆可混用混施而不论矣。又云某句是务头,可施俊语于其上。若是,则一曲之中,止该用一俊语,其余字句皆可潦草涂鸦,而不必计其工拙矣。予谓立言之人,与当权秉轴者无异。政令之出,关乎从违,断断可从,而后使民从之,稍背于此者,即在当违之列。凿凿能信,始可发令,措辞又须言之极明,论之极畅,使人一目了然。今单提某句为务头,谓阴阳平仄,断宜加严,俊语可施于上。此言未尝不是,其如举一废百,当从者寡,当违者众,是我欲加严,而天下之法律反从此而宽矣。况又嗫嚅其词,吞多吐少,何所取义而称为务头,绝无一字之诠释。然则‘葫芦提’三字,何以服天下?吾恐狐疑者读之,愈重其狐疑,明了者观之,顿丧其明了,非立言之善策也。予谓务头二字,既然不得其解,只当以不解解之。”①李渔又说“千古难明”、又说周德清之论是“葫芦提”难以服天下、又说“只当以不解解之”等,于是后人便难脱窠臼。大家都习惯于做条分缕析的阐释,很少有人尝试考虑来做一些综合治理

① 李渔:《李渔全集》(第三卷),《闲情偶寄·词曲部·音律第三》,杭州:浙江古籍出版社,1992年版。

功夫。窃以为:不妨揭去李渔所织造的精美面纱,睁了眼看世界,或可了然。

当代学者周维培先生又一次明确指出:“北曲的务头至少有三类:一套之务头、一调之务头、一句之务头……即相对于一个套曲来说,某几支曲调可能是务头;相对于某一曲调来说,某几句可能是务头;相对于某一句来说,某几字可能是务头……一调之务头多指整句,包括单句、多句两类……一句之务头包括平仄、对偶、造语、未注明对象四类。”①此论之意义在于又一次明确指出了“务头”的第一层含义——套之务头在调。因此,应该说周维培是“看象”者。只可惜周维培未加深入论证。赵义山先生于不久前又指出:“周维培据以(周德清论)认为务头有‘一套之务头、一调之务头、一句之务头’三类,此论亦可商榷。窃以为‘要知某调某句、某字是务头’一句中的‘某调’与‘某句、某字’是包容关系,非并列关系,如果说得繁琐一点,就是‘要知道某调的某句或某字是务头’。这里讲的是务头在某一调中的位置问题,并无‘有三类’的含义。”②赵论仿佛是以王骥德之论来阐释周德清之论、驳周维培之论,有理有据。可是王骥德之论的迷雾就在这里:如果仅有某句、某字是务头的话,那么,在演唱中就不应该随便在一句或一调未唱完的时候停下来。可是,为什么演唱者却又常常在“务头”处突然停下来?《水浒传》第51回《插翅虎枷打白秀英·美髯公误失小衙内》中的白秀英唱话本时唱到“务头”之处突然停下来索钱的情节将如何解释?且看:

> 那白秀英便道:“今日秀英招牌上明写着这场话本,是一段风流蕴藉的格范,唤做豫章城双渐赶苏卿。”说了开话又唱,唱了又说,合棚价众人喝乎不绝。那白秀英唱到务头,这白玉乔按喝道:“虽无买马博金艺,要动听明监事人。看官喝

① 周维培:《论中原音韵》,北京:中国戏剧出版社,1990年版,149~152页。
② 赵山义:《元散曲通论》,上海:上海古籍出版社,2004年版,140页。

乎是过去了，我儿，且下回一回，下来便是衬交鼓儿的院本。”白秀英拿起盘子，指着道：“财门上起，利地上住，吉地上过，旺地上行。手到面前，休教空过。”白玉乔道：“我儿且走一遭，看官都待赏你。”白秀英托着盘子，先到雷横面前。①

水浒的故事发生在北宋徽宗宣和年间，至周德清的《中原音韵》成书之前已经广泛流传，元明杂剧中见于著录的水浒题材的剧目达33种，今存6种。《水浒传》的成书今知最早的繁本中的百回本为明嘉靖时武定侯郭勋的家刻本（1522—1567年），今存最早的百回本应是万历十七年（1589），早在王骥德的《曲律》万历三十八年（1610）成书前的几十年，水浒的故事就已经基本定型了。今天较为流行的《水浒传》是容与堂刊本，题为《论李卓吾先生批评忠义水浒传》与王骥德撰的40章《曲律》又恰好是同一年刊行。也就是说王骥德在阐释“务头”论的时候，水浒的故事他早就应该熟悉，那么他又为什么视而不见呢？也许在他认为这种“一套之务头”太简单了，不能称其为问题而无须赘言，换言之，也许他没有意识到这一问题将来还会成为一桩悬案。白秀英“索钱处”是词中的可以“顿歇”处，也应是“揭音转调”处。根据情节内容而“转调”，不需要作者着力于某一字句的雕琢与锤炼，只需表演者移宫换羽，故曲论家多不论及。具体地说，无论“一调之务头”还是“一句之务头”，它们都是在字句上，都要慎辨阴阳、上去，都要明察声情；然而“一套之务头”旨在套数（传奇）中“揭音转调”（或移宫换羽）、设立“关目”（或情节安排）——宏观技法，作者只要知道某调的声情，并且如何与前调相衔接就可以根据情感或情节发展的需要而换用某调即可，尤其是演唱者还可以任情发挥、自设关目——“自立一家言语”，所以周德清未加详论。

周德清“定格”的诸调以及沈宠绥等的点评都集中在某句、某

① 施耐庵：《水浒传》，北京：人民文学出版社，1990年版，391～392页。

字上,如:“【金盏儿】《岳阳楼》据胡床,对潇湘,黄鹤送酒仙人唱,主人无量又何妨?若卷帘邀明月,胜开宴出红妆;但一樽留墨客,是两处梦黄粱。”沈宠绥评曰:“妙在七字‘黄鹤送酒仙人唱’,俊语也,况‘酒’字上声以转其音,务头在上。”(沈宠绥《度曲须知·字头辨解》)此中“酒”字就是务头句中的务头字,唱到此句或此字是绝对不能停下来的。那么“务头”究竟是“精彩”处还是“顿歇”处,唱到此处可不可以停止,是“字头”还是“关目”?当我们用定式思维而难解之际,不妨另作他说:“要知某调某句、某字是务头”一语,似可还原作“要知某调某句某字是务头”,或分解成“要知某调、某句、某字是务头”,仍可作并列关系解,于是周维培之论似可成立。因此,套之务头在调、调之务头在句、句之务头在字。即“务头”仍有“三类”也。

三、“关目”是阐释中的“关纽”

关目俗称“关子”(实际关子只是关目的表征之一)。无论是作者还是演唱者,要卖“关子”就一定在精彩处、在“作腔”处。清朝末年枝江有个地方曲种叫“枝江楠管”,源于江汉平原的“沔阳渔鼓”。在说白技巧上,艺人常用编“套话”、加“水词”和“卖关子”三种手法以增加艺术魅力。套话是具有一定程序的、有丰富表现力的语言,套话在北方说唱文学——评书的“说表”中也是常用的手法。在说表时,按故事中不同的人物、事件、景象,灵活运用,随口而出。加水词是“说表”中的又一手法,在对人物和事件的描述中,添枝加叶地进行渲染和夸张。由于艺人阅历丰富,对社会各阶层人物接触广泛,说表时往往信手拈来而形象逼真。“卖关子”也是在戏剧性矛盾冲突激烈、情节高潮处或生死攸关时,演、唱戛然而止,另起他题或即刻收场,使听众欲罢不能,造成心理悬念。由此可见,“卖关子”本来就是各种说唱艺术所通用的一般性的表演手段。这跟传统的章回小说的连缀形式(“要知后事如何,且听下回分解”)是相通的。“揭起其音而宛转其调”“喝彩”(《墨娥小录》)对于剧曲来说不正是精彩处、情节发展的高潮处、关目处、悬念处?因此,演唱者往往选择此处停下来吊人家的胃口——“卖关子”。

戏剧界有“没有冲突就没有戏剧”的说法,曲艺界有句俗话“没有关子便没有书(具有戏剧性矛盾冲突的情节内容)”,关子是曲艺、戏剧乃至小说情节结构的框架。尤其是戏剧,它是危机的艺术,《汉语大词典》“危机”条的释文为“潜伏的祸害或危险”和“困难的关头”。其实,在俗语中也有“要紧关子”“紧急关头”的说法。“关子”正可以说是指的由戏剧性矛盾冲突所产生的危急、困难关头。李渔曾说道:“古人作文一篇,定有一篇之主脑,即作者立言之本意也,传奇亦然。一本戏中,有无数人名,究竟俱属陪宾,原其初心,止为一人而设。即此一人之身,自始至终,离合悲欢中具无限情由、无穷关目。”①这里的“无穷关目”就是无数回合的精彩的戏剧冲突。由于戏剧性矛盾的发展变化,使听众产生惊奇和悬念,然而为什么演员要“卖关子”?其一,视听艺术必须面对受众,和受众共同来完成其艺术创造,在演出中演员与受众是一个进行着不断交流和反馈的整体,通过交流来共同完成艺术形象的塑造。其二,演出需要吸引更多更广的听众,并且长篇的演出还需要吸引听众逐日连续不断地来听,由强烈的戏剧性冲突使听众产生的关注、期待和企望。白秀英唱到务头处停下来讨钱,就是“卖关子”,此调就是本套之务头。

康教授的“语源论”自成一家,其“格式论”“唱法论”也可兼容“揭音转调”“喝彩”“字头”“曲中平上去三音联串”“定腔乐汇”“词中顿歇处”诸说,但没有讨论“关目”。而我则觉得“关目”恰是阐释“务头”的关纽。“关目”的问题一解决,“一曲有一曲之

① 李渔:《李渔全集》(第3卷),《闲情偶寄·词曲部·结构第一》,杭州:浙江古籍出版社,1992年版。

务头”之论也就冰释了。那么,“关目”究竟是什么?曰:精彩处。精彩在何处?曰:句中精彩字,调中精彩句,套中精彩调。由元入明的伎女有个齐亚秀(《青楼集》中记载凡是元朝的伎女,名字都带个“秀”字),《坚瓠集》记载:“齐亚秀者,京师名倡,常侍长陵宴,出语人曰,‘知音天子也’。每唱到关目处,即为有举卮。”这是明初的故事,明成祖召元末教坊旧人入宫演出,每唱到精彩的地方,就举杯满饮,表示喝彩。齐亚秀演唱完后出宫对人说:“这真是个知音天子。”概言之,曲中关目有三:“情节高潮”(传奇中精彩的调)处,“揭音转调”(重头小令、套曲或传奇中精彩的调)处,“情深意切”(某调中精彩的字句)处。

关目之一——“情节高潮”。在传奇中,或直接把本曲牌转入高调,或转入另一个宫调中的别个曲牌。一调已罢一调将起。转调本来是音乐方面的事,与歌词无涉,但是在传奇中,若是情节有了起伏,那么即使是使用同一曲牌,它的节奏、高低也会有不同的变化,也需要转换宫调。套数或传奇是多首歌词的连缀,声情的变化是情感或情节发展的需要,全套数支曲子,声情一成不变也似乎不可想象。一调有一调之声,则一调必有一调之情,情感内容之起落(剧曲情节之跌宕)处定当转调,在此就形成了情节关目。由于“揭音转调”是内容和形式的结合体,不同的作品由于故事情节的不同,于是务头所出现的位置和使用的调名也会有变化,或者说,“务头之调”并非在本套曲中的固定位置或使用固定曲调。情节跌宕起伏,关目也就随处出现。

关目之二——“揭音转调”。“转调”在“小令”中表现为单支曲子的异化——重头小令。“揭音”即起音,“揭调”是“高调”,“转调”亦即“换调”。王骥德说:“揭调之说,不特令曲为然。杨用修《诗话》云:‘乐府家谓揭调者,高调也。高骈诗:公子邀欢月满楼,佳人揭调唱《伊州》,便从席上西风起,直到萧关水尽头。’则唐时之歌曲，可想见矣。"[1]杨慎举的例子是揭调而不是转调。揭音转调源于填词技法。一支曲子，原来属于某一宫调，音乐家把它翻入另一个宫调。词为单支曲子，由一宫调转到另一宫调，则成了另一首词，于是就出现了带"转调"二字的词调名。如《乐府杂录》记载唐代琵琶名手康昆仑善弹羽调"录要"，另一个琵琶名手段善本把它翻为枫香调的"录要"，这就称为转调。杨无咎《逃禅词》云："换羽移宫，偷声减字，不怕人肠断。""移宫换羽"才是转调。燕太子丹在易水送别荆轲时，高渐离击筑，荆轲作歌。史称荆轲初为变徵之声，复为羽声，悲歌慷慨，士皆瞋目，发上冲冠。从变徵到复为羽声就是"转调"，就当代乐论来讲即由F#调到G调，荆轲升了小二度，这第二段的"复为羽声"也就是该歌的关目之处，它类似于"重头小令"。

关目之三——"情深意切"。精彩处还应该是高低变化处，高低变化包含了不同的调之间的"转调"，也包含了一调之内句与句之间、字与字之间的变化（如"曲中平上去三音联串"）。每个调都可能有一个或数个精彩处（字句），各个精彩处都一定以不同的演唱技巧表达各自的情感，此处就是乐句中的声情关目处。此种"务头"字的唱法有各种各样的情况。其中"低出高收"的如：

【塞鸿秋】《春怨》腕冰消松却黄金钏，脂粉残淡了芙蓉面。紫霜豪蘸湿端溪砚，断肠词写在桃花扇。风轻柳絮天，月冷梨花院。恨鸳鸯不锁黄金殿。

评曰："音律浏亮，贵在'却''湿'二字上声，音从上转，取务头也。"[2]

"平出上收"的如：

《桃花扇·传歌》（苏昆生收李香君做弟子，一日，来教弟子。问介）昨日学的曲子，可曾记熟了？（旦）记熟了。（净）

① 王骥德：《曲律·论务头第九》，长沙：湖南人民出版社，1983年版，145页。

② 《唐诗宋词元曲三百首》，杭州：浙江古籍出版社，1999年版，854页。

趁着杨老爷在坐(座),随我对来,好求指示。(末)正要领教。(净、旦对坐唱介)【皂罗袍】原来姹紫嫣红开遍,似这般都付与断井颓垣。良辰美景奈何天……(净)错了错了,美字一板,奈字一板,不可连下去。另来另来!良辰美景奈何天,赏心乐事谁家院。朝飞暮卷,云霞翠轩;雨丝风片……(净)又不是了,丝字是务头,要在嗓子内唱。雨丝风片,烟波画船,锦屏人忒看得这韶光贱。(净)妙妙!是的狠了,往下来。①

不是“务头”就不能“卖关子”,然而“务头”也不一定就可以“卖关子”。前引的精彩处“却”“湿”是向高处转、向强处转,“丝”是低处转、向弱处转,但是相同的都是使声情在板眼的交替、强弱的对比中显现出来,只有不会唱歌的人才直着嗓子喊。这里就需要表演者用心去体会、揣摩用什么样的气息和情感去传达,却不能用来“卖关子”。

总之,如果我们能够正确地揭示出“务头”的语源,就可以确认“务头”本是一种创作(演出)行为而不是欣赏行为,就可以回归周德清的本论;如果我们能够正确地揭示出“关目”的内涵和外延,就可以确认一套也有“一套之务头”,并且“套之务头在调”,就可以阐释“务头”的种种表现形式。

(原载:《海南大学学报》(人文社会科学版),2007 年第 6 期,略有增删。)

① 孔尚任:《桃花扇》(第二出),北京:人民文学出版社,1959 年版,20 页。

卷七　文化视阈中的民歌认同

诗歌是最早的文学，民歌是较早的诗歌。因此，俗是诗歌的本色，歌是诗歌的本性。自《弹歌》至“风骚”，由口耳相传到书诸简策，由里巷呕哑到骚客咳唾，历经踵事，波澜起伏，仿佛正弦曲线在雅俗共赏的坐标轴上振荡。民歌之元初自不乏粗鄙之处，然而在其流播的过程中不断经传播者的修订，复经有识之士的点拨而沉淀下来，又因清新健朗而历久弥新。然而主流话语却只以“呕哑嘲哳”“粗鄙俗陋”为由而轻蔑地把民歌置之文学圣殿的角落里，并且还不断以“尊体”为名而把鲜活的词、曲“复雅”，最后终因“曲高和寡”而“摔琴”了。不过，最终挽救文人诗歌的还是里巷民歌，是民歌一次次地把诗歌拉回到清新健朗、脍炙人口、雅俗共赏的轨道上来，于是才有律绝、词曲之峰峦叠嶂。遗憾的是，主流话语总是在迫不得已的情况下才相继认同了她的地位，但同时至今还是死死地把民歌（拟民歌）关在诗学的主流话语的视阈之外[①]，把几乎失去了读者的“新诗”当作嫡子。这就给我们提出了一个尖锐的问题：我们评价诗歌乃至文学作品的标准是什么？是文人们自娱自乐的股掌玩偶，还是千家万户的精神食粮？文学功能的实现是否需要通过受众？

一、文坛上强者的弱势之音

民歌的基本特征就是俚俗、率真，于是就历来为文人所鄙夷，

---

① 目前音乐理论界把吸收了民歌的艺术表现形式（包括音乐曲调和演唱形式）所创作的时代新调称之为“新民歌”。

但其中仍不乏有识之士的警世之音。首先是李白振臂高呼"《大雅》久不作,吾衰竟谁陈?……自从建安来,绮丽不足珍。盛代复元古,垂衣贵清真"(《古风》其一),又"丑女来效颦,还家惊四邻;寿陵失本步,笑杀邯郸人。一曲斐然子,雕虫丧天真。棘刺造沐猴,三年费精神,功成无所用,楚楚且华身"(《古风》其三十五)。李白讥刺了那些假古董是"丑女效颦"、是"邯郸学步"、是"雕虫小技"、是"棘刺造猴",同时也提出了"清水出芙蓉,天然去雕饰"诗美思想,并用大量的乐府歌行和浑然天成的富有民歌气息的绝句来垂范。继之就是杜甫,他也高呼"亲风雅""近风骚",要"别裁伪体"择汰那些因袭模仿的假古董。再后又有顾况的率真自然的吴楚风情,有刘禹锡的"新翻杨柳枝"。直到元白又以尚实尚俗独领一代风骚,不仅"童子解吟长恨曲,胡儿能唱琵琶篇",而且远播海外,但结果还是被人们以轻轻的一句"浅俗"给抹杀了大半的价值。即使他自己也还抱着"时之所重,仆之所轻"的矛盾心态,也正是这"浅俗"二字直到今天一直仍是人们诟病元、白的利器。于是险怪、艰宕、朦胧诸派愈演愈烈,终至"无人作郑笺"了!

即使有李杜、元白这些伟大的诗人奔走呼号,也没有改变世俗的"雅好",也没有阻住诗歌的僵化趋向!文人们师古拟古、附庸风雅并乐此不疲。在晚唐、北宋,词本是文人花间樽前的游戏之作,可却成了后世典范。南宋以后,出现了一些专事写词的文人,从此词也与大众渐行渐远,终于为曲歌所取代。尽管社会在日新月异地变化,可总是有人感喟今不如昔、人心不古,而无人追问,今天的哪一点不如昔、为什么不如昔?老杜的"亲风雅""近风骚""别裁伪体"又是什么含义?真古董固粗糙,但在当时则无疑是最好的,然而千百年过去后,你却用现代化的工艺来仿古,这除了蒙骗还有多少价值呢?文人们大多对前代文学体式爱不释手,从而就很少有文人来观照这世界上历久弥新的民歌!

由于经济的繁荣,科技的进步,传媒的发达,市民生活水平的提高，文学已不再是贵族的奢侈品了。俗文学在两宋以后大兴，"银字儿""铁骑儿""说书讲史""唱弹词""唱曲词""粉墨春秋"随处见于勾栏瓦肆。到了明代，俗文学已席卷着整个文坛。如果说清末是文学的文白鼎革的分界线，那么明代就是文学的雅俗消长的分水岭，俗文学真正主宰了国人的视听！戏剧、小说对传统的诗文已取得了决定性的胜利。旧体诗已经香消玉殒，而时调小曲却熠熠生辉。此时，关注民间文学、拟民间文学的理论家和作家也已经生成了一个群体。李梦阳秉承王叔武提出了"今真诗乃在民间"，他在《诗集自序》中记载了他二十年前聆听先生的教导时说：先是"怃然失"，既而"洒然醒"。[①] 他还说："余观江海山泽之民，顾往往知诗，不作秀才语。"(《缶音序 · 空同集》· 卷五十二)所以有人向他学诗时，他就建议去学唱《锁南枝》等民歌。何景明对《锁南枝》《傍妆台》《山坡羊》等民歌"亦酷爱之"(沈德符《万历野获编》卷二十五)。王世贞也极力推崇《月儿弯弯照九州》《约郎约到月上时》等民歌，并认为"即使子建、太白降而为俚调，恐亦不能过也"，还推崇宣扬爱情自由和个性解放的《西厢记》为"北曲的压卷之作"(王世贞《艺苑卮言》卷七)。王世贞、康海、王九思等七子派文人还创作了不少优秀的散曲和戏剧。"李梦阳等人在理论上对民歌做了高度评价和肯定，而王廷相等则从实践上为七子派重视民间文学的努力画上了圆满的句号……这是因为他们在求真、求情心理的驱动下，敏锐地发现了正统诗即文人学士之作的弊病——缺乏真情实感，欲从民歌中汲取营养以纠其偏。此外，他们也意识到了正统诗文的衰落和民间文学的兴起将是不可避免之事，而事实上也证明了七子派文人的预见。七子派之后，李开先、徐渭、李贽、汤显祖、袁宏道、冯梦龙等进步文人掀

---

① 李梦阳：《诗集自序》，郭绍虞：《中国历代文论选》(三)，上海：上海古籍出版社，2001 年版，55 页。

起了学习和整理民间文学的热潮。”[①]袁宏道说：“盖诗文至近代而卑极矣。文则必欲准于秦汉，诗则必欲准于盛唐，剿袭模拟，影响步趋，见人有一语不相肖者，则共指以为野狐外道。曾不知文准秦汉，秦汉曷尝字字学《六经》欤？诗准盛唐，盛唐人曷尝字字学汉魏欤？秦汉而学《六经》，岂复有秦汉之文？盛唐而学汉魏，岂复有盛唐之诗？唯夫代有升降，而法不相沿，各极其变，各穷其趣，所以可贵，原不可以优劣论也。”[②]袁中郎就是看到了诗歌流变的这样一些逆流，尤其是当时复古派的“格调说”的弊端，看到了诗这样写下去必然失去自然、失去生气，而绝不会使作品更为生色。袁中道曾描述了中郎在接受了李贽的“士贵为己，务自适”及“童心”说之后，人生观和文学观转变：“先生既见龙湖（李贽），始知一向掇拾陈言，株守俗见，死于古人言下，一段精光，不得披露。至是浩浩焉如鸿毛之遇顺风，巨鱼之纵大壑。能为心师，不师于心；能转古人，不为古转。发为言语，一一从胸襟流出，盖天盖地，如象截急流，雷开蛰户，浸浸乎其未有涯也。”（《中郎先生行状》）中郎还批评复古派中的末流说：“弃目前之景，摭腐滥之辞，有才者诎于法，而不敢自伸其才，无之者，拾一二浮泛之语，帮凑成诗。智者牵于习，而愚者乐其易，一唱亿和，优人驺从，共谈雅道，吁，诗至此亦可羞哉。”[③]他还曾说：“世人以诗为诗，未免为诗苦，弟以《打草竿》《劈破玉》为诗，故足乐也。”[④]袁中郎在创作上提出了“宁今宁俗”的主张，并且还高呼“当代无文字，闾巷有真诗，却沽一壶酒，携君听竹枝”。冯梦龙曾言“但有假诗文，而无假山歌”，

① 史小军：《复古与新变——明代文人心态史》，石家庄：河北教育出版社，2001年版，47页。

② 袁宏道：《袁宏道集笺校·序小修诗集》，《钱伯城笺校本》，上海：上海古籍出版社，1981年版。

③ 袁宏道：《袁宏道集笺校·雪涛诗集序》，《钱伯城笺校本》，上海：上海古籍出版社，1981年版。

④ 袁宏道：《袁宏道集笺校·伯修》，《钱伯城笺校本》（卷十一），上海：上海古籍出版社，1981年版。

他搜集民歌的目的是“借男女之真情，发名教之伪药”（《叙山歌》）。李贽甚至认为“真小人”比“伪君子”的境界更高。

有一种现象需学人深思：当下有许多学者，常格律、倚声、度曲，规模前代旧体，但很难找到发表机会，而只在同好间酬赠，或干脆自费出版以馈僚友。可以推想，我们当下大部分学者所研究的、所津津乐道的“经典”——宋以后之乐府歌行，元以后之词，清以后之散曲（而戏剧在当时则没有僵化，几经演变，至清末已成新的时尚——京剧，但时至今日也业已成活化石了），有相当多的作品，在创作之初就根本没有听众、没有观众、没有读者，而只是文人们的“日记”而已！虽然日记也是我们研究一个作家、一种文学史现象的佐料，但似不应当成“真文学”来观照！实际上，后世弟子抑或学人得之，如获至宝，精研细讨，并在文学史上也大书特书，以传之其人。相反，对那些传遍天下的时调，即使是像今天的乔羽、张藜这样的大家的已经家喻户晓的词，理论家们也没有来正视一眼，能一笔带过就算是给面子了！如此说来，文学的价值将如何体现呢？文学的功能又将如何实现呢？是一首《春天的故事》有意义还是一首今人的《沁园春》（毛泽东的《雪》除外，因为是他的地位帮助了他的词的传播；词学家夏承焘、龙榆生及唐圭璋等的词作就没有那么好运！）更有意义呢？难道时至今日，写诗作文还一定要先藏之名山，再传之其人？而后复使后人把它当作经典、当作主流文学来研究？我敢说，夏承焘等词学家的词作至今读过的人根本不会有几许，那么，堂堂脍炙十三亿人口的《小白菜》《茉莉花》《小河淌水》《在那遥远的地方》《走进新时代》（新民歌）就更值得作几篇博士论文，就更值得写入文学史。袁中郎说：“所谓古文者，至今日而敝极矣。何也？优于汉谓之文，不文矣；奴于唐谓之诗，不诗矣；取宋元诸公之余沫而润色之，谓之词曲诸家，不词曲诸家矣。大约愈古愈近，愈似愈赝，天地间真文澌灭殆尽。……今之所谓可传者,大抵皆假古董赝法帖之类也。”[①]而现在除了袁中朗的研究者,很少有人重视过这些思想,于是我们得知,为什么对民歌认同之难了:文人们(无论作家还是学者)求古雅以自得,居奥博以自炫!

二、民歌:沾溉文人诗歌的一泓清泉

民歌以顽强的生命力一路蹒跚地从远古走来,但正是它有如一泓清泉沾溉着千百年来的诗坛!每当一种体式在趋于僵化同时其审美教育功能丧失殆尽之际,都是她出来都给予纠偏扶正,使诗体不断推陈出新,于是有古风、乐府、歌行、律绝及词、曲的峰峦叠嶂。这其中,音乐是催化剂,古老的雅乐、清商乐、燕乐、金元之胡乐都在不同的历史时期带着一股清新之气推动了诗歌的流衍。

诗歌从四言至五七言,渐行渐雅,在隋唐之际,音乐与诗歌的关系是相对松散的,虽然也有操、引、谣、讴之类的“因声以度词”,但更多的则是诗、行、吟、咏等的“选词以配乐”(选现成的词入现成的乐)。随着各民族的融合、各地域间的交流日益增强,人们对艺术需求的不断提高,古老的清商乐不适应时代的需要,于是有八面来风,燕乐兴起而又使诗体产生了一个质的飞跃,出现了能与音乐配合得更加默契的长短句——词。应该说“倚声填词”在音乐性上要比以前的“选诗配乐”取得了巨大进步,但在文学创作上也带来了巨大束缚。因为在当时的历史条件下,大量的“因词度曲”(原创性作品)是不可能的,所以“填词”也是不得已而为之。于是对于词的传播来说,对词律的驾驭就至关重要,词需要字正腔圆,也需要耳熟能详,而刻意协律则害意,过于求雅则害听。另外,同一个调千百遍地唱,也会产生审美疲劳。譬之晚唐、

① 袁宏道:《袁宏道集笺校·与友人论时文书》,《钱伯城笺校本》,上海:上海古籍出版社,1981年版。

北宋词人填词就常不受“谱”制，即使柳永也“离谱”，所以当时的词还是鲜活可爱的；而南宋以后，则日益格律化、日益雅化，又加之大多都是几百年的老调子（能自度曲的词人太少），最终导致填词者日减，听词者也日少。南宋后期，吴文英、张炎这帮“低能文人”（胡适语）自己的词写得不怎么样，讲起理论来却头头是道，终于把词“绞死”（鲁迅语）了。北宋浅，然去敦煌近；南宋深，然去敦煌远。

词的雅化，在北宋还一直被人诟病，即使像苏轼这样的旷世奇才，做一点镗鞳之声，也须有足够的思想准备，因为在当时，不用说是李清照，就是一个小“幕士”也敢说他是“教坊雷大使跳舞”。苏轼时时要和“柳七郎风味”较量一番，也正说明世俗压力的巨大。虽然苏轼走的是“向上一路”的文人的雅化词，已有悖于协律应歌的宏旨，但他尤能雅中见俗、俗中求雅，只是扩大了题材，在“儿女情长”中又注入了“逸尘浩气”，并未违背雅俗共赏的原则；虽然有些不甚协律（因他“唱曲子不如人”），但也可歌。柳永的词虽然“向下一路”，“有井水处皆歌”，不仅百姓喜欢，就连皇帝也窃喜之（这恰好昭示了诗歌流变的正确取向，故有“曲祖”之誉），但也被一句“词语尘下”，把其价值抹杀了大半！当然，这也绝不是李清照的一己之力所能做到的，只是她说出许多人都想说的话。

由于词的僵化，胡乐新声入主中原，散曲（其实就是元代的时调）利用大量新的曲牌，同时在语言上也追上了时代步伐，音韵也与时俱进（用“中原音韵”），于是又重新吸引了国人的视听。而到后来散曲以及杂剧的衰落，又是因为它们重蹈了词的覆辙，汤显祖等难辞其咎，所谓的“汤沈之争”①可以给我们永久的启示：散曲若没有“清雅”的追求，也不至于曲终人散！

---

① 沈璟力主声律和语言的通俗本色，汤显祖则重视“立意”和“才情”而不惜“拗折天下人嗓子”。“临川之于吴江，故自冰炭。”（王骥德）

词,之于诗则俗,之于曲则雅,这已十分有力地证明了诗歌乃至文学流变的趋俗性。诗、词、曲无论孰俗孰雅,无论在其当代是否为主流话语所受容,而后世却都取得了应有的地位,都被尊之为“一代之文学”。那么,明清之季的诗歌(诗词曲)是否只该陈陈相因,匍匐在唐诗、宋词、元曲的脚下?清词的所谓“复兴”之所以不能成为一代文学的典范,盖因其文学的功能因“时过曲变”和“曲高和寡”并无法实现,最终成了词曲人自家手中的玩偶罢了。

明以后,戏、曲渐歇而民歌又悄然兴起。当时的有识之士早已经认识到了当代歌谣的价值,重视到它的地位了。冯梦龙就辑集了《童痴一弄·挂枝儿》和《童痴二弄·山歌》两部数量较大的民歌俗曲集。“山歌不隔句句真”,唯不隔,才有真境界,《挂枝儿》与《山歌》所以不朽,乃在于真率自然,它是明代的《诗经》《乐府》。明中叶以后,民歌已达鼎盛,因此,文人称赞民歌者甚众,李梦阳、何景明认为明代民歌上继《国风》,李开先说:“如十五《国风》,出诸里巷妇女之口者,情词婉曲,自非后世诗人墨客操斛染翰刻骨流血所能及者,以其真也。”[①]于是就有了卓人月的一段名言:“我明诗让唐,词让宋,曲又让元,庶几吴歌、挂枝儿、罗江怨、打枣竿、银铰丝之类,为我明一绝耳。”(《古今词统序》见陈宏绪《寒夜录》)陈宏绪还说:“明人独创之艺,为前人所无者,只此小曲耳!”民歌俗曲不仅在当时流行,即使入清以后也还不断有人从事收集和刊布,成为民众所喜爱的文学作品。据近人刘复、李嘉瑞《中国俗曲总目稿》所记,总数达6900种之多。其中,有北方的“秧歌”、四川的“山歌”、江南的“吴歌”、广东的“粤歌”及少数民族的“苗歌”“僮歌”等。

然而,明清民歌还未及促成诗体的鼎革,就被一阵“狂飙”吹断了,《挂枝儿》《琐南枝》不见了,代之而起的是没有旋律感甚至

① 李开先:《词谑》,郭绍虞:《中国历代文论选》(三),上海:上海古籍出版社,2001年版,233页。

连读也读不懂的"自由诗"主宰了诗坛。毛泽东在1958年3月22日于成都召开的中央工作会议上谈到诗歌问题,也流露出对半个多世纪以来已经占主流地位的中国新诗的十分不满:"我反正不看新诗,除非给100块大洋。"毛泽东反对"欧化"倾向,指出中国诗歌未能很好地继承中国古典诗歌的传统,也抛弃了中国民歌的优良传统。[1] 对于新诗的西化,虽然曾有过"新月派"的反思,但还是于事无补。新诗的割断历史、全盘西化,胡适之、郭沫若等难辞其咎,

迁延至今,复有"西北风""东北风"等不断吹来,有《信天游》《茉莉花》又来沾溉诗坛,文人拟作的新民歌也以其旺盛的生命力,凭借强大的现代传媒主宰了十三亿人口的视听。不仅如此,新民歌还在人们的记忆库中抢占了绝对数量的记忆空间,早已把"自由诗"赶到了"灯火阑珊处"!又一次地挽救了诗歌!而遗憾的是,至今它仍未被主流话语所受容,它仍然是诗学研究的点缀。

诗词曲歌的这一系列的嬗变过程昭示了一条规律:诗脱俗脱乐而有词,词脱俗脱乐而有曲,曲脱俗脱乐而有时调(歌)。脱俗使诗歌走向僵化,逐步失去受众、丧失功能,最终只能成为学者们手中把玩的古董。"时调"就是时代之曲调。"诗三百"是两周的时调,"十九首"是两汉的时调,绝句是四唐的时调,曲子词是晚唐及两宋的时调,那么散曲就是蒙元的时调。于是,每当"调不入时"之际,诗体就有弃旧迎新之鼎革。换言之,假使我们今天仍袭用蒙元俗曲的语体去写"散曲",也会有一种古雅感。假如我们不用白话来翻译一下"三百篇",今天人就更觉古奥难懂。袁宗道说:"孔子论文曰:'辞达而已'。达不达,文不文之辨也。唐虞三代之文,无不达者,今人读古书不即通晓,辄谓古文奇奥,今人下笔不宜平易,夫时有古今,语言亦有古今。今人所诧为奇字奥句,

① 陈晋:《毛泽东与文艺传统》,北京:中央文献出版社,1992年版,322页。

安知非古之街谈巷语耶?”[1]

总而言之,诗歌之流变,当以音乐性为基本内核,以通俗性为文学支撑。而“复古”是为了“新变”。韩愈倡导“师其意,不师其辞”“唯陈言之务去”,复古之精神,这才是真复古,与元白倡导的“即事名篇,无复依傍”新变精神相通。唐宋派等只是复古之躯壳,是假复古。许多复古主义者恰恰是“轻内容而重形式,尊模拟而忽独创,于是把古人的精华都丢掉了,徒拾取了古人的糟粕。”[2]史小军先生说得好:“中国传统文化中最可悲之处就在于历朝历代不断地把人变成行尸走肉,不断地制造着木乃伊。”[3]语言是鲜活的、是发展的,离我们越久远的就越难懂当然也就越显得古雅了。“诗三百”“古诗十九首”等,其真美处并不在其是古调,而在其时代性,我们复古就是要兴复古人的时代精神。虽然文字的表述方式一般是相对稳定的,但也不能是一成不变的,否则,我们总是固守在几百年前,或某一历史时期的语境中,就会脱离生活实际,也脱离时人的审美习惯。就会把诗歌写成“尸歌”!

古代的木乃伊一定要留下,当下还要制造新木乃伊就绝对没有必要了!

(原载:《重庆邮电大学学报》(社会科学版),2009 年第 1 期)

① 袁宏道:《袁宏道集笺校·白苏斋集·论文》(下),《钱伯城笺校本》,上海:上海古籍出版社,1981 年版。

② 任访秋:《袁中郎研究》,上海:上海古籍出版社,1983 年版,31 页。

③ 史小军:《复古与新变——明代文人心态史》,石家庄:河北教育出版社,2001 年版,174 页。

卷八　中国古典诗歌的“打通性教学”

虽然诗歌教学多年来一直在进行着花样翻新的一轮又一轮教改尝试,但都是万变不离其宗的皮相之变,都不曾有过对诗歌做艺术本质的观照。对于中国古典诗歌的教学,首先应是对诗歌本体的及其人文价值的审美性等进行全方位的深度和广度的开掘。在实际教学中,所遇到的第一个问题当是古今语言的隔阂,其次是学理上的诗词曲的诗体隔阂,其三是时代兴替的隔阂,此外还有鉴赏与创作的隔阂等,正是这些隔阂障碍了当下的古体诗教学,也障碍了古体诗的创作与革新,同时这也导致了当代新诗直接从照搬西方横向移植。然而,要重新焕发旧体诗的艺术魅力,首先应该改变按部就班的传统模式,而改变的关键点则在于打通这一“隔”字,打通应是实现古今诗体对接的不二法门。

一、打通古今“诗家语”与“口头语”的隔阂

汉语在漫长的发展过程中形成两大分支,即以先秦口语为基础所形成的文言文与以北方话为基础所形成的古白话,这两线平行发展,但文言表达相对稳定,白话表达则日新月异,于是导致文言与白话之间的距离日远。我国古典诗歌(古体与近体)是建立在文言表达基础上的文学,所以今人对它的解读就出现了一种“隔”的现象。此中所谓“隔”与王国维先生略有不同,它不光是语汇语法的,审美情趣的,还有社会生活的等诸多方面。王国维先生评词拈出“隔与不隔”这对概念已经一百多年了,然而今人之理解似有偏颇,并不是“隔”就不好而“不隔”就好,而是介于二者之间的一种艺术境界。“隔”是主动拒绝广大读者,而“不隔”又

易于流向滑腻、“打油体”以及今之“老干体”。窃以为王国维所谓的“隔”主要指摘对象应该是“馆阁诗人”之类，元好问也说过“独恨无人作郑笺”之语，而“不隔”则应以“江湖诗人”为鹄的。今天之“隔”应是“新文化运动”之后的文白断代所带来的后遗症，其“不隔”应是充斥一切现代媒体的“老干体”格律诗，因此个中原委当一一辨正。

《诗人玉屑》卷六载有王安石所提出了“诗家语”①的理念，他指出诗的用语和散文不一样，因为诗有韵律的限制，不能像散文那样表达。要是我们用读散文的眼光去读诗，可能会忽略作者的用心，不能对诗做出正确的理解，那自然体会不到它的好处，读了也不会有真感受。换言之，“诗语”与“文语”不同，亦即古文与今文有相当的距离，古诗语言与今人口语表达有很大距离。古典诗歌的“诗家语”在语法建构上存在着普遍的语法变形与浓缩。从“诗家语”来看，诗要求精练，可以省去的话就不必说，意象一定要跳动，叙述也必定要概括，因此在鉴赏时，我们既不破坏作品的意境和不流失古典的韵味，又要让当代年轻人乐于接受，因此第一要务就是打通古代“诗家语”与当下“口头语”的隔阂。

首先是辨析古典诗歌的“诗家语”与当下的“口头语”在想象性、模糊性、能指性、艺术性上的差异，对比其张力与聚力的差异；然后廓清“古体诗”与“打油诗”“自由诗”“朦胧诗”以及“先锋诗”的内涵与外延；然后再通过辨析汉语的单音独词的特质，演示古体诗在翻译中诗意的流失。虽然诗歌具有“不可翻译性”，但可以通过对其意象的描述来展现其意境并因此而激发学生的想象力，从而玩味诗歌语言的独特审美特质。譬如辛弃疾《西江月·夜行黄沙道中》的下半阕。“七八个星天外，两三点雨山前。旧时茅店社林边，路转溪桥忽见。”是写在月夜的乡村里走路所见。用“旧时茅店”四字，写出这条路是熟路，这家茅店以前也去过，茅店

① 魏庆之：《诗人玉屑》（卷六），上海：上海古籍出版社，1978 年版。

是在社林旁边。作者在走路时，过了溪桥，路转了弯，忽然在社林边看到了这家茅店。后四句也是诗家语，结构和散文不一样。要是从叙次先后看，先写茅店，次社林，次路转，次溪桥，好像是说在茅店旁，社林边上路转了，忽然看见溪桥。这是用读散文的方法来读“诗家语”了，那该作“路转忽见溪桥”。但把“忽见”放在最后，正说明在“路转溪桥”以后才忽见，忽见的是“茅店”，这不是一般的茅店，而是“旧时茅店”，提前写茅店是为把它突出来，透露出作者对它是有感情的。

“诗家语”最大特色就是含蓄性，意义的不确定性，言在此而意在彼，状难写之景如在眼前，含不尽之意见于言外。譬如孟浩然《临洞庭湖赠张丞相》，不说我要出仕，希望张丞相帮助举荐，而是说“端居耻圣明”“徒有羡鱼情”，不卑不亢，既体现了孟浩然的风骨，又充分表达了入世之心，绝不摇尾乞怜。“诗家语”第二特色是让读者体会到诗所要突出的形象，并通过形象来写情思。譬之岑参《白雪歌送武判官归京》最后一句“山回路转不见君，雪上空留马行处”，“送者”的万端情思都凝结这一行马蹄印中，他伫立在朔风呼啸的冰雪中久久不肯离去的凝重身影在读者的脑海中顿时清晰地凸现出来了。通过“诗家语”与“口头语”的对比来品味“诗家语”的美感，同时也在指导学生诗歌创作中，为其提供运用“诗家语”的技巧和避免学生习作的语言滑向寡淡质野的“打油体”。

二、打通诗、词、曲的文体的壁垒

王国维在前人的“文学一代有一代之所胜”基础上提出：“凡一代有一代之文学。楚之骚、汉之赋、六代之骈语、唐之诗、宋之词、元之曲，皆所谓‘一代之文学’，而后世莫能继焉者也。”①又：“四言敝而有《楚辞》，《楚辞》敝而有五言，五言敝而有七言，古诗

① 王国维：《宋元戏曲史·自序》，天津：百花文艺出版社，2002年版。

敝而有律绝,律绝敝而有词。盖文体通行既久,染指遂多,自成习套。豪杰之士,亦难于其中自出新意,故遁而作他体,以自解脱,一切文体所以始盛终衰者,皆由于此。故谓文学后不如前,余未敢信,但就一体论,则此说固无以易也。”①然而,“王国维‘文学代胜’的流变观历经踵事,或被宗之圭臬,或被诟之弊病。然两论皆滥觞于‘误读’,从而衍生对文学研究、文学创作乃至文化消费整体状况认识上的偏移。一曰割断文学史。言‘秦汉以下无文’‘三唐以后无诗’‘两宋以还无词’云云。二曰割断诗歌史。词不是诗,曲不是词,‘各有本色,假借不得’(黄宗羲),于是诗为正统,词曲为‘余绪’。”②

当下流行的割断诗史的鉴赏批评,导致了孤立静止甚至僵化的诗史观。一般的文学史著作及理论专著都是就诗论诗,就词论词,就曲论曲,这就形成了长期以来的一种鉴赏批评的壁垒,于是也使初学者在理念中就形成了一种线段性的诗、词、曲的概念。因此,打通诗词曲之间的壁垒,对这三者进行线性论述,突出三者的联系性和发展性,让学生知其然也知其所以然,这对于诗歌鉴赏批评活动意义巨大。所谓诗词曲之别主要在于其审美趣味,撇开格律而言,因为“词律”唯一旨归是音乐性(字正腔圆的歌唱),诗词之别在于雅俗,而南宋后期词的雅化、格律化、案头化,是“曲”之兴盛的重要由头,词曲之别也在于雅俗,而这个雅则是与诗相较之俗的词(俗是音乐文学的特点)了,词由俗而变雅之后有曲,曲的抒情叙事又较词直接、风趣而又泼辣。如关汉卿的《南吕一枝花·不伏老》:“我是个蒸不烂、煮不熟、捶不扁、炒不爆、响当当一粒铜豌豆,恁子弟每谁教你钻入他锄不断、斫不下、解不开、顿不脱、慢腾腾千层锦套头? 我玩的是梁园月,饮的是东京酒;赏

① 王国维:《人间词话》,唐圭璋:《词话丛编》,北京:中华书局,1986年版,4252页。

② 李万堡:《诗歌辨体论》,《内蒙古社会科学》,2007年第1期。

的是洛阳花，攀的是章台柳。我也会围棋、会蹴鞠、会打围、会插科、会歌舞、会吹弹、会咽作、会吟诗、会双陆。你便是落了我牙、歪了我嘴、瘸了我腿、折了我手，天赐与我这几般儿歹症候，尚兀自不肯休。则除是阎王亲自唤，神鬼自来勾，三魂归地府，七魄丧冥幽，天那，那其间才不向烟花路儿上走。”睢景臣的《哨遍·高祖还乡》“[二煞]你身须姓刘，你妻须姓吕，把你两家儿根脚从头数:你本身做亭长耽几杯酒，你丈人教村学读几卷书。曾在俺庄东住，也曾与我喂牛切草，拽坝扶锄。[一煞]春采了桑，冬借了俺粟，零支了米麦无重数。换田契强秤了麻三秆，还酒债偷量了豆几斛，有甚糊突处。明标着册历，见放著文书。[尾声]少我的钱差发内旋拨还，欠我的粟税粮中私准除。只通刘三谁肯把你揪扯住，白甚么改了姓、更了名、唤做汉高祖。”而曲又由俗而变雅之后就是明清时调登场了。因此，表面看来诗词曲是“异曲”，实则“同工”，如果实在要区分此三者之不同的话，则应该是三者之“异趣”，简单地说就是诗言志、词缘情，诗文载道，词则聊佐清欢，曲则尖辛泼辣。诗、词、曲其流变乃是在雅俗之间、唱读之间振荡。

打通这种“文体”壁垒，最主要的就是通过对诗歌流变中关戾点的放大和对诗歌变体的动因的实质性的追问，在鸟瞰诗体流变中的建构诗词曲“一体性”的理念。从本质上说，这就是让学生从固有的文体分类中走出来，通过对其三者的共通性与差异性的梳理来重新认识诗歌的审美本质，还原诗体的本色。

三、打通诗歌与音乐绘画等相关艺术的壁垒

在鉴赏批评过程中如果就诗论诗则又失之狭隘，既然诗乐舞最初是三位一体，至今诗乐也是藕断丝连，再加之书画等艺术门类也与诗歌气息相通。譬如苏轼评价王维的诗说“诗中有画”又“画中有诗”，那么以“打通”各种艺术门类的壁垒来观照诗歌教学活动似乎是助益显见的。诗、词、曲的体裁转型的首要动因其实是“音乐”，所以打通诗与乐的壁垒是首要的。诗歌自诞生起就

是诗乐舞三位一体的，而后随着文字、书法与绘画等姊妹艺术的出现，诗歌的审美特质也愈发丰富。但诗歌与音乐的关系是最密切的，然而二者之间却一直保持着调和与疏离的抗争，于是又有“徒诗”与“歌诗”，又呈两条平行线的方式流变。在中国诗歌史上，诗乐的离合、雅俗的振荡从未停止过。自文学“自觉”之后，诗歌的雅化倾向一浪高过一浪，虽然回归“本色”“亲风雅”“真性情”的宏论间出，但皆“羽弱声微”，未能唤醒学界，民间文学始终是文人案头文学附属物。虽然民歌、拟民歌早已登上大雅之堂——走进了人民大会堂，但还没有堂而皇之地走进现当代中国文学史。诗起于歌并因此而主“俗”，“雅”是对诗歌音乐性的反动，而每当诗词曲雅化成案头文学并进而“脱俗”之后，彻底脱离了音乐，于是就自行走向了“案头化”“雅化”“僵化”，这就是我们所谓的“转型”，而每一次的“转型”都是音乐挺身而出来挽救诗歌的颓势。但遗憾的是诗学界并没有几人正视过“音乐性”在诗体转型中巨大推动作用，因此把诗歌回归音乐性本位来观照是我们当下鉴赏批评的第一要务。打通诗歌文本与音乐等相关艺术的壁垒，不仅可以从全新的视角来观照和欣赏诗歌，更主要的是全方位地把握诗歌的审美特质，同时也使课堂变得更加生动活泼，使鉴赏活动更富于美感。我们把诗歌的韵律与音乐的旋律之间的关系揭示出来，使鉴赏活动不仅增添了理性思考，更平添几分审美陶冶。

另外，打通诗歌与绘画艺术的关系也是必要的。鉴赏活动离不开读者意境的建构，而读者意境的建构正是通过画面来完成的。用苏轼评王维的话语最为贴切：“味摩诘之诗，诗中有画，观摩诘之画，画中有诗。”王维的诗最具画面感，但并不是说其他人的诗就根本没有画面感，只是说王维的诗更具代表性。闻一多提出的诗歌“三美”之一就有“绘画美”，因此我们把画论纳入诗歌鉴赏批评的框架之中也是十分必要的。所以我们在教学中就要在如何解构“诗家语”的意象构造上下功夫，诸如“枯藤老树昏鸦”“鸡鸣茅店月”之类的审美蹊跷在何处,“感时花溅泪”是如何的功夫老道,“疑是银河落九天”是如何的浑然天成。必要时把学生引到书画展当中去,让学生感悟其中之诗意境界,譬如观画写诗、品题命名等。

诗乐画多元化艺术感发与陶冶,不仅可以实现人文学科教育教学效果上的最大化,实现素质教育过程当中的德智体美一体化的境界,而且还能让学生学会发现美、感受美、鉴赏美、享受美和创造美。

四、打通古今作品的时代性

在诗歌教学的“打通”性鉴赏批评之时,一定会遇到的古体诗与当代新诗的“打通”问题,这就可能让教学双方对新诗发展的当下困境和当代新诗的未来出路产生全新的思考,所以打通古今这一点可能也是“打通”性教学当中至关重要重要的方面。打通古今诗体的隔阂并廓清“古体诗”与“打油诗”“自由诗”“朦胧诗”以及“先锋诗”抑或是“老干体”的内涵与外延,就是“打通时代性”。打通诗歌与音乐的隔阂不仅使我们关注到诗体流变根本动因,更为我们今天审视当下诗歌的发展方向提供理论支撑。“打通古今”的鉴赏或曰“研究”,可以让我们更加充分地认识到古典诗歌之美和对当代新诗发展的不可或缺的借鉴意义甚至是引领意义。再者,“打通古今”还有个历史的问题,就是古今社会生活问题。其实莫论古今,事相因,理相通,观今鉴古,不仅可以充分解读古诗,更有助于解读当下社会现象。

年代不是问题,时间不是距离。其实越是能够穿越时空隧道的作品就越是经典,越是经典我们就越是没有理由拒绝,在比较与鉴别中自会获得无限的说服力。所谓古今诗体之流变,其实就是“诗家语”与“寻常语”的博弈,就是“诗”与“歌”的博弈,就是“雅”与“俗”的博弈,因此找准它们的默契点就是我们理论研究的要务。贯通了古今,批评鉴赏就得更加真切。学生们自然会思考以下三个问题:1. 古体诗之后,为什么近体诗、词、曲,乃至自由诗接踵而至? 2. 各种诗体之间审美趣味各具什么特色? 它们的差异性和同一性又是什么? 3. 当代新诗是沿着什么路线发展的,它的未来应该如何? 学生能了解了一些诗式与诗史的关系,了解了一些古体诗与新体诗的源流,认识了古体诗与现代诗的关系,自然会做出种种反思,这对培养学生的思维能力,对辨识中国诗歌的发展方向,传承中华传统文化都是意义重大的。

五、打通鉴赏与创作的专业门槛

一般说来,大多数学生都讨厌写作,因为写作是创造活动,既难又累,而诗歌写作是诸多文体写作当中最难把握的文体,其中旧体诗又是各种诗歌体裁中最难驾驭的文体。只谈鉴赏尚可,创作可谓奢谈。然而反过来说,一个人对旧体诗的创作知识一点都不懂,创作能力一点都不具备,他的鉴赏能力一定会大打折扣,忽视创作的鉴赏都是苍白的鉴赏,因此培养学生一定的旧体诗的诗歌创作能力也这是提高学生鉴赏力的最有效,也是最简捷的法门。

但要让学生喜欢诗歌创作,就首先要培养其兴趣,兴趣是最好的老师。而若使其产生兴趣,就要多方位地为其展示诗歌之美,让其充分享受诗歌之美。从而解决教学模式的单一性与枯燥性,解决诗歌教学的自身封闭性,解决学生懒于创作的学习惰性。鉴于当下网络技术的发达,在校园里搞多媒体节日同题日记创作是调动学生创作兴趣的一个好办法。目前社会上大到国家层面小到省、市乃至区、县的层面都成立了各种诗社,在一些校园里学生也自发地成立协会,老师只需稍加引导,校园诗歌创作将会出现新局面。当然这个诗歌协会可以有两个走向,一是当代新诗,二是旧体诗,那么这个旧体诗文化传承的重任当然就应该首先落在古代文学教师的身上(当然,现当代文学、写作学、文艺学的教师中也不乏旧体诗的爱好者)。当下利用微信、QQ 及博客等网络空间成立群组,同题写作,交互品评,择优集结进行网络发表或在纸媒发表，这是提升创作兴趣、增进创作能力的一剂良方。

在此需要指出的是，诗歌创作教学并不意味着要使学生成为一些诗人，这里的“鉴赏与创作”其意义指向皆在于审美、在于提高自身的文化品位、塑造人格和培养创造力。其一，鉴赏是为了人格塑造，是为了人们在生活获得更多的美的享受，并由此塑造人的真、美、善的道德境界，培养人乐观向上、热爱生活的完美人格。其二，创造是为了让更多的人能享受到更多的更新的美。创作能力的提升会自然地迁移到一个人其他方面的工作中去，它是思维方式的培养。虽然，创作不仅仅限于诗歌创作，犹如不管你将来从事何种专业都要进行数学思维的训练一样，文学创作的训练当然也是创造性思维的重镇。

纵观文学史，各个时代的文学都是时代产物，各种文体又都是在不断地继承和创新中而发展过来的。在中国文学理论批评史上，刘勰第一次全面而系统地论述了文学的继承和创新问题。刘勰在《文心雕龙》中提出的通变理论论述了文学的继承和创新问题，它说“变则其久，通则不乏”“文变染乎世情，兴废系于时序”①，刘勰的通变理论闪耀着辩证法的光辉，主张继承与创新的辩证统一。强调文学的创新是刘勰通变论的主旨，他所主张的创新既有形式上的，也有内容上的，刘勰的通变思想给我们打通诗体的鉴赏批评提供了最为有力的理论支撑。目前在中小学校的语文教材中，古典文学的比例渐增，而就篇幅来讲，古典诗词的篇数也占据着优势，因此在师范专业中搞好古典诗词的教学研究是至关重要的，而此种诗歌的“打通性教学”研究无疑为古典诗词教学另辟了一条蹊径。

（原载：《兵团教育学院学报》，2016年第2期）

① 杨明照：《文心雕龙校注·时序》，北京：中华书局，2000年版。

中编

诗人境界

道心惟微

汹汹天下尽孤鳏，紫气青牛过塞垣。
函谷奈何三两日，人间始得五千言。
灌园作色谈机事，弹冠招摇济世幡。
大道难行嗟孔老，明经叙用论危轩。

卷九 “无弦琴”的哲学解构

“无弦琴”最早见于沈约《宋书·隐逸传》“潜不解音声，而畜素琴一张，无弦，每有酒适，辄抚弄以寄其意。贵贱造之者，有酒辄设，潜若先醉，便语客：‘我醉欲眠，卿可去。’其真率如此。郡将候潜值其酒熟，取头上葛巾漉酒，毕，还复着之。”萧统的《陶渊明传》所记也与沈约略同，而对陶渊明进行最早记述的颜延之则只说道“陈书辍卷，置酒弦琴”（《陶徵士诔》），未说有弦无弦及如何而弹。至佚名的《莲社高贤传》和唐人令狐德棻的《晋书·陶潜传》所记相同：“性不解音，蓄素琴一张，弦徽不具，每朋酒之会，则抚而和之，曰：‘但识琴中趣，何劳弦上声’。”李延寿《南史·隐逸传》也袭《宋书》，尚未有些许衍意。但随着陶诗的不断被发现，陶“柳”的不断被认同，“无弦琴”也就不断被玄化。致使历代咏“无弦琴”的诗句，大都是别有怀抱，早已乖离本意，都把简单的问题复杂化了，从而又成了新的“后妃之德”。其实我们只用一句陶渊明自己的话“不求甚解”就可完全解读“无弦琴”。陶渊明读书不是真的马马虎虎、囫囵吞枣，而是针对时人的寻章摘句、过甚其词、玄而又玄，与原意越来越远。然而陶渊明并未想到，他的“无弦琴”又被后人不断复加，以至于玄化！

一、从“平常心”到“太古心”

王昌龄《赵十四兄见访》：“但有无弦琴，共君尽尊中。晚来常读易，顷者欲还嵩。”杜甫《过津口》：“瓮余不尽酒，膝有无声琴。圣贤两寂寞，眇眇独开襟。”他们都认为“无弦琴”表示高雅脱俗、知音难遇的情趣。李白认为陶"抚无弦琴以寄意"是寄托其回归大道的"太古心",是"大音希声":"陶令日日醉,不知五柳春。素琴本无弦,谁酒用葛巾。清风北窗下,自谓羲皇人。"(《戏赠郑傈阳》)"崔令学陶令,北窗常昼眠。抱琴时弄月,取意任无弦。见客但倾酒,为官不爱钱。东皋多种黍,劝尔早耕田。"(《赠崔秋浦三首》其二)"太古"即"羲皇"以上的理想时代,李白认为这是与桃源的喻指相通,它与古人对往古人类历史的追寻和对未来的憧憬血肉相连。还有韦应物《咏声》的"万物自生听,太空恒寂寥。还从静中起,却向静中消",聂夷中《题贾氏林泉》的"有琴不张弦,众星落梧桐,须知淡泊听,声在无声中",孟郊《上张徐州》的"至乐无宫徵,至声遗讴歌"。

至欧阳修《夜坐弹琴有感二首呈梅圣俞》:"吾爱陶靖节,有琴常自随。无弦人莫听,此乐有谁知。君子笃自信,众人喜随时。其中苟有得,物外苟何为。寄谢伯牙子,何须种子期?"梅尧臣《次韵和永叔夜坐鼓琴有感二首》(其一)和曰:"夜坐弹玉琴,琴韵与指随。不辞再三弹,但恨世少知。知公爱陶潜,全身衰弊时。有琴不安弦,与俗异所为。寂然得真趣,乃至无言期。"欧梅二人也是借以抒己之知音难遇的感慨。这里的"无弦琴"已成为蔑视世俗、超然自得的寄托。这在欧、梅的其他诗文中也还有类似之怀抱。这些解读都早已超出了音乐的范畴,深入到了人生追求的层面上,实际上已经成了后人借以对自我心灵追求的肯定和自信,借他人酒杯浇自己胸中之块垒。

李剑锋说:"陶渊明并非'不解音声',他诗文中多次写到于琴自娱,除了前文提到的例子外,其《自祭文》亦云:'欣以素牍,和于七弦。'足见史书所记陶渊明与音乐之关系实有传闻。……只是陶渊明的无弦琴因与玄学之本'无'的契合而更加具有玄学的意味……因此,古往今来对无弦琴的解释也多歧义:从道家角度出发的解释者,认为无弦琴寄寓了陶渊明的'茫然太古心'(李白),

无弦琴并非无音之琴，而是能够发出超乎具体声音之外的‘大音’。因为‘大音希声’（老子），‘大音自成曲’（李白），他遵循自然，直接与道相通。从释家角度出发的解释者，认为无弦琴喻指空明澄澈的佛家境界。从儒家角度出发的解释者，则认为无弦琴寄托了亡国之思（郑思肖《无弦处士说》）。而从友谊的角度看，无弦琴又多被看作知音难觅的象征。这些解释，虽然各有其存在的价值，但从玄学家的角度作的解释更加切合陶渊明的神韵。”①儒、释、道及玄、俗的各家之言见仁见智，但都不是渊明本意。李剑锋虽梳理了历代对“无弦琴”的哲学阐释，并赞同其中的“玄言”神韵，但窃以为，无论哪种阐释都超越了陶渊明的本意，“无弦琴”绝不同于《红楼梦》的“经学家看见《易》，道学家看见淫”（鲁迅语）之说。也就是说，陶实因“性不解音声”，故而弦断而未续，又因爱琴而常于酒后或闲暇抚弄之。颜延之说“置酒弦琴”，意为“摆着酒放着琴”，并没有说有没有“弦”或有没有弹，抑或说颜延之根本就没见过渊明弹琴或没在意渊明曾否“抚弄”过。

李剑锋又说苏轼：“苏轼从庄子齐物观、禅家随缘观、儒家的变化观解悟‘无弦琴’之意，在思辨的深度上比欧、梅二人又透过一层，露出进一步彻底超越行迹的心灵渴求……至此，‘无弦琴’也被像‘琴’一样当作了心灵自由的障碍，成为了苏轼加以超越、达悟人生之道过程中的玄思筹码，要忘掉的‘言象筌蹄’。这一解悟实际上已经超越了‘无弦琴’的最初寓意，而灌注了个性的玄思：彻底超越行迹！……苏轼借助‘无弦琴’所作的人生思索达到了前所未有的深度，‘无弦琴’的潜在意义也在思索中得到了深入发掘。”②在此，李剑锋已经指出后人对‘无弦琴’的解悟是借题发挥，尤其是苏轼。但他随后又似乎自相矛盾，前面讲苏轼的解悟

① 李剑锋：《陶渊明及其诗文渊源研究》，济南：山东大学出版社，2005 年版，186～188 页。

② 李剑锋：《元前陶渊明接受史》，济南：齐鲁书社，2002 年版，276 页。

是“灌注了个性的玄思”，而后面又说陶渊明寄意悠远，知音者稀，是李白才第一个悟出陶的深意：“陶渊明的‘无弦琴’寄意悠远，知音者稀。庾信首先在《卧疾穷愁》诗中用了这一典故，但其指喻很模糊，然后是房玄龄等撰《晋书·陶潜传》时又比萧统《宋书》《南史》多记陶潜一句话云：‘但识琴中趣，何劳弦上声’，从此遂开解读‘无弦琴’的先河。盛唐李白第一个悟出其中的深意。”[①]其实，李白也是在借陶渊明的“无弦琴”来抒发自己的“太古心”，而不是陶的“太古心”，这是李白“发前人所未发”的深刻立意，而后人就把李白之心当成了渊明之心，于是就有了“大音希声”，所谓真正的音乐是大自然发出的无声之声，只有它才能与浑茫的太古之道融而为一，等等。

二、“同调之饮”不能狎戏

“潜不解音声”之论已多处有载，后人不仅熟视无睹，而且还又对“抚弄以寄其意”做无限放大，犹如“温柔敦厚”的诗教。如果说陶渊明“抚琴”是自叹“知音难觅”，有“自古圣贤皆寂寞”之意，其实这并不是在抬举渊明而是等于在骂渊明不忠厚，说陶有尖酸刻薄之意，无谦谦君子之风，这与陶的形象是大相径庭的。从他交游的率真来看，他并不是自命清高的人，他与颜延之、庞参军等人都是至交，不可能以弄“无弦琴”来表示知音难遇，如此将有亵渎友情之嫌。这可以从陶渊明人格与社交中寻得佐证。

（一）与颜延之的关系

龚斌说：“延之初来寻阳时，渊明可能已闻其名。渊明移居南村，一个很重要的原因，就是想和江州僚佐一起饮酒赋诗。从《移居》诗也不难发现，江州僚佐加上隐居庐山的一批隐士，实际上是个人数众多的文人集团。他们常常聚会，读书议论，解析玄理，所

① 李剑锋：《元前陶渊明接受史》，济南：齐鲁书社，2002 年版，274 页。

谓‘奇文共欣赏,疑义相与析’;令时佳节,游览赋诗。”[①]颜与陶因耿介相近遂成忘年之交。《宋书》载颜延之曾屡犯权要,他对助刘裕受禅而居权要的傅亮不以为然,致出为始安太守;永嘉三年,刘湛专政,他尝说“天下之务,当与天下共之,岂一人之智所能独了”,又贬为永嘉太守,并由此才得以到寻阳,于是也与陶有了一见如故之谊。《宋传》说:“先是颜延之为刘柳后军功曹,在寻阳,与潜情款。后为始安郡,经过,日日造潜,每往必酣饮致醉。临去,留二万钱与潜,潜悉送酒家,稍就取酒。”《宋传》称颜与陶之“情款”,洵为实录。李善注《陶徵士诔》引何法盛《晋中兴书》说:“延之为始安郡,道经寻阳,常饮渊明舍,自晨达昏。”江州刺史王弘“欲要延之一坐,弥日不得”(《南传》)。延之不给父母官的面子,却在渊明处自晨达昏的醉饮,而临去还留二万钱,同时陶渊明也欣然接受。相反,对檀道济馈以粱肉,却“麾之而去”,并说了一些刺耳的话。

颜延之的《陶徵士诔并序》,较为全面而系统地总结了陶渊明之思想倾向、兴趣爱好、性格特征、生活方式、读书习惯等,是一篇研究陶渊明的极为重要而又十分直接可靠的资料。其中:“自尔介居,及我多暇。伊好之洽,接阎邻舍。宵盘昼憩,非舟非驾,念昔宴私,举筋相诲。独正者危,至方则碍,哲人卷舒,布在前载。取鉴不远,吾规子佩,尔实愀然,中言而发。违众速尤,迕风先蹶,身才非实,荣声有歇。睿音永矣,谁箴余阙,呜呼哀哉,仁焉而终。”充分勾勒了陶渊明的为人,也突出了他喜好读书的夙性。在二人“举筋相诲”之际道出了许多肺腑之言,如:“独正者危,至方则碍”“哲人卷舒,布在前载”“取鉴不远,吾规子佩”“违众速尤,迕风先蹶”等,这岂是平常关系所能道著者?况且,颜延之作为刘宋一代的大文学家,能为一个时世无闻之人作诔,就足见其二人

① 龚斌:《陶渊明传论》,上海:华东师范大学出版社,2001 年版,75 页。

情真意笃。如此铮铮肺腑,不亚于伯牙与子期,如此竟然潜还要抚“无弦琴”以寄意?

(二)与王弘的关系

据《宋书·王弘传》载:“义熙末,征著作佐郎,不就。江州刺史王弘欲识之,不能致也。潜尝往庐山,弘令潜故人庞通之赍酒具于半道栗里要之。潜有脚疾,使一门生二儿舆篮舆,既至,欣然便共饮酌,俄顷弘至,亦无忤也。”《晋书》本传也有类似的记载:“刺史王弘以元熙中临州,甚钦迟之,后自造焉。潜称疾不见,既而语人云:‘我性不狎世,因疾守闲,幸非洁志慕声,岂敢以王公纡轸为荣邪!夫谬以不贤,此刘公干所以招谤君子,其罪不细也。’弘每令人候之,密知当往庐山,乃遣其故人庞通之等赍酒,先于半道要之。潜既遇酒,便引酌野亭,欣然忘进。弘乃出与相见,遂欢宴穷日。潜无履,弘顾左右为之造履。左右请履度,潜便于坐伸脚令度焉。弘要之还州,问其所乘,答云:‘素有脚疾,向乘篮舆,亦足自反。’乃令一门生二儿共轝之至州,而言笑赏适,不觉其有羡于华轩也。弘后欲见,辄于林泽间候之。至于酒米乏绝,亦时相赡。”又:“尝九月九日无酒,出宅边菊丛中坐久,值弘送酒至,即便就酌,醉而后归。”孙盛《晋阳秋》:“陶潜九月九日无酒,坐宅边菊丛中,采摘盈拔,望见白衣人至,乃王弘遣送酒,即便就酌。”观此可知,王弘悉渊明本志,能顺其心,二人终成挚友,非如檀道济之不解事者。这里有四个细节值得注意:欣然共酌、伸脚令度、向乘篮舆、酒米相赡,他看不起的人是不接受其馈赠的,足见其性情率真和友情纯真。

(三)与庞参军的关系

在江州僚佐中庞参军也是一个密友。二人虽仅结邻两载,却常见诗酒往来。五言《答庞参军》:“相知何必旧,倾盖定前言。有客赏我趣,每每顾林园。谈谐无俗调,所说圣人篇。或有数斗酒,闲饮自欢然。我实幽居士,无复东西缘。物新人惟旧,弱毫多所宣。情通万里外,形迹滞江山。君其爱体素,来会在何年。”诗里有欢聚的回顾,有离别的伤感,也有殷勤的叮咛,语重情深。梁启超说:“只是很平淡四句(结尾),读去觉得比千尺的桃花潭水还深情哩。”(《陶渊明之文艺及其品格》)四言《答庞参军》:“人之所宝,尚或未珍。不有同好,云胡以亲?我求良友,实觏怀人。欢心孔洽,栋宇惟邻……我有旨酒,与汝乐之。乃陈好言,乃着新诗。一日不见,如何不思。”古云“乐莫乐兮新相知”,二人可谓倾盖之交。

除上述三位密友之外,还有庞主簿和邓治中等,他说“慷慨独悲歌,钟期信为贤”,就直接把这二人比作伯牙与子期了。

此外,还有异调之饮。黄文焕《陶诗析义》(卷三)指出渊明有“异调之饮”和“同调之饮”。田父虽然口出俗语,与渊明殊为异调,存在着情趣与文化上的巨大反差,但渊明仍表示“且共欢此饮,吾驾不可回”,即使田父劝说他“出仕以求富贵”,告别清贫,他仍然一面表示反对又一面与之欢饮。

本来是高高兴兴地与朋友饮酒,可是喝完之后,又拿出无弦琴来抚弄,来自诩清高,岂不是戏弄友人?如果他平时的君子之风是装出来的,同时他的朋友们又都“不介意”,我们就难以理解!显然“不解音声”与不屑一弹别之天壤。龚斌说:“当朋友的思想行为不合自己的意趣时,渊明也不是一笔勾销昔日的情谊,或者自诩清高,对朋友作刻薄的讥嘲,而是既坚持自己的志向,又能理解别人,忠厚待人。”[①]然后龚斌又举了渊明《答庞参军》诗,一面说“我实幽居士,无复东西缘”,表示他们之间的出处不同;一面又说“物新人惟旧,弱毫多所宣”,表现出真挚的友情。用龚先生的话说,渊明的交友之道“合乎‘君子和而不同’的准则”。如此他又怎么可能有“弄琴”以寄知音难求之理?陶的“弄琴”与伯牙的

① 龚斌:《陶渊明传论》,上海:华东师范大学出版社,2001 年版,87 页。

“摔琴”绝不可同日而语,伯牙的内心是痛苦的、是激烈的,而陶渊明则是冲和的、泰然的。伯牙深信已经没有了知音,而渊明的“同调之饮”却都是知音。

三、“委运自然”无须矫情

陶渊明以其独特的人格魅力而在中国文学史上占有显著的地位,或者说其“人”的影响已胜过了“文”的影响。萧《传》说:“渊明少有高趣,博学,善属文,颖托不群,任真自得。”何谓“任真”?委运自然也。“礼者,世俗之所为也。真者,所以受于天也,自然不可易也。故圣人法天真,不拘于俗。”(庄子)“淡然若忘于世,而感愤之怀,有时不能自止而微见其情者,真也。”(顾炎武)他弄“无弦琴”朋辈不怪他,因为皆知其“性不解音声”,而伯牙若对子期弄而不弹,则子期将做何反应?这显然是受了所谓的“大音希声”“太古心”等玄思的影响而误解了陶渊明。

陶渊明的任真与庄子不同,庄子的“鼓盆而歌”就是有意要与俗礼乖离,陶渊明弄“无弦琴”是无意的真情流露。龚斌说:“东晋儒玄双修的学风,在陶渊明的身上得到了鲜明的体现。陶诗中引用最多的是《庄子》,其次是《论语》就是最好的证明。《庄子》和魏晋玄学的影响,使他乐天知命,委运自然,任真自得。儒学及其‘君子固穷’的精神,使他坚毅而性情平和,高逸而不逾规矩。”①他的“种秫为酒”“葛巾漉酒”与“弄琴”一样都是任真率性所为,他当时不会想到别人在意与否,也更不是要有意要乖离俗礼,因为陶渊明学庄而不模庄。王应麟说:“仕不曰行志,聊资三径而已;去不曰为高,情在骏奔而已。饥则求食,醉便遣客。不借琴以为雅,故无弦亦可;不因酒以为达,故把菊自足。真风所播,直扫

① 龚斌:《陶渊明传论》,上海:华东师范大学出版社,2001 年版,111 页。

魏晋浇习。”[①]如此率真之人竟然会弹琴而又不续弦，偏偏拿“无弦琴”来寄意，岂不令人费解？如果他真的有琴趣的话，就完全可以像王维一样独自一个人在山里面“弹琴复长啸”。因此所谓的“寄其意”是沈约附会的。

退而言之，如果真有此事，那么他寄的“意”也并不是“恨无知音赏”，而是对时代的否定。陶渊明在经过一番痛苦的心灵挣扎之后，已彻底与政治决裂了，他的《感士不遇赋》已说得很清楚：“自真风告逝，大伪斯兴，闾阎懈廉退之节，市朝驱易进之心。”他的《归去来兮辞》再一次表达了这种思想。梁启超评之曰：“把他求官弃官的事实始末和动机赤裸裸照写出来，一毫掩饰也没有，这样的人，才是‘真人’，这样的文艺才是‘真文艺’。后人硬要说他什么‘忠爱’，什么‘见几’，什么‘有托而逃’，却把妙文变成‘司空城旦书’了。”[②]朱光潜又说陶渊明达到了化境：“有最深厚的修养，又有最率真的表现。‘真’字是陶渊明的唯一恰当的评语。‘真’自然也还有等差，一个有智慧的人的‘真’和头脑单纯的人的‘真’并不可同日而语。这就是 Spontaneous 与 Native 的分别。渊明的思想和情感都是蒸馏过，洗练过的，所以在做人方面和在作诗方面，都做到简练高妙四个字。”[③]

对于《闲情赋》，萧统曰“白璧微瑕”，其实这正是渊明之率性任真之处，其诗文处处可见真情流露。王缁尘说：“且夫诗三百，孔子曾一言以蔽之：‘思无邪’矣！若夫‘窈窕淑女，君子好逑’、‘有女怀春，吉士诱之’，何以谓之‘无邪’乎！……若夫‘满堂兮美人，忽独特与予兮目成’，彼屈原者将为天地间作佣之大罪人哉！世之腐儒关于男女之情，不但不许笔之于书，而且不许出之

① 王应麟：《陶令祠堂记》，见《陶渊明资料汇编》，北京：中华书局，1962 年版，111 页。

② 梁启超：《陶渊明之文艺及其品格》，见《陶渊明资料汇编》，北京：中华书局，1962 年版，275 页。

③ 朱光潜：《陶渊明》，见《陶渊明资料汇编》，北京：中华书局，1962 年版，376 页。

于其口，虽然，‘世上无如人欲险，几人到此误平生’，即不赋闲情，而且实施其肉欲矣！彼不肯笔之于其书，不肯出之于其口者，庸讵知其心意中曷尝不念兹、在兹乎！……盗贼之不肯自称为盗贼，娼妓之不肯自称为娼妓者又何以异哉！”①自古来说假话仿佛就等同于“官场文化”，甚至成了“社会文化”，真纯之人总是要受制于人。陶渊明虽受儒学影响很深，但他并不是腐儒，他受道家影响更大，因而他的“真情”自然多于“矫情”。正因为他是我手写我心，不矫情，不做作，所以才会“与物多忤”。

四、“超世遗物”不会“心有戚戚”

“少陵有句皆忧国，陶令无诗不说归。”②陶渊明的“解绶去职”“不就征召”是看透了世态，是真心的归田，并非沽名！“隐”是别人给他戴的帽子，他的仕进先因“猛志常在”，后因“亲老家贫”。孟浩然的“隐”是无奈，他不是还写了“坐观垂钓者，徒有羡渔情”吗？王维虽然“晚年唯好静，万事不关心”，但从他给《与魏居士书》来看，其人格魅力逊陶又何其远矣：“近有陶潜，不肯把板屈腰见督邮，解印绶弃官去。后贫，《乞食》诗云‘叩门拙言辞’，是屡乞而惭也。尝一见督邮，安食公田数顷。一惭之不忍，而终身惭乎？此亦人我攻中，忘大守小，不□其后之累也。”③李白虽有“散发弄扁舟”之举，但也有“长安不见使人愁”的渴望；柳宗元“唉乃一声山水绿”，也见“地老天荒”之境。蔡宽夫说：“子厚之贬，其忧悲憔悴之叹，发于诗者，特为酸楚……卒以愤死，未为达理也。乐天既退闲，放浪物外，若真能脱屣轩冕者；然荣辱得失之际，锱铢较量而自矜其达……惟渊明则不然。观其《贫士》《责

① 王缁尘：《陶渊明评传》，北京：世界书局，1935 年版，20 ~ 21 页。

② 周紫芝：《乱后并得陶杜二集》，傅璇琮等：《全宋诗》（卷 1505），北京：北京大学出版社，1998 年版，第 26 册，1766 页。

③ 王维：《与魏居士书》，《陶渊明资料汇编》，北京：中华书局，1962 年版，16 页。

子》与其他所作，当忧则忧，遇喜则喜，忽然忧乐两忘，则随所遇而皆适，未尝有择于其间，所谓超世遗物者，要当而后可也。观三人之诗，以意逆志，人岂难见，以是论贤不肖之实，亦何可欺乎！”[①]更有学者认为，即使是倍受后世景仰的屈原在境界上也要比陶略逊一筹。陈傅良说：“屈原、贾谊、陶渊明文辞皆喜道孟夏而悲乐不同。虽所遭之时异，要亦怀抱使然耳。”[②]徐积说：“屈原自沉于江，虽曰褊心，亦可谓不幸。然圣人亦有不幸，而有以处不幸；亦有不得已，必不至于自戕，故如屈平，孔孟不为也。”（《节孝集》卷 31）朱熹说：“晋宋人物，虽曰尚清高，然个个要官职，这边一面清谈，那边一面招权纳货。陶渊明真个能不要，此所以高于晋宋人物。”又“渊明诗所以为高，正在不待安排，胸中自然流出。东坡乃篇篇句句依韵而和之，虽其高才，似不费力，然已失其自然之趣矣。”[③]东坡才虽高而气不如陶则诗境就自然逊之。赵孟頫《五柳先生传论》曰：“志功名者，荣禄不足以动其心；重道义者，功名不足以易其虑。何则？纡青怀金，与荷锄畎亩者殊途；抗志青云，与侥幸一时者异趣；此伯夷所以饿于首阳，仲连所以欲蹈东海者也。矧名教之乐，加乎轩冕，违己之痛，甚于冻馁，此重彼轻，有由然矣。仲尼有言曰：‘隐居以求其志，行义以达其道。’”[④]此外还有“不得志则奉身而退，乐道不仕”（苏轼《续欧阳子朋党论》），“达亦欣欣也，穷亦信心也”（刘敞《欣欣亭记》）。今人王缁尘也说屈原的境界远逊于渊明：“屈子言‘众人皆醉我独醒’，而渊明反言之，盖见其学识之渊邈，真无可无不可也。盖屈子少年气盛，渊明则老而

① 郭绍虞：《宋诗话辑佚》卷下《蔡宽夫诗话》，见《陶渊明资料汇编》，北京：中华书局，1962 年版，45 页。

② 陈傅良：《和张端士初夏》诗序《宋诗钞》，北京：中华书局，1986 年版，2034 页。

③ 陶树集注：《靖节先生集》，见《陶渊明资料汇编·诸本评陶汇集》，北京：中华书局，1962 年版，75 页。

④ 《松雪斋文集》（卷二），《四部丛刊》影印元刊本，《陶渊明资料汇编》，中华书局，1962 年版，128 页。

弥淡,处此滔滔皆是之时局,行将何之乎?”①

遍览历代为人们所称颂的大诗人,唯独陶渊明则被引为超越悲情的典范和审美追求的目标,后人对陶渊明虽各有不同程度的接受,但没有人能达到陶的境界,因此大家对“无弦琴”的解读也就无不充斥着自己的人生色彩。

就连写诗,陶渊明也与别人的“有意”为之不同,而是“无意”的,也就是说他不是为了当大诗人、出名,也不是为了藏之名山,传之其人。黄庭坚说:“谢康乐、庾义城之于诗,炉锤之功不遗余力也。而陶彭泽之墙数仞,谢、庾未能窥者,何哉?盖二子有意与俗人赞毁其工拙,渊明直寄耳。”(《论诗》,《山谷题跋》卷七)“绝无名根。”(贺贻孙《诗筏》)谢逸说:“挥觞赋新诗,诗成聊自慰。初不求世售,世亦不我贵。意到语自工,心真理亦遂。”(《读陶渊明集》,《全宋诗》卷1303)这就是后人所无法理解的境界,如此不为名利,又何来“太古心”?江淹曾“任性读书,不为章句之学”,虽“留情于文章”,但“不以著述为怀”,不求著文章以不朽,不曾以之为经国大事,虽享有文学盛誉,却说“自少及长,未尝著书”,即使是写了文章也不整理,“竟无序次”“乐天理性”,只为愉情悦性。

由于人们对陶渊明的“辄抚弄以寄其意”和“常著文章自娱,颇示己志”的无意误读或有意升华,言其所寄之“意”是“太古心”,其所示之“志”是经济志。陶诗以其平淡之境界而令百代无法企及,其境界皆其诗文篇篇都是自肺腑流出,绝不矫情。朱熹说梅尧臣是“造平淡”,说陶是“真平淡”,元好问说“豪华落尽见真淳”。胸中平淡,笔下才能平淡,否则就是造平淡,“性本爱丘山”乃真平淡也!因此,他所示之“志”是“此志”而不是“彼志”,其所寄之“意”是“此意”也不是“彼意”。陆游说:“盖人之情,悲

① 王缁尘:《陶渊明评传》,北京:世界书局,1935年版,33页。

愤积于中而无言，始发为诗。不然，无诗矣。苏武、李陵、陶潜、谢灵运、杜甫、李白，激于不能自已，故其诗为百代法。……绍兴间，秦丞相桧用事，动以语言罪士大夫。士气抑而不伸，大抵窃寓于诗，亦多不免。”(《澹斋居士诗序》,《渭南文集》卷15)陆游把陶与苏李、陶谢、李杜的境界笼而论之，说他们都是“激于不能自已”“退以文章自娱”显然欠当。陆游是用“发愤所为”和“不平则鸣”的思想来解读陶诗的，因而他读出来的多是创作主体自我意识受挫的悲愤之情，未见陶的怡然自得，于是他自己的诗也到处都是悲愤之情，显然境界未到。

陶渊明是“韬此洪族，蔑彼名级”(《陶徵士诔》)、“不慕荣利”“忘怀得失”“不戚戚于贫贱，不汲汲于富贵”(《五柳先生传》)，罗宗强认为陶渊明是把庄子哲学付诸实践的第一人：“物我一体，心与大自然泯一，这正是老庄的最高境界，也是玄学所追求的最高境界。但是这种境界，自玄风煽起以来，还没有人达到过。陶渊明是第一位达到这一境界的人。”[1]陶渊明达到了庄子的境界，但他又不似庄周梦蝶，他还有温情脉脉的仲尼世情，所以他没有“鼓盆而歌”。

温汝能评陶诗之品曰：“诗品至陶尚矣，评诗至陶亦难矣。孟子曰‘诵其诗，读其书，不知其人可乎？是于论其世也。’夫晋、宋之间何世也？渊明之诗何诗也？渊明出处具在，盖始终不以荣辱得丧挠败其天真者也。其心盖真且淡，故其诗亦真且淡也；惟其真且淡……盖徒论其诗之迹，而未及其人之心也。即或有谓渊明为晋忠臣，志愿莫伸，愤懑时见于诗。要之，渊明胸次悠然，虽寄怀沉湎，而德辉弥上，每当兴会所到，意不在诗，亦如琴不在弦，书不在解焉尔，亦何尝必于字字句句皆关君父耶？……渊明则诗真怀淡，超越古今，其所形诸咏歌，并无几微不平之见，而安贫乐道，

① 罗宗强：《玄学与魏晋士人心态》，天津：南开大学出版社，2003年版，310～311页。

即置之孔门，直可与颜、曾诸贤同一怀抱。”[①]渊明“并无几微不平之见，而安贫乐道”，这正是他人所不及者，境界既别之天壤，又安见陶之堂庑！有诗赞云：直道有饿殍，曲行见公侯。荒郊不足虑，华屋可堪忧。冠冕委沟壑，麻鞋有人收。吾生如寄耳，宁独稻粱谋？野芳浸古道，百鸟鸣啾啾。

五、“性不解音”的还原

苏轼说：“旧说陶渊明不知音，蓄无弦琴以寄意，曰：‘但得琴中趣，何劳弦上声。’东坡尝言：‘刘伯伦于锸自随，曰：死便埋我。予以谓伯伦非达者，棺椁衣衾，不害为达；苟为不然，死则已矣，何必更埋？至于渊明，亦非忘琴者也，五音六律，不害为忘琴；苟为不然，无琴可也，何独弦乎？’以是知旧说之妄也。渊明自云：‘和以七弦。’岂得为不知音？当是有琴而弦弊坏，不复更张，但抚弄以寄意，如此为得其真。”[②]苏轼的“岂得为不知音”之说可疑之；“有琴而弦弊坏，不复更张”之说可信之。但他未说明陶为何“不复更张”，我认为正是因为他不会弹或不喜欢弹，才不续弦。或者说，这已不只是一件乐器，而是一件古玩，并时常拿来把玩以追思先人。琴乃文人雅趣，渊明也自称“少学琴书”，但他肯定音乐的资质不高，苏轼不亦如此？即是说，没天赋也不等于就没学过，学过也不等于就学会了。再者，不解音并不等于不爱音，琴趣亦乃自古文人所尚，苏轼“吃酒”不如人但嗜酒如命，“着棋”不如人也正好说明曾下过几手，不擅“唱曲子”，也可喜欢听曲子并写了大量的曲子词，自娱自乐足矣。陶渊明不擅长就不弹，这是个人的选择问题。王维可以说是没有知音的，常常一个人去终南别业幽

① 温汝能：《陶诗汇评自序》，见《陶渊明资料汇编》，北京：中华书局，1962 年版，221～222 页。

② 佚名：《百斛明珠》，见宋阮阅：《诗话总龟》（卷六），《陶渊明资料汇编》，北京：中华书局，1962 年版，59 页。

居,周围一个人都没有,他还是“弹琴复长啸”。王维没有学伯牙“摔琴”,这也是个人的选择问题。只能说伯牙的境界还不如王维,王维已进入了禅的境界。遍查渊明诗文,写到琴(或音乐)的共计十五句,但都仅是提及而已,仅有一首用到音乐术语还出现了错误。他的诗,无论是四言的还是五言的,没有一首是乐府,都是古体诗,是自娱自乐的,或是赠友朋的案头文学,可见他并不擅音乐文学。反观曹操,笔下尽是乐府。有人说陶诗有音乐性,也只是广义的吟诵美的抑扬顿挫,这是散文也有的,其实这都与被之管弦的音乐美大相径庭!

首先分析其中的十四句。“清琴横床,浊酒半壶”(《时运》),“衡门之下,有琴有书。载弹载咏,爰得我娱”(《答庞参军》),“今日天气佳,清吹与鸣弹”(《诸人同游周家墓柏下》),“息交游闲业,卧起弄书琴”(《和郭主簿二首》),“弱龄寄事外,委怀在琴书”(《始作镇军参军经曲阿》),“知我故来意,取琴为我弹。上弦惊别鹤,下弦操狐鸾”(《拟古其五》),“佳人美清夜,达曙欢且歌。歌竟长叹息,持此感人多”(《拟古其七》),“觞弦肆朝日,樽中酒不燥”(《杂诗其四》),“荣叟老带索,欣然方弹琴。原生纳决履,清歌唱商音”(《咏贫士其三》),“曲调将半,景落西轩,悲商叩林,白云依山。仰睇天路,俯促鸣弦”(《闲情赋》),“乐琴书以消忧”(《归去来兮辞》),“美哉周子,称疾闲居,寄心清商,悠然自娱……曰琴曰书,顾盼有俦”(《扇上画赞》),“少学琴书,偶爱闲静,开卷有得,便欣然忘食”(《与子俨等疏》),“欣以素牍,和以七弦”(《自祭文》)。这十四句中有“横”“弹”“弄”“委”“歌”“鸣”“曰”“学”“和”等动词,然而琴又无弦,岂不矛盾?显然多是虚指。其中的“清琴横床”是实写,“卧起弄书琴”是实写,但对庞参军弹琴则是虚写;“少学琴书”是实情,但没学精到,后来对琴又不感兴趣也是实情;“和以七弦”则是不着边际,即使其琴弦断得再晚,到晚年也应真的是无弦了,那么又何来“和以七弦”?

其次再分析“商音更流涕,羽奏壮士惊”(《咏荆轲》),据《史记》记载,燕太子丹等在易水送别荆轲时,“取道,高渐离击筑,荆轲和而歌,为变徵之声,士皆垂泪涕泣。又前而为歌曰:‘风萧萧兮易水寒,壮士一去兮不复还!’复为羽声慷慨,士皆瞋目,发尽上指冠。”从声情上看:宫音浑厚较浊,长远以闻;商音嘹亮高畅,激越而和;角音和而不戾,润而不枯;徵音焦烈燥恕,如火烈声;羽音圆清急畅,条达畅意。同为悲情,一伤一壮,是商与变徵之别,二者不可互换。从乐理上讲:从变徵到羽声是转调,即由 F#调到 A 调,荆轲升了小三度,司马迁的记载是符合一般的歌唱规律的。而渊明的诗句首先是与史不符,其二是唱法不科学。从“商”音(D 调)升到“羽”音(A 调),则跨越了八度,这个音域普通人是唱不了的。渊明是个悲观的乐天主义者,谈到音乐,好以“商”音示悲情,但此处用“商”调是不准确的,慷慨悲壮的“变徵”之音才是壮行的本色,陶渊明忽略了《史记》的记载,而仅凭自己胸中跌宕的诗情来随意使用音乐术语。这等种种迹象表明,他果然“性不解音”。

陶渊明既不精通音乐,又不喜欢音乐,只是喜欢他那架古琴而已!既然无心弹,就自然无须续弦,兴至则把玩,兴尽则横床,有酒则招客,酒醉则逐客,率意任真,何谓寄意?

(原载:《重庆交通大学学报》(社会科学版),2009 年第 3 期)

卷十　论柳宗元寓言的稗官之言与忧愤之情

我国寓言肇始于先秦诸子散文，而年代与《伊索寓言》相若，它除了对后世寓言产生重大影响之外，还是小说的滥觞。先秦诸子散文中运用和保存寓言最多的是《孟子》《庄子》《韩非子》和《列子》等，此外，在历史散文中，《国语》和《战国策》也有一部分。先秦寓言多属于政治哲理寓言，庄子借以宣传"无为""逍遥"与"齐物"，韩非子借以主张"因时变法"与"法术势"。而到唐代则转型为社会讽刺寓言，中唐时期的士人已不再像盛唐那样有至高无上的自豪感，更没有先秦那种活力四射的精气神，他们在行藏之际多了一分内敛和沉潜。中唐诗或险怪或轻俗，中唐文也化骈为散走向民间，韩柳无疑是此间巨擘，"欲藉之一扫腐化僵化不适用于人生之骈体文"（陈寅恪）。寓言至中唐已脱离了论说、史传而独立成体，从某种意义上所说柳宗元可谓始作俑者。至元明以刘基为代表的诙谐冷峻寓言为又一高峰，而其间柳宗元可谓枢机关键。如果说先秦寓言是诸子的"百家争鸣"，而唐代寓言柳宗元则是"一枝独秀"；如果说先秦诸子的政治哲理寓言力图为构建自己的理论体系服务，而唐代柳宗元寓言则针砭时弊为旨，辅时及物为道。

一、从人类社会走向动物世界的稗官之言

寓言自诞生后，其原型意象便与时因革。先秦诸子及史传作

者所运用的寓言，其来源约略有三：一则民间故事，其《孟子》最显。正所谓“齐东野语”，事近旨远，诙谐多趣。二则历史传说，其《韩非子》最勤。虽说未必真实，但亦不无依傍，有史传为凭，事半功倍。三则虚构故事，其《庄子》最擅。妄想则奇异瑰丽，“空语”（司马迁：“皆空语无事实”）则超凡拔俗。先秦寓言写人事者多，写物事者寡，孟子、韩非子等多写人，而庄子专写物。公木分析说：“首先，中国人的民族性格比较平实，少玄想，尤其生活在黄河流域的中原人（北方人）更是喜平淡，务实际，诎幻想……其次，孔丘‘不语怪力乱神’北方诸子争鸣，也很少有人言及神话。作为显学的儒家，更如鲁迅先生所言‘以修身齐家治国平天下等实用为教，不欲言鬼神，太古荒唐之说，俱为儒者所不道’……再者，史官的删改和先秦理性精神的觉醒，促使我国古代神话不断的历史化和理性化，从而使寓言也随着发生了演变。正由于神话性质变了，所以寓言中的动物故事也遭到了池鱼之殃。”①先秦寓言中《韩非子》影响颇大，也最关注现实，其寓言四百多则，却只有“涸泽之蛇”与“三虱相讼”以动物为原型意象。《庄子》寓言托物言志，虽有“鲲鹏展翅”与“混沌之死”之“物事”，但皆玄虚臆造之物。

柳氏不借历史人物寓托而迂回曲折，沉思默察，大道低回，近取譬喻，以求见微知著。即便写“人事”，也是子虚乌有地虚构如“郭橐驼”、如“蒋氏”，或者干脆就在光怪陆离的大自然中捕捉那些不会言语的小生命作为原型意象。章士钊先生指出：“子厚集共有传六篇，一宋清，一种树郭橐驼，一童区寄，一梓人，一李赤，一蝜蝂，皆微者也，而蝜蝂尤一小虫，所为类稗官游戏，无一大篇重寄之作。”②《汉书·艺文志》：“小说家者流，盖出于稗官。街谈巷语，道听途说者之所造也。”颜师古注：“稗官，小官。如淳曰：‘细

① 公木：《先秦寓言概论》，济南：齐鲁书社，1984年版，46～47页。

② 章士钊：《柳文指要》（上卷之部卷14～19），北京：中华书局，1971年版，533页。

米为稗,街谈巷说,其细碎之言也。王者欲知闾巷风俗,故立稗官使称说之。'"颜师古释为"小官",其职为搜集街谈巷议、风俗故事,供皇帝省览的小官。古代泛称私家编撰史书记载轶闻琐事为小说野史。司马迁说"百家言皇帝,其言不雅驯。"(《史记·五帝本纪》)董其昌《袁伯应(袁可立子)诗集序》:"二十年来,破觚为圆,浸淫广肆,子史空玄,旁逮稗官小说,无一不为帖括用者。"蔡东藩《清史演义·自序》:"窃谓稗官小说,亦史之支流余裔,得与述古者并列;而吾国社会,又多欢迎稗乘。取其易知易解,一目了然,无艰僻渊深之虑。"董其昌说"子史空玄"须"旁逮稗官小说"来补充。柳宗元也在《上襄阳李愬仆射启》中对"稗官"有所言及:"谨撰《平淮夷雅》二篇,斋沐上献。诚丑言淫声,不足以当金石。庶继代洪烈,稗官里人,得采而歌之。"虽"不足以当金石",但能"继代洪烈",所以稗官里人采而歌之。

先秦寓言虽有出于经史,但因源于民间,自当归为"稗官者言"。至于柳氏寓言,章士钊先生认为不仅类"稗官游戏",且"无大篇重寄之作"。柳宗元不以写帝王将相、达官贵人、知名人士为对象,只是把目光投在"微者"身上,这是他与先秦诸子的最大不同,同时也显示了柳氏寓言的独特魅力。

(一)宦官与朋党的险恶政治

中唐政治形势,第一特征是藩镇割据。安史乱后,藩镇失控,逐渐形成割据局面。德宗时期形势日趋严峻,迄无宁日。节度使拥兵自重,大者广占十余州,小者亦挟三四郡。他们官员自任,税赋自收,父死子继,或者由部将自行拥立,完全独立于朝廷的政治体系之外。藩镇间不仅互相攻伐,还时向王室发难,威胁王朝安危。其第二特征是宦官干政。宦官是专制制度的衍生品,他们大多出身社会底层,由于肉体遭摧残,常导致心理变态,又由于他们集中于宫内而易于结党。唐朝前期,宦官数量尚少,地位尚低,无权过问军政大事。然而到了开元、天宝年间,宦官激增到三千人,仅五品以上的宦官就有一千人,其中高力士已位极人臣。玄宗还委派宦官任监军,出使藩国。安史之乱后,唐肃宗登基又赖宦官之助,所以倍加崇信。唐肃宗曾任用宦官李辅国掌握禁军,朝廷但凡制敕,则须辅国押署。之后唐德宗又刚愎自用,猜忌大臣宿将,更加依侍宦官,于是宦官掌典禁军便成为定制。唐代宗之后,竟有两名宦官充内枢密使,掌管机密,传宣诏旨,军政一统,权倾一时,不仅地方上的节度使也多从禁军中选任,甚至将相任免也一任听之。至此,皇帝与朝臣已皆受制于宦党。

王朝"内忧外患"而致贪鄙当道,贤能被逐,苛政如虎,生灵涂炭。适逢有识之士得皇帝青睐而意欲变革,但身居高位者皆既得利益的庸碌之辈,对变革新政根本不感兴趣。《旧唐书》本传称:"(老宰相贾耽)自居相位,凡十三年,虽不能以安危大计启沃于人主,而常以检身厉行律人。"他们对国家安危漠不关心,而对防嫌免祸却非常留意。他们不仅慵懒怠政,还与藩镇、宦官相沆瀣,力图共同维护旧秩序。于是就有了"永贞革新"。但以皇帝为首的这场改革竟然是短短半年的昙花一现,柳宗元等皆贬为远州司马,待十年后刚回京师旋即再贬柳州,终致卒于贬所,足见时政之险恶至极。

"寓言"一词最早出现于《庄子·杂篇》中:"寓言十九,重言十七,卮言日出,和以天倪。"又说:"寓言十九,藉外论之。"晋人郭象注:"寄之他人,则十言而九见信。"清人王先谦集解云:"寄寓之言,意在于此,而寄于彼。"诸家所云均指出了中国古代寓言本质上是"寄寓之言",即以"此物"寓"彼理"。或曰以简短的故事寄寓某个道理。寓言以其独有的哲理性、激励性、警世性和幽默性来补察时政。既然"寓言"意在所寓之言,既然其"言"多为干系时政,那么寄寓之人就不可能与时政脱开干系,于是风险自在其中。柳宗元以戴罪之身言朝野之弊,"取诸物"比"取诸人"更具可操作性。柳宗元与吴武陵讨论《非国语》时,阐述了他"辅时及物”的为文之道:“仆之为文久矣,然心少之,不务也,以为是特博弈之雄耳。故在长安时,不以是取名誉,意欲施之事实,以辅时及物为道,不可陈于今,则宜垂于后。”笔者以为先秦寓言多“取诸人”而少“取诸物”,并非仅如公木先生所分析的那样是儒家文化、史官文化及理性精神所致,还当与该时代的政治背景相关联。无论是春秋争霸还是战国争雄,他们之间其实都是“国际关系”。周朝八百载裂土分封,其立庙伊始就奠定了政治多元的格局,至东周更是无正名君臣、有放言无忌。周朝开宗之初就形成了思想独立的氛围,于是有处士横议、有百家争鸣,或曰游侠策士陈情说理,诸子百家讲学论道,异彩纷呈。先秦诸子可以随便找个“外国人”开涮,有时甚至本国君王他们都可以调侃也不用担心因言获罪。此类事例先秦散文中亦屡见不鲜,如《秦晋崤之战》中的“蹇叔哭师”而“秦伯素服郊次”,“先轸骂娘”和“不顾而唾”而晋襄公知错就改遂“使阳处父追之”;晏子耻笑齐景公怕死以及左右佐哀而泣的“怯君谀臣”(《晏子春秋》);孟子令齐宣王窘迫不已“王顾左右而言他”(《孟子·梁惠王下》),等等,嘲弄“老外”自然无须瞻顾前后。先秦寓言故事里所嘲弄的蠢货楚国最多,刻舟求剑、拔苗助长、守株待兔、晏子使楚、狐假虎威、自相矛盾、画蛇添足、一叶障目、叶公好龙、日暮穷途、秦庭之哭及掘墓鞭尸等都是,而其中韩非子讽刺得最多的是“宋人”和“郑人”。当然春秋战国之世也并非“处士横议”之天国,谏言悲剧也不断上演。如“子胥善谋而吴戮之”“仲尼善说而匡围之”“管夷吾实贤而鲁囚之”“孙子膑脚于魏”“吴起收泣于岸门”等。韩非子说:“此十数人者,皆世之仁贤忠良有道术之士也,不幸而遇悖乱暗惑之主而死”(韩非子《难言》),因而韩非子作《说难》。

纵观中国寓言史,柳宗元在原型意象的摄取上可谓独具匠心,他笔下的意象基本是动物,多有西方寓言借动植物来说明人生道理之味道。《伊索寓言》就用豺狼、狮子等比喻人间权贵,揭露其残暴、肆虐的一面。依柳宗元之内敛性格,他不能像刘禹锡那样高调地以“玄都观里桃千树,尽是刘郎去后栽”嬉笑怒骂、直刺政敌,也不可能有“晴空一鹤排云上,便引诗情到碧霄”的满怀豪情。关于这一点,我们还可以从其诗中略窥一斑。如“独钓寒江雪”“岩上无心云相逐”“倚楹遂至旦,寂寞将何言”“溪路千里曲,哀猿何处鸣?孤臣泪已尽,虚作断肠声”“惊风乱飐芙蓉水,密雨斜侵薜荔墙”“破额山前碧玉流,骚人遥驻木兰舟。春风无限潇湘意,欲采蘋花不自由”。总之,柳宗元的性格是其选择“卑微”小动物为原型意象的内驱力。《三戒》是在他贬官后写的一组著名的寓言:其中《临江之麋》写麋依仗主人的宠爱而得意忘形,终至被“外犬”吃掉;《黔之驴》写虚有其表的黔驴,被聪明机智的老虎识破了外强中干的本质而丧命;《永某氏之鼠》写在主人的庇护、纵容下贪残暴虐、恃宠放纵、无恶不作的老鼠以谕宦官“窃时以肆暴”,必遭灭顶之灾。作者借麋、驴、鼠三种动物辛辣地讽刺了当朝昏聩无耻的宦官、官僚及其爪牙群丑,具有高度的讽刺性与哲理性和强烈的政治能指性。这《三戒》虽然其现实针对性极强,但因不涉“人事”,所以自我保护性也极强。

柳宗元生活在江山一统而“君无戏言”的时代,此时已无“外国人”可资调侃。而面对宦官专政、党争不断的时局,针砭任何显达官宦都将引来大祸。政治昏暗加之自己性格内敛使他冷静地观察社会,仔细地审视自然,于是他把目光转移向了动物世界。其名篇《捕蛇者说》虽是以“人事”为原型意象的架构,也是反映残酷社会现实的力作,还提出了“苛政猛于虎”的千古名训,但也只是借古讽今,是推衍了《礼记·檀弓》“孔子过泰山侧”的古老故事。虽然直刺时弊,但毕竟对事不对人,没有明确的人事指向性,其写作的安全系数自然也较高。

先秦诸子散文大都是哲学著作,古奥玄妙。而寓言则以其具体性和形象性,有助于听者对其哲理的理解和接受,所以诸子常以寓言嵌入论说之中。孟子以“拔苗助长”释“养气”说；韩非以“黑牛而白题”（《解老》）解老子“前识者道之华而愚之始”；庄子以“浑沌凿窍”（《应帝王》）谕“顺应自然”，以“惠子之樗树”（《逍遥游》）述“无用之用”，以“庄周梦蝶”（《齐物论》）晓“人生如梦”，等等。先秦寓意辩理，两汉以降劝诫多讽，但南北朝至唐宋又讽而庄。至中唐，柳宗元为巧妙地规避政治风险，他在表达政治见解、寄寓哲思和讽刺抨击丑恶现实之时，不仅以是动物为原型意象，还采用了开宗明义或卒章显志的直接点明寓意手法。如他在《三戒》“小序”中说：“吾恒恶世之人，不知推己之本，而乘物以逞，或依势以干非其类，出技以怒强，窃时以肆暴，然卒迨于祸。有客谈麋、驴、鼠三种物，似其事，作《三戒》。”《蝜蝂传》说：“日思其高位，大气禄，而贪取甚，观前之死亡不知戒……智者小虫也。”《罴说》：“今夫不善内而恃外者，未有不为罴食之也。”《谪龙说》：“非其类而狎其谪，不可哉。”陈蒲清说：“正如林纾所说的那样：‘柳州每一篇寓言之中，必有一句最有力最透辟者镇之。’（《韩柳文研究法》）这种点明是作者人生体验的总结，告诉阅读者不可拘泥于故事本身；同时，也有掩饰其具体映射对象的作用，以避免小人罗织罪名。”①

柳宗元寓言绝大多数创作于永贞革新失败之后，他长期贬寓蛮荒，采用“稗官游戏”与“明点寓意”手法，既能揭露政治黑暗、发泄胸中郁闷，又能全身免祸，不失为明智之举。

（二）处江湖之远的生活基础

虽然柳宗元“牢笼百态”，有各色人，有各色物，但动物原型意象则是最大特色。于浴贤说：“在魏晋赋风通俗化、平民化的趋势下，一大批从不被留意的微小生命，甚至是丑陋的小动物、小植物

① 陈蒲清：《论柳子寓言的地位与特点》，王渙海：《柳宗元研究》，海口：海南出版公司，2006 年版，435 页。

进入了赋家的创作视野，构成六朝咏物赋多姿多彩的形象画面。”[1]于浴贤认为是魏晋以降的通俗化、平民化文风启迪了柳宗元寓言，加之寓言本源于民间、植根于现实生活也是其本质特征，于是麋、驴、鼠，还有猿、罴、尸虫以及蝜蝂纷纷聚集到柳宗元的笔下。柳宗元寓言虽受赋风影响，譬如《捕蛇者说》和《种树郭橐驼传》等名篇皆采用了“主客问答”之形式，但这仅限于以人物为原型意象的作品。柳宗元绝大多数以动物(昆虫)为原型意象的作品不仅没有“问答”，而且还没有言语刻画，只有心理活动描写。陈蒲清在他的硕士论文中说道：“柳宗元把动物人格化，这是寓言文学共同的特色。但柳宗元笔下的动物都保持着一个限度：即没有动物彼此对话，《黔之驴》中的虎也只是心里念叨了一句‘技止此耳’。大概作为一个古文家，柳宗元认为动物是不应该说话的吧。”(《讽刺寓言的瑰宝——柳宗元寓言》)陈先生发现了柳氏寓言另一大特色，就是“动物都不会说话”，这证明柳宗元寓言并非只受“赋风”影响，除前文已述的宦海沉浮的阴影之外，其长期“处江湖之远”的生活基础则不可小觑。柳宗元之所以写“黔无驴”，也正是他长期贬谪大西南的一个重大发现。“黔”之所指，不管是今之贵州还是四川黔江流域一带(包括贵州东北一小部分)，在此不作考证，只是有个常识：即山区缺少平地之处，确实无驴，柳宗元的“黔无驴”确为接地气之语。

柳宗元一生两次遭贬，其政治生涯的重要阶段都是在蛮荒之地度过，因此有更多机会贴近底层社会、了解民生，也有更多机会透视动物世界与人类社会的可联类譬喻之处。柳宗元的诗《溪居》写道：“久为簪组束，幸此南夷谪。闲依农圃邻，偶似山林客。晓耕翻露草，夜榜响溪石。来往不逢人，长歌楚天碧。”柳宗元之生命长期植根于“岭树重遮”之僻野，常独来独往于山林农圃之

---

① 于浴贤：《论柳宗元寓言杂文对六朝咏物赋的借鉴》，王渼海：《柳宗元研究》，海口：海南出版公司，2006 年版，637 页。

间，目光常属意于自然万物。相对于先秦诸子的高标思致、坐而论道，柳宗元更关心时弊与民生之苦。先秦之世礼崩乐坏、百家风起、纷纷攘攘、莫衷一是，是复古还是立足现实，是“从周”还是追思“三代”，抑或干脆拉回到“元古”的小国寡民状态，这都是儒墨道法诸家辗转反侧的课题。因此在哲学层面上建构新体系是时代对诸子百家的呼唤，在社会层面上建构新秩序也是时代赋予诸子百家的使命。柳宗元所处的时代不同，封建社会此时早已经形成了一个超稳定系统，士人不用再考虑如何建构新秩序，而是要考虑如何完善当下的政治结构、社会秩序。换言之，柳宗元不必考虑是集权制好还是分封制好，是唐虞三代好还是远古洪荒好；他只需考虑对唐王朝大厦如何修补的“改革”，而无须考虑改姓易帜的“重组”；他只需考虑脚踏实地能救世的形下之“器”，而无须考虑悬浮在空中的形上之“道”。但是救世之“器”必定触碰“当事”之人，因而首要的是有效地规避政治漩涡。韩非子说：“家计小谈，以具数言，则见以为陋；言而近世，辞不悖逆，则见以为贪生而谀上；言而远俗，诡躁人间，则见以为诞；捷敏辩给，繁于文采，则见以为史；殊释文学，以质信言，则见以为鄙；时称诗书，道法往古，则见以为诵。此臣非之所以难言而重患也……虽贤圣不能逃死亡避戮辱者何也？则愚者难说也，故君子难言也。”（《难言》）“重患而难言”此乃至当之论。

二、从嬉笑怒骂走向冷峻针砭的忧愤之情

面对礼崩乐坏、人心不古的乱世，探求救世方案，是先秦诸子的使命。如何才能使君王接受自己的政治主张，也是先秦诸子煞费心机的事。直接把老子的《道德经》塞给君王们，他们肯定会打瞌睡，即使是苦口婆心的孔子也还是要落得个“茫茫如丧家之犬”的结局。于是后来的孟、韩诸子们就开始设法在其宏论中镶嵌些精彩的“段子”。因为君王们大多不是傻瓜就是坏蛋，其中“理智

健全者”也许间或有之，而其“不可理喻者”却司空见惯。何以至此？曰“世袭制”使然。世袭制规定嫡长子继承之，然而嫡长子很难保证就是个正人君子或者是个聪慧人，开国之君除外，世袭者鲜见有道明君。当然这也是封建集权制家天下的无奈选择。假使不论长幼，选贤任能而嗣，则必为奸人所乱，没有健全的民主选举制，就必须以“封建宗法制”来维系。先秦诸子阐明自己的主张并使君王们也乐于接受，妙趣横生地“讲故事”似乎不可或缺，因此先秦寓言大多能令人捧腹。如“齐人有一妻一妾”（《孟子·离娄下》），孟子为我们勾画了是一个内心极其卑劣下贱，外表却趾高气扬，不可一世的人，他为了在妻妾面前摆阔气，抖威风，自吹每天都有达官贵人请他吃喝，实际上却每天都在坟地里乞讨。妻妾发现了他的秘密后痛苦不堪，而他却并不知道此事已败露，仍在妻妾面前得意扬扬。这则故事辛辣地讽刺了那些为钻营富贵利达而抛弃人格尊严、进行狡诈欺骗的无耻之徒，揭露了他们道貌岸然之表掩盖下的龌龊卑劣人格。“月攘一鸡”（《孟子·滕文公下》），用偷鸡者要改掉坏毛病还讨价还价来说明知行合一的道理。《吕氏春秋》用“网开三面”（《异用》）批判暴政而歌颂仁德，“掣肘难书”（《具备》）论“用人不疑”等。听了别人用这样的故事“开导”自己，君王们不以为耻反以为荣，何其蠢也。若论建言救世，韩非子最突出，也最有效。《韩非子》内外《储说》诸篇，先列出政论的题目，接着是说明论题的观点，后面是一连串的故事，这是韩非子的基本思路。如以“入涧必死”（《内储说上》），论证信赏必罚，行法无赦；以“守株待兔”（《五蠹》）和“郑人买履”（《外储说左上》）讽刺墨守成规，那个守株的宋国种田人和那个郑国的“宁信度，无自信也”买鞋人，从而寓托“以先王之政治当世之民”之愚；以“滥竽充数”（《韩非子·内储说上》）揭示南郭处士的行为骗得了一时，却骗不了一世，告诫人们要有真才实学，不要虚伪骗人的道理；以“狗猛酒酸”（《外储说右上》），论佞臣亲幸、贤者无以进身之害。韩非子笔下的形象多是愚人，他是把愚人的故事讲给愚人听。嬴政说“寡人得见此人（韩非子）与之游，死不恨矣”，看来始皇帝也喜欢“听故事”。然而庄子则不同，庄子知道“傻瓜”们不可理喻，就根本不去跟他们说话，庄子的故事是讲给自己听的，或曰希冀能“藏之名山传之其人”。

在专制体制下，士人如果意欲推行自己的政治主张，意欲有所作为，首先要全身，第二是有效。王焕镳说：“士阶层求进于统治阶级，不管他们所操之术如何，也必须具备语言技巧。一言合意，立取卿相，一语不智，垂橐而归。穷通得失的先决条件是语言，语言成为士阶层用心研究的对象。”①说得好就取为卿相，说得不好也不过就是卷铺盖走人而已。柳宗元是贞元九年（793）中进士，十四年（798）登博学鸿词科，授集贤殿正字。一度为蓝田尉，后入朝为官，因参与政治革新，迁礼部员外郎，在京任职共十年左右。永贞元年（805）九月，革新失败，贬邵州刺史，十一月柳宗元加贬永州司马，十年后，元和十年（815）春回京师，又因刘禹锡《元和十年自朗州承召至京戏赠看花诸君子》，得罪执政牵连，旋即再贬为柳州刺史，直至元和十四年十一月初八（819 年）卒于任所。“忠而被谤，信而见疑，能无怨乎”！但柳宗元不仅仅是怨愤，他的济世情怀始终未泯，他从不同侧面不断地揭露黑暗的现实，嘲笑和讽刺了各种丑恶现象，同时也揭示出一定的社会现象所带有的普遍意义和本质规律，并且还抒发了憎恶、忧愤以及哀怨之情。柳宗元的政治生命之短、生活之艰辛无人堪比，但他的救世之心也罕有其匹。柳宗元的学问思想、道德文章不同于韩愈的唯儒独尊，而是儒释道三教调和、杂取百家。柳宗元虽然不笃信佛教，但他深究佛理；柳宗元不是隐者，但他不悖老庄。他在《答韦中立论师道书》中写道：“本之《书》以求其质，本之《诗》以求其恒，本之

① 王焕镳：《先秦寓言研究》，北京：中华书局，1959 年版，613 页。

《礼》以求其宜，本之《春秋》以求其断，本之《易》以求其动：此吾所以取道之原也。参之谷梁氏以厉其气，参之《孟》《荀》以畅其支，参之《庄》《老》以肆其端，参之《国语》以博其趣，参之《离骚》以致其幽，参之太史公以著其洁。此吾所以旁推交通，而为之文也。”其《种树郭橐驼传》就深得道家要旨。他描绘了一个身体畸形而心灵美善的小人物郭橐驼，只寥寥数语就道出了道法自然、无为而治的为政为人真谛，即使在今天此文之旨也意义重大。“无为而治”“不折腾”应是当下执政者急需汲取的理念。几千年来，统治者多以儒家思想治国，而忽略道家，只有到了百废待兴的羸弱不堪之际才偶尔想起了道家，比如“文景之治”。然而文、景二帝之功往往被忽略，汉武帝却被人们推崇备至，动辄“秦皇汉武唐宗宋祖”并提。岂知正是汉武帝上台伊始就一黜黄老、独尊儒术恰恰使勃然复兴的大汉帝国走向了衰落。柳氏之文所承载的不仅仅是儒家经典，道家思想之救世价值亦未等闲视之，这也正是韩柳文章在思想内容上的巨大区别。

三、结语

寓言的世界是情趣幽默、机敏智慧、充满想象力的世界，因此想象虚构、劝谕讽刺是寓言的基本特征。先秦诸子寓言无论是《庄子》的荒唐恣肆、发想无端，《孟子》的纵横论道、语约辞尽，还是《韩非子》的孤郁怨愤、冷峻奇峭，都有一个共性，就是亦庄亦谐，仿佛看过喜剧而不能忍俊。但是柳宗元则不同，他的寓言在庄谐之中还透着浓重的冷峻和沉郁，仿佛看过了悲剧，令人心生隐痛。宋子京《笔记》韩柳刘三家文，“因举三人所创新语，如：‘柳子厚云：嬉笑之怒，甚于裂眦，长歌之哀，过于恸哭。’”[①]《捕蛇者说》推演了《礼记·檀弓》中的故事，同样是透出两害相权取其

① 苏渊雷：《论韩柳、刘柳诗文风格异同及柳的独创性》，王渼海：《柳宗元研究》，海口：海南出版公司，2006 年版，17 页。

轻的人性，但在手法和主旨上柳宗元都略胜一筹。《礼记·檀弓》所记只是妇人为其舅、夫、子相继死于虎的呼天抢地的“悲痛”。而柳宗元笔下的穷蹙捕蛇者的祖、父皆死于蛇，自己也“几死者数矣”，可是他非但不把啮人之毒蛇视为“大敌”，反而视为“恩物”“宠物”。虽然与之交谈时，起初还“大戚，汪然出涕”，但旋即却“熙熙而乐”，或曰“沾沾自喜”。这种“麻木不仁”的“喜”“乐”之中所透出来的悲哀更是撕心裂肺的，“喜”中带着满腹辛酸，“乐”中透着极度无奈。《罴说》是抨击骄横藩镇拥兵割据的一篇寓言，讲述一个没有实际本领的猎人，企图利用“鹿畏虎，虎畏罴”的生活现象，用竹管吹出各种动物的声音来捕获猛兽，但最终被罴吃掉。从结句“今夫不善内而恃外者”来看，《罴说》里描写的鹿走而虎至，虎亡而罴来，后患无穷，后果也更严重。柳宗元以虎、罴这些凶恶的野兽比喻当时横行不法的藩镇军阀，以猎人最后葬身罴腹的下场暗示朝廷应改弦更张，增强实力，如果继续幻想“以藩制藩”，必遭“猎人”似的悲惨结局。以虎罴喻藩镇，以猎人与虎谋皮来喻朝廷的藩镇政策，讽喻性极强。

无论是讽刺现实、针砭时弊的《三戒》和《罴说》，还是表达志趣和情操的《吊苌弘文》《牛赋》《瓶赋》和《愚溪对》，抑或是抒发政治主张的《种树郭橐驼传》，皆不失为讽刺辛辣、幽默传神之作。但是，当我们读过之后似乎又都有些笑不出来。即便你真的被“黔之驴”的外强中干和“蝜蝂”的贪婪与爬高癖给逗笑了，但你的心情一定不会有读《郑人买履》《刻舟求剑》以及《守株待兔》那么轻松。相反的，我们却会感到一股浓重的悲哀与怨怼中所透出的忧愤情愫。柳宗元不像先秦诸子那样，“讲故事”是要讨人家喜欢，让人家接受自己的主张，而是要既揭开社会疮疤又针砭艾灸，让人灼痛，因而他讲述的故事，沉郁得令人窒息、冷峻得令人肃然。

总之，柳宗元寓言的叙述方式、思想表达及其情感传递，既有对先秦寓言的传承,又有时代政治的烙印,更有自身性情的约束,当然也少不了诸子百家以及史传文学的濡染。譬之多源之水,澄澈甘洌;风水相遭,异彩流光。

(原载:《金陵科技学院学报》(社会科学版),2014 年第 3 期,略有订正。)

卷十一　论晏殊的心灵冲突与人生境界

叔孙豹称“立德”“立功”“立言”为“三不朽”(《左传·襄公二十四年》)。孔颖达疏:“立德,谓创制垂法,博施济众,圣德立于上代,惠泽被于无穷。立功,谓拯厄除难,功济于时。立言,谓言得其要,理足可传,其身虽没,其言犹存。”(《春秋左传正义》)简言之,“立德”指道德操守,“立功”乃事功业绩,而“立言”则是著书立说以传之其人。其实此三者皆旨在追求某种身后“不朽之名”。古圣先贤的这种追求,正是超越个体生命而追求精神永存的贵族价值观,同时这种追求又恰好以符合社会群体利益的道德、事业、言论为个体精神价值无限延续的条件。但是这三者又不是并行的,立言只是退而求其次的选择。自韩愈倡言复古之后,“立言传道”“文道一统”已经成为正统文学的人本意识中最基本的共识之一。彭亚非说:“在写作理念中有意将意识形态言说的必要性与参与政治权利的运作区分开来,而与文学性追求合二为一。就中国文人对意识形态话语权的重视而言,这一理念的实质便是,当不能实现权力话语的直接在场的时候,文学写作可以帮助缺席者达到间接性的和永久性的话语在场……因此,文学立言观在某种程度上满足了中国文人意识形态权利话语的在场追求。”①

① 彭亚非:《中国正统文学观念》,北京:社会科学文献出版社,2007 年版,126 ~ 127 页。

孔子曰:“志于道,据于德,依于人,游于艺。”但其“游于艺”是以不放弃伦理道德理想为前提的,并不等于玩物丧志,其“艺”中自然应该包含着礼乐文化的风雅精神。“游于艺”虽不一定像经史那样述往思来,也应该在一定的意义上促成道德的艺术化。孔子又曰“有德者必有言”,虽然道与文常常不能完全统一起来,然而晏殊之“游艺”果真未“志道”“据德”乎?自陈子昂倡言“风雅”“兴寄”之后,诗歌就渐以社会性的群体情感为主,偏重政治主题,多抒写国家兴亡、民生疾苦、胸怀抱负、宦海浮沉之情怀,而个体的自我情感则以“小歌词”出之,故词则偏重以描写男欢女爱、相思离别。自花间派之后,宋初文人已有“诗庄词媚”的认识,但晏元献填词不离歌儿舞女,赋诗也必调风弄月,其诗词也清词丽句时见。在晏殊这里,诗词是一体的,同为释恨佐欢之作令后人有些费解。晏殊一生著述颇丰,然而大多散佚,所以我们只能从其仅存的两百多篇诗文中“以意逆志”。但是为了避免更多的解读者偏见,参合正史稗言“知人论世”以观其“小园香径独徘徊”是否仅是富贵闲愁,其“风雅”精神是否“在场”。王国维说:“是故由其世以知其人,由其人以逆其志,则古诗虽有不解则寡矣。”(《玉溪生年谱会笺序》)“逆知”晏公诗词中风雅精神往往“缺席”之背后的思想皈依则可待矣。

一、忧乐冲突中的“知足境界”

(一)名利知足

晏殊对生命体悟极深,其内心深处有三忧。其一,生忧——哀叹人生苦短。自幼来朝伴读的弟弟晏颖,在晏殊二十岁时便去世;次年父亲在杭州病逝,晏殊本应守制,但又被仁宗以“思臣心切”召回。回京不久,母亲又病逝;他的第一个妻子李氏是官宦之女,成婚两三年后便去世了;约在二十七岁时与他第二个妻子孟氏结婚,在他近四十岁时孟氏又病逝;他的第三个妻子王氏算是陪伴了他的后半生。经历了一系列的死亡事件，过早地体会了太多不幸的晏殊心理创伤极大，因此对生命及其敏感，哪怕在欢乐开怀时，也能引发他深沉的忧伤。其二，情忧——屡尝情感缺失。前两位妻子都可谓红颜薄命，唯独这位河东狮吼的王氏却偏偏长寿。晏殊曾有个家妓才貌双全，深得晏公爱怜，但是因妻子王氏妒忌，无奈只好将她卖掉，致使她流落街头，后来词人张先着词描绘其惨状，晏公不忍，又将其召回。晏殊的一生，喜欢的人，无法长久拥有，不喜欢的人，却又挥之不去，始终不能圆满。表面上富贵荣华，实际上大半生都在忍受情感的煎熬。其三，宦忧——忧谗畏讥。晏殊仕途一生都伴随着党争，宋真宗时寇准和丁谓，仁宗时吕夷简和范仲淹。晏殊正身处其间，一生如履薄冰，但还是三次遭贬，于是在晏殊的作品中人生苦短、及时行乐便成了主旋律。然而这一思想又与淡泊功利、乐天知命常常绞在一起。《酒泉子》："三月暖风，开却好花无限了，当年丛下落纷纷。最愁人。长安多少利名身。若有一杯香桂酒，莫辞花下醉芳茵。且留春。"暮春花谢，感人生之易逝，名利之虚逐，绝非仅仅叹老嗟伤之闲愁。《喜迁莺》："花不尽，柳无穷，应与我情同。觥船一棹百分空，何处不相逢。朱弦悄，知音少，天若有情应老。劝君看取利名场，今古梦茫茫。"看穿名利，古往今来名利场好似梦渺茫，这是对生命本体的感悟。《菩萨蛮》："高梧叶下秋光晚，珍丛化出黄金盏。还似去年时，傍阑三两枝。人情须耐久，花面长依旧。莫学蜜蜂儿，等闲悠飏飞。"以蜜蜂酿蜜暗喻官场争名夺利的生活。用唐代诗人罗隐诗句解释颇为贴切："不论平地与山尖，无限风光尽被占。采得百花成蜜后，为谁辛苦为谁甜？"以奉儒守官者视之，晏公乐天知命，而以道心法眼观之则安之若命。

（二）富贵知足

忧中作乐、苦中作乐——"行乐"是晏殊排解苦闷的方式之一。叶梦得《避暑录话》记载："晏元献公虽早富贵，而奉养极约，惟喜宾客,未尝一日不宴饮,而盘馔皆不预办,客至旋营之。”晏殊虽喜宾客宴饮,而从不铺张,但求菜蔬随时,从不追慕权贵们的竞豪奢式的生活。晏殊延客之意不在酒菜,而在乎诗词管弦之间。叶梦得《避暑录话》记载了一件事颇能说明晏殊人生感悟:“一日,游涡水,见蛙有跃而登木捕蝉者,既得之,口不能容,乃相与坠地,遂作《蜩蛙赋》。略云‘匿蒹质以潜进,跳轻躯而猛噬。虽多口以连获,终扼吭而弗制’。”[①]由于当时摄于明肃刘太后的权威,他在撰《章懿太后墓志》时隐瞒了仁宗身世的实情,而今仁宗亲政,遂贬晏殊知亳州。现在偶然见蛙捕蝉的情形忽悟得人生之真谛——贪多勿得反受其累也。欧阳修《晏公神道碑铭》曰:“其为政敏,而务以简便其民;其于家严,子弟之见有时。事寡姊孝谨,未尝为子弟求恩泽。在陈州,上问宰相曰:‘晏某在外,未尝有所请,其亦有所欲耶?’宰相以告公,公自为表问起居而已。故其薨也,天子尤哀悼之,赐予加等。以其子承裕为崇文检讨。孙及甥之未官者九人,皆命以官。”看来晏公的廉洁自律是深得到皇帝首肯的。

晏殊在生活上严格要求自己和家人,从不矜夸骄纵,他在与兄书中告诫家人说:“古今贤哲有识知耻者,量力度德,常忧不能任者不妄当负,以重愧责”“人事有何穷尽”“大抵廉白守分为官”“安泊家属,不必待丰足”(《答赞善家兄书》),就是说做官守住本分就好,不要奢求高官厚禄,不要追求奢华,生活够用就好。有一次,皇帝说喜欢他不爱好嬉游宴赏,但他却实告曰:“臣实非不喜爱嬉游宴赏,奈无钱为之。臣若有钱,嬉游宴赏,岂肯落人之后耶?”这段话十分巧妙,表面上是据实以陈,实则既以“自诩清廉”溢于言外又规避了对同僚的品评。要解释晏公此种行为之冲突,须深入其心灵深处,晏著《解厄学》八卷便是金钥匙。其《解厄学

① 《宋元笔记小说大观》,上海:上海古籍出版社,2007年版,2677页。

·戒欲》卷三曰:“欲大无根,心宽无恨;好之莫极,强之有咎。君子修身,避祸也;小人无忌,授首也;一念之失,死生之别也。”强调把握自己,修身避祸。晏公有超强的自省力和自我控制力,他时时刻刻告诫自己“欲”乃祸之端也。又曰:“悟者畅达,迷者困矣。”①晏公的“行乐”是以“洁身自好”为前提、以俸禄供给为前提,其“乐”者,是知足常乐、是乐天知命。

二、刚柔冲突中的“有容境界”

欧阳修《晏公神道碑铭》说:“公为人刚简,遇人必以诚,虽处富贵如寒士,尊酒相对,欢如也。得一善,称之如己出,当世知名之士如范仲淹、孔道辅等,皆出其门,及为相,益务进贤材。当公居相府时,范仲淹、韩琦、富弼皆进用,至于台阁,多一时之贤。”《西清诗话》说:“晏爱宋之才,雅欲旦夕相见,遂以第于旁近,延居之,其亲密如此。”叶梦得《石林燕语》载:“晏元献公喜荐引士类,前世诸公为第一。为枢府时,范文正公始自常调荐为秘阁校勘。后为相,范公入拜参知政事,遂与同列。孔道辅微时,亦常被荐。后元献再为御史中丞,复入为枢府,道辅实代其任……②”

(一)荐引士类时的以柔克刚

晏公举荐人才时常面临此人该不该荐、何时荐的抉择。范仲淹出其门下,晏公自然知其器识。司马光《涑水记闻》卷十记载:范仲淹丁母忧后,“服除,至京师,上宰相书,言朝政得失及民间利病,凡万余言,王曾见而伟之。时晏殊亦在京师,荐一人为馆职,曾谓殊曰:‘公知范仲淹,舍不荐,而荐斯人乎?已为公置不行,宜更荐仲淹也。’殊从之,遂除馆职。顷之,冬至立仗,礼官定议欲媚章献太后,请天子帅百官献寿于庭,仲淹奏以为不可。晏殊大惧,

① 晏殊:《解厄学》,海口:南方出版社,2006 年版,63 页。

② 《宋元笔记小说大观》,上海:上海古籍出版社,2007 年版,2557 页。

召仲淹,怒责之,以为狂。仲淹正色抗言曰:‘仲淹受明公误知,常惧不称,不知己羞,不意今日更以正论得罪于门下也。’殊惭无以应。”[①]“冬至立仗”是指天圣七年(1029)冬至,在一次晏公的宴请中,吕夷简有备而来地提出要皇帝率百官拜贺太后,并胁迫宰相王曾同意,时晏殊一言不发。继之此事就被提到朝廷上来,当时范仲淹就立即上书抗言说“亏君体,损主威”“天子有侍亲之道,无为臣之礼,有南面之位,无北面之仪”“不可为后世法”。[②] 这段记载透露三个方面的信息:第一,作为恩师,在自己要举荐人的时候他并没有首先想到范仲淹,反而是王曾一见而“伟之”并提醒他推荐,然后才是“公从之”,晏殊要先避嫌再求贤,当王宰相提醒时他就顺水推舟而已。谨慎如此!第二,“冬至立仗”之事,范仲淹“正色抗言”章献太后,晏殊大惧并担心累及自己,事后怒责仲淹。胆小如此!第三,当他责备范仲淹时,没想到范仲淹又正色辩解,而他又“惭无以应”,这又说明他对范仲淹的做法在价值观上是认同的,但他认为正确的事不一定都可以做,只是无法与范仲淹说得清楚而已。胸襟如此!喜荐引士类是其优点,而不敢担当也是其弱点,见识与胆识往往冲突,于是进退失据,“临大节”而权力话语“缺席”,这应是其“贵柔”“保身”的道家思想所致。

所谓以柔克刚非以己克人,而是以己之柔克己之刚。“贵柔”不是没有“刚”,晏殊还有“为人刚简”的一面。时机恰当时,他又表现为权力话语的在场,表现为儒家的积极进取和勇于担当。他知道只有适时的“刚简”才能更充分地体现人生价值,才能巩固并有所提升自己的地位。《晏公神道碑铭》:“太后谒太庙,有请服衮冕(古代帝王享祀先王时的服饰。《周礼·春官·司服》:‘享先王则衮冕。’)者,太后以问公,公以《周官》后服(《周礼》中有关后

① 《宋元笔记小说大观》,上海:上海古籍出版社,2007年版,873页。

② 李焘:《续资治通鉴长编》(卷一〇八),中华书局点校本,北京:中华书局,1979年版,2526~2527页。

的服饰。《周礼·天官·内司服》:'从王祭先王则服袆衣。')对。(由于太后权听军国事,故有人劝太后穿帝王之服去谒太庙,但晏殊认为太后只能是穿'后服',不能逾级。)太后崩,大臣执政者皆罢。公为礼部尚书知亳州,迁刑部尚书,复召为御史中丞,又为三司使。"此次建言虽遭贬但不久就"复召"了。真宗崩时有遗诏,令章献明肃太后权听军国事,宰相丁谓、枢密使曹利用,都想独见太后奏事,时无人敢言。晏公以知制诰微职挺身建言"毋得见,当垂帘听之",最终被太后采纳。丁谓乃执掌朝政的一品宰相,而曹利用也是主管军政事务的元老重臣,两人都想取得独见太后奏事的权利,他们究竟是为了自己履行政务之便,还是为了独揽朝政,不得而知。但晏殊建言,可谓铮铮矣。

《宋稗类钞》载:"苗振第四人及第,既而召试馆职。一日谒晏丞相,晏语之曰:'君久从吏事,必疏笔研。今将就试,宜稍温习也。'振率然答曰:'岂有三十而为老娘,而倒(衣朋)孩儿者乎?'……由是不中。"苗振以为自己已有出身,想倚老卖老,讨些便宜,晏公偏不买账,与擢拔寒士欧阳修相比,可谓泾渭分明。又如章太后要召张耆为枢密使,晏殊却进言:"枢密与中书两府,同任天下大事,就令乏贤,亦不宜使中才外之。耆无他勋劳,徒以恩幸,遂极宠荣,天下已有私徇非才之议,奈何复用为枢密使也?"(徐自明《宋宰相编年录》)顶住了太后的压力。因晏殊宁缺毋滥、择优进荐,故所荐大多为栋梁之士,在庆历新政中都起到了举足轻重的作用。晏公一生唯谨慎,但对于苗振,他有把握摆平,是可行的。对于章太后所荐的张耆,若据理力争,也必得同僚的支持,因此也是可行的。

晏殊荐人特点大体有三:第一,求实惜才不重门第,其《解厄学·求实》卷五曰:"不求于全,则不损于实;人无贱者,惟自弃也。”[①]《解厄学·向善》卷八曰：“名勿信，实勿怠。”[②]第二，求实向善不计恩怨，其《解厄学·向善》卷八曰：“君子亦怨，不误其事。小人亦友，不辍其争。”又：“言善未必善，观其行也。言恶未必恶，审其心也。”[③]第三，求实尚能不拘小节，《解厄学·求实》卷五曰：“致远者实，近利者虚；众趋者慎，己悦者进。”又：“大智无诈，顺乎天也；小智无德，背乎情也。”[④]晏公的“求实向善”以“解厄”为旨归，因此他的“知人善任”则是有条件的，是在相对安全的条件下施行的。因晏公由胆小而知足，进而在自身刚柔之两性挣扎之后，常常表现为贵柔的特质。

（二）抒情言志时的柔中带刚

晏公写富贵惟说气象，赋闲情粉面青娥，但《珠玉词》中也并非全无风人之旨，只是风雅来得不觉耳。清人张惠言、谭献、黄蓼园等常州派及近人刘永济等又说晏殊词无讽喻寄托。晏殊崇尚“藏锋隐智”，但其风雅精神也非“羚羊挂角”，其作品中还有一种难以言喻的情绪会时时浮现出来，而这更是诗人最渴望倾吐的东西。《踏莎行》：“细草愁烟，幽花怯露，凭栏总是销魂处。日高深院静无人，时时海燕双飞去。带缓罗衣，香残蕙炷，天长不禁迢迢路。垂杨只解惹春风，何曾系得行人住。”全篇笼罩着哀怨，表面写伤感离别、男女相思、情场失意，但更主要是隐喻着官场斗争中失败的情绪，虽然他的宦海很少大的沉浮。刘永济分析此词说：“仁宗朝朋党之祸已兴，晏殊与孔道辅、范仲淹、余靖、尹洙、欧阳修相善，而与吕夷简不和。及夷简为相，就因故贬孔、范、余、尹诸人。而此词，当即暗指此事。垂杨似指同党之谏官，言谏官虽犯颜谏诤皇上（春风），何尝能留住被逐之人（行人）。”哀怨而又宽

① 晏殊：《解厄学》，海口：南方出版社，2006年版，125页。
② 晏殊：《解厄学》，海口：南方出版社，2006年版，215页。
③ 晏殊：《解厄学》，海口：南方出版社，2006年版，215页。
④ 晏殊：《解厄学》，海口：南方出版社，2006年版，125页。

和,此词可谓寄托遥深。晏殊绝不使用穷形尽相的语言,不写情调低下的庸俗之作。但蒲传正认为词中的“年少”是“新欢”。其实此词之背景是仁宗亲政后罢免诸执政大臣这一大事,晏殊把“年少”来喻仁宗(二十四岁),但又不能对蒲传正直言,只好以白乐天诗句来回答蒲传正。《玉楼春》:“绿杨芳草长亭路,年少抛人容易去。楼头残梦五更钟,花底离愁三月雨。无情不似多情苦,一寸还成千万缕。天涯地角有穷时,只有相思无尽处。”一词述尽男女相思之情,但刘永济认为是“论闺情以抒己情”,“因所托之情,关涉朝政,不便明言,故托之以闺情”(《唐五代两宋词简析》)。《山亭柳·赠歌者》:“家住西秦,赌博艺随身。花柳上,斗尖新。偶学念奴声调,有时高遏行云。蜀锦缠头无数,不负辛勤。数年来往咸京道,残杯冷炙谩消魂。衷肠事,托何人?若有知音见采,不辞遍唱《阳春》。一曲当筵落泪,重掩罗巾。”此词写于暮年知永兴军时,晏殊仕途屡遭挫折,感情便与天涯沦落相通,一反雍容华贵、娴雅婉约词风而激越慷慨、悲凉感人。他通过描写被损害、被侮辱的歌女的悲惨命运,抒发自己对朝廷不辨贤愚、不识忠奸、轻谴大臣的愤懑和不平,具有较深刻的思想内涵。《采桑子》:“红英一树春来早,独占芳时。我有心期。把酒攀条惜绛蕤。无端一夜狂风雨,暗落繁枝。蝶怨莺悲。满眼春愁说向谁。”讽喻仁宗亲政后罢免诸大臣一事件。明道二年(1033)三月,刘太后去世,仁宗亲政,四月罢吕夷简、晏殊等。罢相五年后(1038)作《诉衷情》:“数枝金菊对芙蓉。摇落意重重。不知多少幽怨,和露泣西风。人散后,月明中。夜寒浓。谢娘愁卧,潘令闲眠,心事无穷。”曲终人散,家事国事平生事一齐袭来,表现受委屈的幽怨之情,借助西风“和露泣”,表现“心事无穷”。一方面委屈又不敢直言,另一方面忧国忧君又不得回朝,充满矛盾。再看《破阵子》:“多少襟怀言不尽,写向蛮笺曲调中。此情千万重。”就更不难理解晏殊的一怀愁绪来自何处了。《清商怨》:“关河愁思望处满,渐素秋向晚。雁过南云,行人回泪眼。双鸾衾裯悔展,夜又永,枕孤人远。梦未成归,梅花闻塞管。"写征人思乡,悲凉苍劲,不亚于李益的"不知何处吹芦管,一夜征人尽望乡",可谓开范仲淹《渔家傲》之先声。

晏殊的诗也不乏风雅之作:"平台千里渴商霜,内史忧民望最深。衣上六花非所好,亩间盈尺是吾心。"宋代诗人写雪诗的颇多,但大多着眼于铺写上林琼苑之雪景(王禹偁除外),晏殊能以七绝咏雪来表现对农民生活的关心颇为难得。《吊苏哥》曲折反映官场的俗态:"苏哥风味逼天真,恐是文君向上人。何日九原芳草绿,大家携酒哭青春。"这是为悼念一位笃信殉情的营妓而写,但其主旨在于讽喻当时"士大夫受人眄睐,随燥温变渝,如翻覆手,曾一女子不若"(《西清诗话》)的世态人情。《咏上竿伎》:"百尺竿头袅袅身,足腾跟倒骇傍人。汉阴有叟君知否,抱瓮区区亦未贫。"意在劝讽人世的翻覆机巧,主张为人处世的淳朴正直,表现了他对当时宦海风云的深长感喟,并且还把此诗题在书壁间。《西垣榴花》:"山木有甘实,托根清禁中。岁芳摇落尽,独自向炎风。"托寓了自己守清持节的高尚情意。

(三)晏殊与范仲淹、欧阳修、王安石师生的情感纠葛

晏殊与范仲淹之交可谓至深至厚,叶梦得《石林燕语》卷九载:"范文正公以荐入馆晏元献,终身以门生事之,后虽名位相亚亦不敢少变。"[①]晏殊是范仲淹的恩师,范仲淹年齿长晏殊两岁,而范仲淹终身殷勤执弟子礼甚恭,这一点也正足资证明晏殊之品格。"冬至立仗"之事仲淹曾惹晏公不爽,但康定元年(1040)范仲淹被诬陷,晏殊仍然上书力陈"仲淹素直"。

欧阳出身寒微,曾两次落第,天圣八年(1030)"翰林学士晏公知贡举,公复为第一"(《欧阳修年谱》);庆历三年(1043)"殊初之

① 《宋元笔记小说大观》,上海:上海古籍出版社,2007 年版,2558 页。

相，擢欧阳修等为谏官。”（徐自明《宋宰辅编年校补》）据赵令畤《侯鲭录》卷四记载：“晏元献公作相，因雪设客，如欧阳文忠公辈在座。时西方用兵，欧公有诗云：‘主人与国共休戚，不惟喜悦将丰登。可怜铁甲冷彻骨，四十余万屯边兵。’次日，蔡襄遂言其事，晏坐此罢相。公曰：‘唐裴度作相，亦曾邀文士饮，如退之但作诗云：园林穷胜事，钟鼓乐清时。几曾如此合闹。[①]”后人批评说当时正值西夏元昊用兵，晏公为宰相，当佐天子择将帅，恤士卒。晏公因此事被蔡襄上奏而罢相，也因此背上只顾个人享乐，不顾百姓死活的恶名，据说晏殊此后曾对欧阳修十分简慢，固有“晏公不喜欧公”之说。但观欧公为晏公所作《晏公神道碑铭》犹不吝溢美之词，这又说明晏公对与欧阳修的私人恩怨等个人情感分寸的把握得还是十分得体的。

王安石以第四名科第，一日往谢晏公，“晏公俟众人退，独留荆公，再三谓曰：‘延评乃殊乡里，久闻德行乡评之美，况殊备位执政，而乡人之贤者取高科，实预殊荣焉。’又曰：‘休沐日相邀一饭。’荆公唯唯。”又一日饭罢延坐，晏公谓荆公曰：“乡人他日名位如殊坐处，为之有余矣。”且欢慕之又数十百言。继之，“晏公泛谓荆公曰：‘能容于物，物亦容矣。’荆公但微应之，遂散。公归至旅舍，叹曰：‘晏公为大臣，而教人者以此，何其卑也。’心颇不平。”[②]由于晏公乡党观念、名利观念太重而致使王安石曾另眼看之。《宋稗类钞》记载王琪、张亢一次同为晏殊的座上客，二人互开玩笑：“亢体肥，王琪目为牛。琪瘦骨立，亢目为猴。”此二人不但其貌不扬，而且开玩笑还不顾场合，也常常失却体统，甚至有时还把玩笑开到晏殊的头上，但晏公对此也并不介意。孔平仲《孔氏谈苑》载：“晏丞相知南京，王琪、张亢为幕客，泛舟湖中，只以诸妓自

① 《宋元笔记小说大观》，上海：上海古籍出版社，2007 年版，2063 页。

② 夏承焘：《二晏年谱》，《夏承焘集》（第一册），杭州：浙江古籍出版社、浙江教育出版社，1997 年版，236 页。

随。晏公把舵，张、王操篙。琪南方人，知行舟次第，至桥下，故使船触柱而横，厉声呼曰：'晏梢使柁不正也。'①"王琪之戏言暗喻晏公人品，正说明晏公的口碑乃褒贬俱在。《解厄学·向善》卷八曰："恶惑愚不惑智也。善贵诚不贵法也。"②能用人还要能容人，有容乃大也。由胆小而知足，并进而贵柔，又进而有容。

晏殊对社会人生的思考总是充满着矛盾，因此他也无时无刻不体味着人生的无奈与苦涩，其诗词总是被寂寞孤独的失落感所笼罩。如"好月谩成孤枕梦，酒阑空得两眉愁""闲役梦魂孤烛暗""酒醒人散得愁多""满目山河空念远，落花风雨更伤春""窗间斜月两眉愁，帘外落花双泪堕""独凭栏朱，愁放晴天际。空目断，遥山翠"。他以艺术的方式感知生活和理解生活进而超越生活，他的艺术思考和哲学思考都来自所处的政治环境，他用忧患苦涩搅拌着心安逸乐来品味人生的意义和价值。他的名句"无可奈何花落去，似曾相识燕归来。小园香径独徘徊"把这种充满冲突的心境抒发得淋漓尽致。诗人内心是挣扎的，他的追名逐利之火涌动的同时，他的汪洋淡泊之水也漾微波。在家中不能我行我素，朝堂上身居要津也不敢据理力争，好人不好做，大事不敢做，进退维谷，最后他只好把"知足"与"有容"融入"独徘徊"之中，而其风雅精神就表现为隐约的"在场"。不可摆脱的深刻的忧患意识与不可退却的人生责任感交织在一起，在晏殊身上构成了复杂的"心灵冲突"与理性涵养。因此知足与有容，既是禀赋也是感悟，既是枷锁也是解释。

（原载：《金陵科技学院学报》（社会科学版），2011 年第 4 期）

① 《宋元笔记小说大观》，上海：上海古籍出版社，2007 年版，2255 页。
② 晏殊：《解厄学》，海口：南方出版社，2006 年版，215 页。

卷十二　论晏殊
的儒道冲突与圆融境界

晏殊的诗词作品中充斥着一个“愁”字，在宋代儒释道“三教圆融”的文化背景里，晏殊消解愁思的方式，既有对现实生活的深情执着，也有旷达超然的处世智慧，表现出了宋代文人和谐的人格结构和处世哲学。所以，晏殊对人生虽有沉重的感性体悟，但犹能保持一种圆融的理性思致，可谓情中有理。

道家认为自然界和人类社会是变动不居的，对立双方既相依存又相转化。老子说：“有无相生，难易相成，长短相形，高下相倾。”“曲则全，枉则直；洼则盈，敝则新；少则得，多则惑。”所以晏公要不断在有无、祸福、刚柔、强弱、损益、大小、轻重、智愚、巧拙、生死、胜败、进退等之间权衡，不断于儒道之间徘徊。然而，儒道之于“穷者”则互补，之于“达者”则冲突。此时，儒道之出处观在晏殊这里又达成了新的和解，即“以道化儒”，同时再加以独特的“诗情消解”。

一、“藏锋隐智”与“惟说气象”

据大量文献记载，晏殊平生以诗闻名，不仅数量丰富，而且流传甚广，欧阳修《晏元献公挽词三首》曰：“一时闻望朝廷重，余事文章海外传。”他在后期的西昆派中处于近似宗主的地位，只是因为其诗集久佚，所以后人圈点阙如，而品评《珠玉词》者甚多。据一些零散资料可知，晏殊诗学主张是咏太平诗、唱太平调，坚守前期西昆派的立场，主张雅颂之音，反对诗歌反映严酷的社会现实。关于晏公与欧阳修宴饮赋诗发生冲突一事①，我们不能因此而断言晏殊就是只顾自己享乐而不顾百姓死活的"清客宰相"，我们更不能要求每个人都能做到"一饭未尝忘君"，当然也不能因此而简单地把此事说成两种文学观念的冲突，其更深层的原因还应是晏殊奉行圆融的人生哲学。

对于《珠玉词》，历来褒贬俱存。王灼评价晏殊词"风流蕴藉，一时莫及，而温润秀洁，亦无其比"（《碧鸡漫志》）。吴处厚《青箱杂记》说："尝览李庆孙《富贵曲》云：'轴装曲谱金书字，树记花名王作篆。'公曰：'此乃乞儿相，未尝谙富贵者，故余每吟咏富贵，不言金玉锦绣，而惟说气象。若"楼台侧畔杨花过，帘幕中间燕子飞""梨花院落溶溶月，柳絮池塘淡淡风"之类是也。'故公自以此句语人曰：'穷儿家有这景致也无？'"宋人葛立方评曰"此自然有富贵气"，清人冯班评曰"自然富贵，妙在无金玉气"。晏殊赋诗填词一以贯之者，惟说气象，表面看来是"作诗必此诗"的"粘皮带骨"与"不切而切"的"虚实相生"之美学境界之高下，实则乃圆融人格的艺术外显。惟说气象，不关风化也！

晏公擅说富贵气象，更擅作男子闺音。《珠玉词》中有八十三首写酒，其中酒筵应歌祝寿的词约有三十多首；有三十左右首词写歌儿舞女，用了约二十个词语来代称，如：谢娘、萧娘、舞娥、青娥、修娥、越娥、仙娥、佳人、美人、丽人、玉人、玉女、仙女、侍女、红衫侍女、朱唇、粉面、文君、玉真、小妹等。但在与柳永词的对比中，尤见二人之雅俗异趣："柳三变既以词忤仁庙，吏部不放改官。三变不能堪，诣政府。晏公问：'贤俊作曲子么？'三变曰：'只如相公，亦作曲子。'公曰：'殊虽作曲子，不曾道彩线慵拈伴伊坐。'柳遂退。"（张舜民《画墁录》）其子晏几道也说"小词虽多，未尝作妇

① 李万堡：《论晏殊的心灵冲突与人生境界》，《金陵科技学院学报》（社会科学版），2011年版。

人语也”(《苕溪渔隐丛话》前集卷二十六)。晏词雅归雅,但也找不出像范仲淹《渔家傲》《苏幕遮》那样的豪言壮语。虽说此时宋人体认诗词有别,独尊“花间”本色,但也时有雄豪之作,如欧阳修之“挥毫万字”、王安石之“登临送目”、苏轼之“大江东去”。凭晏公之高位,宦海感慨必定良多,然诗词之中难见风雅精神之在场,这就不能不说另有其因了。其《解厄学·藏锋》卷一云:“厄者,人之本也。锋者,厄之历也。厄欲减,才莫显。”[①]他认为要想减少困厄就不要轻易显露锋芒。《解厄学·藏智》卷二曰:“上惟忠,能次之;下惟实,术次之;不明其心,厄之难止。愚者言智,愚也;智者言智,祸也。”[②]他说上司强调的主要是忠诚,其次才是才能。又说和智慧的人谈智谋是招祸的行为。宋人博取功名、跻身为官的普遍心态是耽安求富,一旦身居高位后就要藏而不露,晏殊也不例外。他自己曾说:“小饭防噎,跬行虞跌。”[③]晏殊与吕夷简在有宋一朝都做过很长时间的宰相。范仲淹做宰相的时间则很短。晏殊的业绩虽比不了长居首相位的吕夷简,连做过短暂的副相范仲淹也比不了。范仲淹在“庆历新政”中仅用了两年左右时间就足以名垂青史。庆历三年(1043)三月,晏殊取代吕夷简,任刑部尚书加同中书门下平章事、集贤殿大学士兼枢密使,章得象为昭文馆大学士,杜衍亦出任枢密使,反对派夏竦为枢密使,贾昌朝参知政事,欧阳修等相继任谏官。九月,范仲淹提出《十事疏》,皇帝御批:“朕用韩琦、富弼、范仲淹,皆公议人望之所归。凡所议事,仰章得象、杜衍以下公心协力行之。”(《三朝名臣言行录》)皇帝的态度已经以十分明确。施德操《北窗炙輠录》卷上载:“晏元献公为宰相,兼枢密使,范文正参知政事,韩魏公、富郑公枢密副使,一

① 晏殊:《解厄学》,海口:南方出版社,2006 年版,1 页。
② 晏殊:《解厄学》,海口:南方出版社,2006 年版,33 页。
③ 《钦定四库全书集部·元献遗文·几铭》,北京:紫禁城出版社,2004 年版,1087 - 34 页。

时人物之盛如此。而范、韩二公与元献有旧,故荐之,而富公,其婿也。元献以嫌欲避位,而仁宗不许。夫宰相用人,正当如此,顾人才何如耳,安问亲旧乎?”[①]此可谓天时、地利、人和,按理说这次改革的成算应该很大,但晏殊却因为其女婿为枢密副使而引嫌请罢,名为避嫌,实则胆小。虽然此请求仁宗未许,但晏殊对于“新政”却一直若即若离。要知道晏殊身居首相要职,他的意见可谓举足轻重。当改革派备受打击时,晏殊虽已罢相,又不能以元老重臣的身份仗义执言[②]。在庆历新政中,有人曾攻击张方平是“奸邪”旧党:“在朝奸邪者,既欲因奏邸事倾正人,宰相章得象、晏殊不可否,参知政事贾昌朝阴主之,张方平、宋祁、王拱辰皆同力以排……公(范仲淹)徐进曰:‘益柔狂语,何足深校?方平等皆陛下近臣,今西方用兵,大事固不少,不闻略有论列,而同状攻一王益柔,此亦其意可见也。’上意释然。”(《韩魏公集》卷十三《家传》)在张方平、宋祁等同力抵制贾昌朝等奸党之际,首相晏殊却不置可否,还是范仲淹挺身而出给皇帝解释清楚。据方健分析,庆历新政的失败大体上有三点原因:一是仁宗皇帝的软弱无能动摇反复,二是执政大臣政见异趣而不能同心同德,三就是在关键时刻晏殊不建一策。[③] 反观范仲淹:“希文登朝廷,与国论,每顾事是非,不顾自身安危,则虽有东南之乐,岂能为有忧天下之心者乐哉!”(《欧阳修集》卷六十七《与范希文书》)范仲淹《润州谢上表》曰:“进则持坚正之方,冒雷霆而不变。退则守恬虚之趣,沦草泽以忘忧。”(《范仲淹集》卷十五)在这一点上,晏公与范仲淹、欧阳修皆有天壤之别。欧阳修《晏元献公挽辞》评价说:“富贵悠游五十年,始终明哲保身全。”正是这种隐藏与圆融铸就了他的“惟说气象”,从而也失却了风雅。天下大事,骨骾在喉,不吐不快,但吐

① 《宋元笔记小说大观》,上海:上海古籍出版社,2007 年版,3315 页。
② 方健:《范仲淹评传》,南京:南京大学出版社,2001 年版,234 ~ 242 页。
③ 方健:《范仲淹评传》,南京:南京大学出版社,2001 年版,276 ~ 279 页。

之容易招祸,隐藏孤独寂寞,遂以富贵气象消解。于是《珠玉词》一百多首也不抵范仲淹一首《渔家傲》影响之大。

二、“淡泊名利”与“计较名利”

晏殊在隐智藏锋、戒欲节情人生观指导下而“知足常乐”,其实他内心非常计较当下之名利,这是“知足”的起码条件。他曾说“人生行乐耳,何自苦如此”(《道山清话》),于是在诗词中就一任调风弄月,醉生梦死。他在词中写道:“劝君看取名利场,今古梦茫茫”“当歌对酒莫沉吟,人生有限情无限。”那么,要想留住这个名利就必须有所节制,这正是晏公高于一般人之处。

由于晏殊心中有太多的纠结与无奈,因此其富贵气象的背后清晰地透出了其人格与性格的冲突,使他“临大节”时往往无奈地缺席,尽量躲避政治焦点。江休复《江邻几杂志》载:“晏相言:‘昨知制诰误宣入禁中,真宗已不豫,出纸文字,视之,乃除拜数大臣奏。臣是外制,不敢越职领之。’须臾,召到学士钱惟演。晏奏:‘臣恐泄漏,乞宿学士院。’翌日,麻出,皆非向所见者,深骇之,不敢言。”①费衮《梁溪漫志》:“苏子美奏邸之狱,当时小人借此以倾杜祁公、范文正,同时贬逐者皆名士,贱人至有‘一网打尽’之语。独韩魏公、赵康公靖论救之,而不能回也……诸台益忿,重以秽渎之语上闻,列章墙进,取必于君,知二相胆薄畏事,必不敢开口以辩。既而起狱,震动都邑,又使刻薄之吏当之。”②

在封建集权政治之下,有时候,自己的命运自己是无法掌控的,即使你有再好的规避方法。文莹《湘山野录》载:“晏元献公撰《章懿太后神道碑》,破题云:‘五岳峥嵘,昆山出玉;四溟浩渺,丽水生金。’盖言诞育圣躬,实系懿后。奈仁宗夙以母仪事明肃刘太后,膺先帝拥祐之托,难为直致,然才者则爱其善比也。独仁宗不

① 《宋元笔记小说大观》,上海:上海古籍出版社,2007年版,594页。
② 《宋元笔记小说大观》,上海:上海古籍出版社,2007年版,3417页。

悦,谓晏曰:‘何不直言诞育朕躬,使天下知之。’晏公具以前意奏之。上曰:‘此等事卿宜置之,区区不足较,当更别改。’晏曰:‘已焚草于神寝。’上终不悦。”①《龙川别志》载:“章懿之崩,晏殊撰志文,只言生女一人,早卒。仁宗恨之,及亲政,出志文以示宰相曰:‘先后诞育朕躬,殊为侍从,安得不知?’吕文靖曰:‘殊固有罪,然宫省殊之不审,理容有之。然方章献临御,若明言先后实生圣躬,事得安否?’上默然良久,命出殊守金陵。”②明肃刘太后朝纲在握得罪不起,已故章懿太后——皇帝的生母也得罪不起,晏公跋前疐后也!

晏殊如此小心也曾三次罢相。第一次是因为章献太后垂帘听政时要提拔张耆为枢密使,晏殊上疏论“不可”,忤太后旨。时晏殊大怒,“以笏撞之折齿,御史弹奏,罢知宣州”(《宋史》),遂罢枢密副使。第二次是因仁宗亲政得知自己的真实身世而怪晏殊所撰《章懿太后神道碑铭》欺君。晏殊内心委屈也不肯辩解,遂罢参知政事。第三次是庆历四年(1044)九月,表面是由于出欧阳修为河北转运使,谏官奏留,晏殊不准,而被认为是晏与欧不协,图报复为起因。其实根本原因是谏官孙甫和蔡襄借机旧事重提,激起仁宗对李氏碑铭的旧恨,加之八王“图谶”之说,正中仁宗下怀。再有孙、蔡捏造晏殊“役官兵治僦舍以规利”的罪名,仁宗终于找到了理由贬晏殊,既能除却多年的心恨,又能免于泄私债之嫌。这后两次罢相纯粹都是宫廷斗争的结果。

晏殊对社会人生的思考总是充满着矛盾,因此他也无时无刻不体味着人生的无奈与苦涩,其诗词总是被寂寞孤独的失落感所笼罩。如“好月谩成孤枕梦,酒阑空得两眉愁”“闲役梦魂孤烛暗”“酒醒人散得愁多”“满目山河空念远,落花风雨更伤春”“窗间斜月两眉愁,帘外落花双泪堕”“独凭栏朱,愁放晴天际。空目

① 《宋元笔记小说大观》,上海:上海古籍出版社,2007年版,1396页。

② 苏辙:《龙川略志》,上海:上海古籍出版社,1991年版,1037-46页。

断,遥山翠”。他以艺术的方式感知生活和理解生活进而超越生活。他的艺术思考和哲学思考都来自所处的政治环境。他用忧患苦涩搅拌着心安逸乐来品味人生的意义和价值。他的名句“无可奈何花落去,似曾相识燕归来。小园香径独徘徊”把这种充满冲突的心境抒发得淋漓尽致。诗人内心是挣扎的,他在艺术上则“藏锋隐智”“惟说气象”,他在政治和生活中则“淡泊名利”,而这淡泊的背后则又是“计较名利”的以退为进哲学。好人不好做,坏人不能做,进退维谷,于是只好以“知足”为“淡泊”,以“有容”为“藏锋”,最后以儒道调和的境界“圆融”覆盖他的全部人生哲学。因此,当不可摆脱的深刻的忧患意识与不可推却的人生责任感交织在一起的时候,在晏殊身上构成了复杂的“心灵冲突”与理性涵养,其笔下就呈现出风雅精神的隐约在场。

(原载:《金陵科技学院学报》(社会科学版),2012 年第 1 期)

卷十三　论东坡体与“通、随、拗”

东坡尝言“出新意于法度之中，寄妙理于豪放之外”，所谓之“法度”，实时下流行的倚红偎翠、绮错婉媚之声；所谓“出新意”，即“冲口出常言，法度去前轨”“无意不可入，无事不可言”而“自是一家”。刘克庄说：“有汗漫者，有典丽者，有丽缛者，翕不开阖，千变万态。”（《后村诗话》）叶燮说：“其境界皆开辟古今之所未有，天地万物，嬉笑怒骂，无一鼓舞于笔端。”①诗词一理，木斋道出其“自是一家”的缘由：“以审美人生来审视苏轼，则苏轼诗文艺术的种种怪怪奇奇的现象，都可以大致寻觅到源头。东坡作词，之所以能不理会所谓词体的当行本色，出新意诗人雅词于词体别是一家的法度之中，寄士大夫精英文化于豪放风格之外，都与苏轼的这种审美人生观念有着渊源关系。‘以诗为词’的文学破体创作，无视每种文学体裁的当行本色的规矩，是因为苏轼原本就没将这些法则规矩看得很重，诗文也好，绘画也好，都不过是我在创造中愉悦的载体而已，‘文以达吾心，画以适吾意’，达心适意，正是审美与法则之间的极好说明。”②不仅表现在苏轼的各类艺术上，甚至还表现在日常生活和政治生涯中，尤其是他把文学紧紧与政治拴在一起，致使授人以柄而蒙乌台诗案。前相恩师张方平为营救他而上皇帝书中已把苏轼的性情揭示出来了：“早尝识其

---

① 叶燮：《原诗》（卷一），郭绍虞：《清诗话续编》，上海：上海古籍出版社，1999年版，570页。

② 木斋：《苏轼的审美人生态》，《中国苏轼研究》（第二辑），北京：学苑出版社，2005年版，144页。

为人,起远方孤生,遭遇盛名之世……轼自谓见知明主,亦慨然有报上之心。但其性资疏率,阙于慎重,出位多言,以速尤悔。”[1]苏轼说想说的话,做该做的事。

王灼说“长短句虽至本朝盛,而前人自立与真情衰矣”[2],然而苏轼却无处不见“真性情”。退之“以文为诗”,性也,子瞻“以诗为词”,亦性也。元好问说“唐歌词多宫体,又皆极力为之。自东坡一出,性情之外不知有文字”[3],这是至论。人格即词格,或曰东坡词体即性情体。“立朝大节”,心系庙堂,关心民瘼是他的“真性情”,作词不规模前人,不俯仰流俗,也是“真性情”。察其源,此“真性情”内涵之生成首先源自庄子的“朴素为美”“法天贵真”的风格境界。庄子说“能体纯素,谓之真人”(《刻意》),就是剔除矫饰、纯任自然、真诚率性。庄子认为审美对象或文艺创作客体之理想风格境界就是“朴素”与“自然”,即创作主体表现出的本然状态和文学作品不假雕琢的美学风格。其二是“天人合一”的“物化”境界,就是主体“自然”与客体“自然”合而为一。然而本文要追究的是“真性情”之表征,似以“通、随、拗”三性诠释之当为恰切。

一、打通后壁说话

“通”即通贯与通透。刘熙载说他“善于打通后壁说话”,“后壁”即终极界限而或无可度越。文学与生活、与政治及其各种艺术形式之间本有界限,但因苏轼是一位天才的复合型的艺术家,他具备了打通的学力,又加之性情旷放而好“自出新意”,天生的“通透”性情,于是能在各领域都独树一帜。

---

① 张方平:《乐全集》,《苏轼资料汇编》,北京:中华书局,1994 年版,5 页。

② 王灼:《碧鸡漫志》,《中国文学批评通史》(卷四),上海:上海古籍出版社,1996 年版,618 页。

③ 元好问:《新轩乐府引》,《中国文学批评通史》(卷四),上海:上海古籍出版社,1996 年版,1069 页。

元遗山祖述东坡“无意为文”的观点云：“无意于相求，不期而相遭，而文生焉……谓东坡翰墨游戏，乃求与前人决胜负，误矣。自今观之，东坡胜处，非有意于文字之为工，不得不然之为工也。”[①]就是确认东坡“性情”的统帅作用。其“性情”的表达方式就是对多种艺术风格的推崇，从艺术形式上打通诗、词、文、书、画的创作藩篱，基于人格与学养的灵动，达到“有所不能已而作者”之任性境界。

第一，打通词与政治及生活的后壁。元丰七年（1084）四月，他自黄州量移汝州，沿江东下，路过润州时，曾以藏头词《减字木兰花》词为两歌妓脱籍：“郑容好客，容我楼前堕帻。落笔生风，籍籍声名不负公。高山白早，莹骨球肌那解老。从此南徐，良夜清风月满湖。”首字连读便是“郑容落籍，高莹从良”八字。宋人孙宗鉴的《东皋杂录》和陈善的《扪虱新话》均有记载，陈善还说：“此老真尔狡狯耶？”

第二，打通诗与词的后壁。东坡“以诗为词”“自是一家”，并非有意与“柳七郎风味”较劲，只是声称“聊备一体”而已。其散文在“八大家”中也是以放笔“破体”而著称的，他的记、序、传文，更是经常别出心裁，不守常规，自由表达，打破“文”与“道”的统一。南宋曾季狸称苏轼“东坡之文妙天下，然皆非本色，与其他文人之文、诗人之诗不同……然皆自极其妙。”[②]苏轼的散文非本色，而“以文为诗”也非诗之本色，他也自言“诗以奇趣为宗，反常合道为趣。”[③]正因此赵翼反而对苏诗评价更高：“才思横溢，触处生春。胸中书卷繁富，又足以供其左抽右旋，无不如意。尤其不可及者，

---

① 苏洵：《仲兄字文甫说》，《三苏全书》（卷六），北京：语文出版社，2001 年版，247 页。

② 曾季狸：《艇斋诗话》，丁福保：《历代诗话续编》，北京：中华书局，1983 年版，281 页。

③ 苏轼：《书柳子厚渔翁诗》，《苏轼佚文汇编》卷五《苏轼文集》，北京：中华书局，1986 年版。

天生健笔一枝，爽如哀梨，快如并剪，有必达之隐，无难显之情。此所以继李杜后为一大家也。”[①]综上所论，苏轼的诗、词与文，皆率性写来、“要非本色”，但又各尽其妙。

第三，打通书画与传统的后壁。王水照说：“即从写实（唐代）转向写意，也就是‘文人画’的观念在此形势下产生。苏轼正是在理论上提出‘士人画’（即后来所谓‘文人画’，宋以后成为‘国画’主流）的第一人。”[②]，苏轼画作的抒情手段是“枯木怪石”“墨竹”“寒林”，这也足见苏轼的不同流俗之处，南宋邓椿云：“所作枯木，枝干虬屈无端倪，石皴亦奇怪，如胸中盘郁也。作墨竹，从地一直起到顶，或问何不分节，曰：‘竹生时何尝逐节生耶？’虽文与可自谓‘吾墨竹一派在徐州’，而先生自谓‘吾为墨知尽得与可之法’，然先生运思清拔，其英风劲气来逼人，使人应接不暇，恐非与可所能拘制也……是亦得从心所欲不逾矩之道也。”（宋临安府陈道人书籍铺刻本《画继》卷三）“先生戏笔所作枯株竹石，虽出一时取适，而绝去古今画格，自我作古。”[③]更显奇想远寄。

东坡书法名气比绘画大，也尽显其胸襟，成为由唐人“法度”转向宋人“笔墨趣味”的关键。他早就有“我书意造本无法，点画信手烦推求”[④]的自在精神，以创新为准则而不以大师抑或时俗为准则的审美追求，强调造“字”而忽视笔法，说“不恨臣无二王法，恨二王无臣法”（《跋山谷草书》），“颜公变法出新意，细筋入骨如秋鹰”（《孙莘老求墨妙亭诗》），“吾书虽不甚佳，然自出新意，不践古人，是一快也”（《评草书》）。黄庭坚云：“东坡先生晚年书尤豪壮，挟海上风涛之气，尤非他人所到也。”（《丛书集成初编·山

① 赵翼：《瓯北诗话》，丁福保：《历代诗话续编》，北京：中华书局，1983 年版，1195 页。

② 王水照、朱刚：《苏轼评传》，南京：南京大学出版社，2004 年版，465 页。

③ 何撰：《春渚纪闻》，《苏轼资料汇编》，北京：中华书局，1994 年版，153 页。

④ 苏轼：《石苍舒醉墨堂》，《三苏全书》（卷六），北京：语文出版社，2001 年版，495 页。

谷题跋·跋伪作东坡书简》)

二、随物不随人

性情旷放、“任真”非仅见于“打通后壁”，他在政治生涯中所表现出来的人格更见其性。

第一，为政“非随时上下”。艺术与生活皆“随”，而政治上却始终保持着独立的“孤忠”品格，在党争不断年代不偏不倚，在艺术上他执拗于独立思考，皆本于真性情。他元丰八年《乞常州居住表》云：“近者蒙恩量移汝州，伏读训词，有‘人材实难，弗忍终弃’之语，岂独知免于缧绁，亦将有望于桑榆。但未死亡，终见天日。岂敢复以迟暮为叹，更生侥觊之心。”①他虽希望能到常州调养，但同时也表达了他对神宗皇帝的拳拳感恩之心。王应麟《困学纪闻》说：“‘更无柳絮随风舞，惟有葵花向日倾。’见司马光之心；‘浮云时事改，孤月此心明。’见东坡公之心。”历史证明北宋的灭亡也正是由于君庸政烂，佞幸谋权利，庸臣谋全身。而如坡公之“直道谋身少，孤忠为国多”（徐积《苏子瞻挽词》）者鲜有。

苏轼主张君臣之间“可否相济”？在《辩试馆职策问札子》中向朝廷提出：“臣闻圣人之治天下也，宽猛相资，君臣之间，可否相济。若上之可，不问其是非，下亦可之；上之所否，不问曲直，下亦否之；……孔子所谓惟予言而莫予违，足以丧邦者也。”②他性不假通融，不希合求进，“临事必以正，不能俯仰随俗”（苏辙《东坡先生墓志铭》），从他对王安石和司马光的态度中足见其“孤忠”。元丰年间写给朋友的信中坦率地说：“吾侪新法之初，辄守偏见，至有异同之论。虽此心耿耿，归于忧国，而所言差谬，少有中理者。今圣德日新，众化大成，回视向之所执，益觉疏矣。若变志易

① 苏轼：《苏轼文集》（卷二十三），北京：中华书局，1986年版，657～658页。

② 苏轼：《辩试馆职策问札子》，《三苏全书》（卷十一），北京：语文出版社，2001年版，510页。

守，以求进取，固所不敢；若哓哓不已，则忧患愈深。”[①]反省了自己对新法的偏激态度。而司马光入相后，他虽身不由己地与日升迁，但并未因此而向司马光献媚，不“知恩图报”，却批评司马光“专欲变熙宁之法，不复较量利害，参用所长。”[②]从而又遭“旧党”排挤。王水照说：“我们看待历史，固可以从政见的进步与否来批判苏轼对王安石的反对态度，但若观其人格，今天的高尚的人们难道不应该同情那些在另一个历史年代里追求着高尚的人吗？从这个角度说，苏轼于微位小臣而敢于反对宰执大臣王安石，即便所论全为保守落后，也仍有可以肯定的一面。”[③]无论受到多大的打击，苏轼始终坚持着自己的节操。他曾在《杭州召还乞郡状》中向哲宗、高后坦言：“是时王安石新得政，变易法度。臣若少加附会，进用可必。自惟远人，蒙而帝非常之知，不忍欺天负心，欲具论安石所为不可施行状，以裨万一……及陛下即位，起臣于贬所，不及一年，备位禁林，遭遇之异，古今无比。臣每自惟昆虫草木之微，无以仰报天地生成之德，惟有独立不倚，知无不言，可以少报万一……因亦与司马光异论。”[④]苏辙在《东坡墓志铭》中说：“临事必以正，不能俯仰随俗”，可证其和而不同，朋而不党的品格，就连他的政敌也不得不敬仰他。“朔党”人物刘安世曾对学生说：“士大夫只看立朝大节如何，若大节一亏，则虽有细行，不足赎也。东坡立朝大节极可观，才意高广，惟己之是信。在元丰则不容于元丰，人欲杀之；在元祐则虽与老先生议论，亦有不合处，非随时上下也。”（马永卿《元城语录》卷上）苏轼说：“昔之君子，惟

① 苏轼：《与滕达道》，《三苏全书》（卷十二），北京：语文出版社，2001 年版，415 页。

② 苏轼：《辩试馆职策问札子》，《三苏全书》（卷十一），北京：语文出版社，2001 年版，513 页。

③ 王水照、朱刚：《苏轼评传》，南京：南京大学出版社，2004 年版，409 页。

④ 苏轼：《杭州召还乞郡状》，《三苏全书》（卷十二），北京：语文出版社，2001 年版，114 页。

荆是师；今之君子，惟温是随。所随不同，其为随一也。老弟与温相知至深，始终无间，然多不随耳。”[①]东坡认为荆公、温忠公皆我师也，而对于新法、旧法的问题，只是政见不同而已。李之仪《跋东坡先生书，〈圆觉经〉十一偈后》：“东坡老人以文学议论，师表一代，忠孝强国，独立不惧，盖其尊主爱民之心，笃于诚悫。”[②]陆游《跋东坡帖》：“公不以一身祸福，易其忧国之心，千载之下，生气凛然，忠臣烈士所当取法也。”（《渭南文集》卷二十九）后至于南宋孝宗皇帝也一再肯定和表彰其“忠言谠论，立朝大节，一时廷臣，无出其右。负其豪气，志在行其所学”。（《御制文集序·苏文忠公赠太师制》，郎晔《经进东坡文集事略》卷首，《四部丛刊》本）王水照先生把苏轼的人格概括为一个“大”字：“也正是因为‘大’人格关怀的是整个天下，故其晚年的政治关怀才能走出庙堂，迈向黎民百姓的生存状态，以一个完整的人去感受大地，游戏人间。”[③]又说：“当我们观察他前后与之争执的王安石、司马光时，也能看到‘志在行其所学’的精神，绝不曲学苟合以图进取，也绝不因任何压力而动摇其观点，只要政见得以施行，便不顾个人的祸福。这是一个政治家的‘立朝大节’。”[④]

第二，作文“随物赋形”。所谓“随物”，就是“与造物者游”的自然艺术。随事物自身的发展变化的规律，崇尚自然，反对雕琢；主张奔放，反对束缚，提倡个性，反对一律。作文“如行云流水，初无定质，但常行于所当行，常止于所不可不止。文理自然，姿态横生。”[⑤]于是多有惊人之语乃至惊人之举，这早在他初出茅庐时就

---

① 苏轼：《与杨元素》，《三苏全书》（卷十三），北京：语文出版社，2001 年版，117 页。

② 李之仪：《姑溪居士全集·文集》（卷三十八），《丛书集成》，见王水照、朱刚：《苏轼评传》，南京：南京大学出版社，2004 年版，410 页。

③ 王水照、朱刚：《苏轼评传》，南京：南京大学出版社，2004 年版，416 页。

④ 王水照、朱刚：《苏轼评传》，南京：南京大学出版社，2004 年版，412 页。

⑤ 苏轼：《与谢民师推官书》，《三苏全书》（卷十二），南京：语文出版社，2001 年版，355 页。

已显露。嘉祐二年(1057)欧阳修主礼部试,苏轼竟然在考卷上杜撰经典“皋陶曰杀之三,尧曰宥之三”语,欧、梅皆不知出自何书,问苏轼。他回答说,曹操灭袁绍,以袁熙妻赐其子曹丕。孔融曰,昔武王伐纣以妲己赐周公。曹操惊问见于何经,融曰,以今日之事观之,意其如此。欧退而大惊曰:“此人可谓善读书,善用书,他日文章必独步天下。”[①]他用庄子《齐物论》“答焉似丧其耦”的语典题晁补之所藏文同画曰:“与可画竹时,见竹不见人。岂独不见人,嗒然遗其身。其身与竹化,无穷出清新。”[②]说是要“吾丧我”而“与造物者游”,还要“与竹化”,即专注而与万物同化,“其神与万物变,其智与百工通”就达到了庖丁解牛、轮扁斫轮的“与造物者游”的境界。罗大经评曰:“《庄子》之文,以无为有。《战国策》之文,以曲作直。东坡平生熟此二书,横说竖说,惟意所到,俊辩痛快,无复滞碍。”(《鹤林玉露》丙编卷三)当然,他并不是简单地反对雕琢,而是主张雕琢后的“自然”。推之则生活上“随缘自适”,此不赘述。

第三,作词“不随人左右”。他对政治原则执着到“孤忠为国”不随时人;对艺术原则也同样执着不随时人,虽然别人都自觉不越诗词雷池。做官要定国安邦,首先要定国。作文要悦己愉人,首先要悦己。东坡的政治追求是治国之道,艺术追求是明心见性之道。东坡政治上反对任何一家依据某原则、教条而规定的唯一的善恶标准,如把“新学”定为“国是”,在艺术上也反对单一定法。在词坛,时人皆浅斟低唱而我则抵掌顿足,东坡在词为“小道”和“别是一家”理论的笼罩下、在一片挞伐声中求变求新。他说:“又惠新词,句句警拔,诗人之雄,非小词也。但豪放太过,恐

① 陈孟仁:《成斋诗话》,丁福保:《历代诗话续编》,北京:中华书局,1983年版,148页。

② 苏轼:《书晁补之藏与可画竹》,《三苏全书》(卷八),北京:语文出版社,2001年版,385页。

造物者不容人如此快活。”[1]别人容否无关我之快活否，他十分自信地说：“近却颇作小词，虽无柳七郎（永）风味，亦自是一家。呵呵！数日前猎于郊外，所获颇多，作是一阕，令东州壮士抵掌顿足而歌子，吹笛击鼓以为节，颇壮观也。”[2]虽孤芳而颇可自赏。

在苏轼看来，“美”与“坏”或“变”几成一体，然而创新就是“美”。作文善于翻新，论史长于翻案。薛瑞生云：“苏文胜于以文通理，苏诗胜于开创宋调，苏词胜于独辟蹊径，殆苏不以己绳墨同齐，亦不律己趋步先贤，故能独高一代。”[3]更与众不同的是，他时刻心系家国，此情怀“不择地而出”。别人一到花间樽前就都不系君国，虽欧公亦不能免，工作与休闲各有面目。而独东坡则不随人俯仰，想写什么就写什么，想唱什么就唱什么。

三、拗世不拗心

苏轼一面是“随”，而另一面又是“拗”。他执拗淑世，坚持“有为而作”“言必中当世之过”。“诗须要有为而作”已成共识，而词要“有为而作”，“任性”而为，不违己屈人，我手写我心，是要冒天下之大不韪的。黄庭坚虽认同词“吟咏性情”，但反对“针砭谏诤”（“好骂”）。

第一，执拗淑世穷达如一。薛瑞生说：“儒家教人臣事君有常，谓为达者兼济，穷则独善。即如疾革锐进之王荆公亦不能免，其罢相居金陵，即缄口不言时事然轼之事君则不拘此教……入朝则为民请命，出朝则心怀魏阙。譬诸大狱之后，人或噤若寒蝉，轼

① 苏轼：《答陈季常书》，《三苏全书》（卷十二），语文出版社，2001 年版，510 页。

② 苏轼：《与鲜于子骏书》，《三苏全书》（卷十二），北京：语文出版社，2001 年版，501 页。

③ 薛瑞生：《苏门、苏学与苏体》，《中国苏轼研究》（第一辑），北京：学苑出版社，2004 年版，66 页。

则议政如初。”[1]以罪官之身，常不避祸福，言人所不敢言，行人所不敢行，居高位而不邀君宠，处困厄而不畏斧钺，穷达如一，不计损益。元丰七年自黄州移汝州，东坡抛开当年异见而转道金陵专谒别人避之不及的已投闲置散的王荆公。二人相与谈诗论文后，更大谈时政。《宋史·苏轼传》载：“道过金陵，见王安石曰：‘大兵大狱，汉唐灭亡之兆，祖宗以仁厚治天下，正欲革此；今西方用兵，连年不解，东南数起狱，公独无一言以就之乎！’安石曰：‘二事皆惠卿启之，安石在外，安敢言！’轼曰：‘在朝则言，在外则不言，事君之常理耳。上所以待公者非常礼，公所以待上者，岂可以常理乎！’安石厉声曰：‘安石须说。’又曰：‘出在安石口，入在子瞻耳。’”他竟以大道理来劝荆公要多关心一下国家的命运，其淑世精神可谓无时不在、无处不有。即使梦中也心系君国，《冷斋夜话》载：“梦神宗召入禁，宫女环侍，一红衣女捧红靴一双，命轼铭之。觉而记其中一联云：‘寒女之丝，铁积寸累；天步所临，云蒸雷起。’既毕进御，上极叹其敏，使宫女送出。睇视裙带，有六言诗一首云：‘百叠漪漪水皱，六铢缕缕云轻。植立含风广殿，微闻环佩摇声。’”[2]梦中应召作诗，正是他政治愿望的潜意识表现。

薛瑞生概括得非常精辟。“勤政爱民，本儒家之常典，躬自蹈之者亦代不乏人。然轼之过人者，在于他能以己之心体民，以民之心为政。便民之法，虽出自政敌之手亦能乐为；殃民之制，虽出自上意亦敢抗命。故其上朝议事，务陈安民之策；入境问农，必解倒悬之忧；带罪僻壤，甘跻小民之伍，是以杭州浚湖筑堤，密州祈雨捕盗，徐州治水修城，惠州造桥补路，儋州医民课士，阳羡买屋焚券，……总之，足迹所到之处，即能泽被万民；身为涸辙之鲋，尤

① 薛瑞生：《苏门、苏学与苏体》，《中国苏轼研究》（第一辑），北京：学苑出版社，2004年版，62页。

② 释惠洪：《冷斋夜话》（卷一），《苏轼资料汇编》，北京：中华书局，1994年版，213页。

自濡人以沫。”[①]苏轼勤政爱民故实颇多,《桃源手听》载:“东坡为钱塘时,民有诉扇肆负债二万者。……公令以二十来以判。事笔随意作行书及枯木竹石以付之。才出门,人竞以千钱取一扇,所持立尽。”只要为民,法外有情。

东坡无论做人、做事还是作词,都时时不忘忠君爱国、勤政爱民,虽燕饮高歌,也一脱伶工之浮靡。王国维说:“三代以下之诗人无过于屈子、渊明、子美、子瞻者。若无文学之天才,其人格亦自足千古。故无高尚伟大之人格,而有高尚伟大之文学者,殆未有也。”[②]

第二,执拗填词“有为而作”。苏轼的生存价值体系是以“忠义”为核心的,于是他的出处皆指归于庙堂,“一饭未尝忘君”。“所谓‘出’无非是为君王效忠尽力,而所谓‘处’也就是忍受被君王误解的痛苦,等待君王的翻悟。”[③]熙宁四年通判杭州有《初到杭州寄子由二绝》云:“眼看时事力难胜,贪恋君恩退未能。”次年有《寄题梅宣义园亭》云:“羡君欲归去,奈此未报恩。”元祐八年在定州,时年已五十九岁,有《子由生日以檀香观音像》云:“我亦旗鼓严中军,国恩未报敢不勤。”这就构成了他“豪放”词的格局。元祐“承平”,时人多流连花间樽前,独范、欧、王、苏等少数人时刻不忘君国,南渡后,豪放为主旋律,更显东坡之伟大。

苏轼《题柳子厚诗》中写道:“诗须要有为而作……好奇务新,乃诗之病。”[④]又在赞扬颜太初诗文时说:“先生之诗文,皆有为而作,精悍确苦,言必中当世之过,凿凿乎如五谷必可以疗饥,断断乎如药石必要以伐病。其游谈以为高,枝词以为观美者,先生无

① 薛瑞生:《苏门、苏学与苏体》,《中国苏轼研究》(第一辑),北京:学苑出版社,2004 年版,63 页。

② 唐圭璋:《词话丛编 · 人间词话》,北京:中华书局,1986 年版,4239 页。

③ 王水照、朱刚:《苏轼评传》,南京:南京大学出版社,2004 年版,572 页。

④ 苏轼:《题柳子厚诗》,《三苏全书》(卷十三),北京:语文出版社,2001 年版,538 页。

一言焉。”①“言必中当世之过”是“有为”的具体体现，在苏轼看来，这个“言”是个“大言”的概念，是行诸笔端的每一句话，当然也包括词。其“有为”的指向就是当世政治的过失和社会中的种种不平，从而达到“疗饥”“伐病”的疗效。“有为”是东坡“性情”的核心。

熙宁六年(1073)任杭州通判有《行香子·过七里滩》：“算当年、虚老严陵。君臣一梦，今古空名。”心系“君臣”。次年(1074年)，离杭赴任密州路上有《沁园春·密州早行马上寄子由》：“当时共客长安，似二陆初来俱少年。有笔头千字，胸中万卷，致君尧舜，此事何难。”想起当年和子由同思“致君尧舜”的情景。熙宁八年(1075 年)十月有《江城子·密州出猎》有“西北望，射天狼”句，自比冯唐，渴望建功立业。宋神宗熙宁九年(1076)有《水调歌头》：“我欲乘风归去，又恐琼楼玉宇，高处不胜寒。”可姑作心系魏阙解。元丰三年十二月(1080)苏轼初贬黄州寓居定慧院时有《卜算子·黄州定慧院寓居作》“谁见幽人独往来，缥缈孤鸿影。惊起却回头，有恨无人省。拣尽寒枝不肯栖，寂寞沙洲冷。”在“乌台诗案”后，刚从“冥域”归来时的人生最低谷时期，犹怀报国无门之苦闷。元丰四年冬(1081)有《浣溪沙》：“翠袖倚风萦柳絮，绛唇得酒烂樱珠。樽前呵手镊霜须。”叙前一日酒筵间的情景，也抒发了对于民生疾苦的忧思。元丰五年(1082)年七月有《念奴娇·赤壁怀古》：“谈笑间、樯橹灰飞烟灭。”歆羡公瑾的功业。尤需说明的是，东坡并不是把黄冈赤壁误作古战场，他写词作赋只为借景抒情，假托情感。陆游在《入蜀记》中指出：“李太白《赤壁歌》云：‘烈火张天照云海，周瑜于此败曹公’，不指言在黄州。苏公尤疑之，赋云：‘此非曹孟德之困周郎者乎？’乐府云：‘故垒西边，人道是当日周郎赤壁。’盖一字不轻下如此。”胡仔还在诗话中引用了

① 苏轼：《凫绎先生诗集叙》，《三苏全书》(卷十三)，北京：语文出版社，2001 年版，462 页。

一段苏轼的话说:“黄州西山麓,斗入江中,石色如丹,传云曹公败处所谓赤壁者,或曰:非也。曹公败归由华容路……今赤壁少西,对岸即华容镇,庶几是也。然岳州复有华容县,竟不知孰是?”[①]苏轼刚刚大难不死,本已投闲,犹念“樯橹灰飞烟灭”。同年的《满庭芳》:“蜗角虚名,蝇头微利,算来着甚干忙。事皆前定,谁弱又谁强……又何须抵死,说短论长。”既是命运多舛的人生自述,却又隐含着宦海浮沉、壮志难酬的沉痛哀叹。元丰五年春(1082)《定风波》:“回首向来萧瑟处,归去,也无风雨也无晴。”饱蘸对荣辱得失和社会政治风云的态度。元丰六年(1083)的《水调歌头·黄州快哉亭赠张偓佺》以“一点浩然气,千里快哉风”昭告世人,一个人只要具备了至大至刚的浩然之气,就能超凡脱俗,刚直不阿,坦然自适,享受千里快哉风。元丰六年(1083)的《临江仙》有“长恨此身非我有,何时忘却营营?”句,“非我有”是谁有?显然是赵官家,所以他就要时时告诫自己应尽快“忘却营营”,常言忘却又何曾忘却?他同年的诗“少小不为身,宿志固有在”可印证。元丰七年(1084)《满庭芳》“归去来兮,吾归何处?万里家岷峨。”搬用陶渊明《归去来辞》言思归不得归的怅恨,明明知道自己家在“万里岷峨”却还说“吾归何处”,显然是还不肯就此罢休,功业心未泯。元祐五年(1090)的《浣溪沙·送梅庭老赴上党学官》有“不应弹铗为无鱼。上党从来天下脊,先生元是古之儒。时平不用鲁连书。”他劝梅庭老尽管上党地方艰苦,但做了学官,就不必计较个人待遇,弹铗使气再唱归来了。绍圣元年(1094)四月至七月间朝廷一连下四旨,矫命连贬,时苏轼至九江作《归朝欢·和苏坚伯固》:“明日西风还挂席,唱我新词泪沾臆。灵均去后楚山空,澧阳兰芷无颜色。君才如梦得,武陵更在西南极。《竹枝词》《莫徭》新唱,谁谓古今隔。”随着西去的征帆,作者心随帆驶,由地及人,联想到

① 曾枣庄:《三苏全书·答李康年书》(卷十三),北京:语文出版社,2001年版,256页。

那里泽畔行吟屈原，翻唱《竹枝词》的刘禹锡。此谓伯固有梦得之才，今往楚地，依骚人之旨作《竹枝》《莫谣》新词，与梦得古今无隔，异代同调，实则自况。宋哲宗元祐八年（1093）的《行香子》“浮名浮利，虚苦劳神。叹隙中驹，石中火，梦中身。虽抱文章，开口谁亲。且陶陶、乐尽天真。几时归去，作个闲人。”吐露了人生苦短、知音难觅，意欲“归去”，正因未归。其“归去”并不是真的厌弃仕宦，他的退隐是有条件的，须得像古代范蠡、张良、谢安等那样功成身退。所以即使是在他远谪海南的生命的最后几年里，他还不停地咏叹“许国心犹在，康时术已虚”，致君尧舜、尊主泽民的祈望终未泯灭。但其词格又岂止于豪壮与清雄任真，其婉约词也不脱此性情。胡仔说《贺新郎》（乳燕飞华屋）是“冠绝古今，托意高远，宁为一娼而发邪”，此词与海棠诗一样是比兴寄托，抒发了怀才不遇、美人迟暮之感。渔阳居士赞曰：独行逆旅求天道，耿介原成九月蜩。行藏不畏千夫指，俯仰闲听竖子聊。丘壑舒眉忘萧瑟，诗书锁目享寂寥。说难只向囚中取，孤愤合当一时消。

总之，在东坡乐府中，拳拳报国之心随处可见。苏轼之性情是既超脱，又执拗，诗、词、文乃至书、画皆见性情，可谓性情之外不知有“笔墨”，而何止“文字”？东坡本色就是亦儒亦道、亦智亦愚、亦巧亦拙。

（原载：《中国文学研究》，2010 年第 1 期）

卷十四　李鸿章的“格局”与“排满”

格局者，气度与胸怀也，胆识与智慧也。李鸿章对世界之大势，囿于中体西用，于国之政体认知度偏狭，只见船坚炮利，不见帝制陈腐。虽知治国必先变法度，但只需变官制而不欲变政体，于是鼎力办洋务，倾心忠君主，一生甘为“裱糊”，此谓“格局”偏狭。然鸿章以盖世功勋，不世奇才，本有机缘乘势而起，孰料李氏家书及友牍往来，或窃窃私语，均难寻其见一丝非分之念，或曰“排满”情绪。其一生如此谨言慎行，而果无“大志”（异志）乎？其《临终遗诗》或初露端绪。

一、儒臣底色，格局偏狭

昔曾文正公有“名满天下，谤亦随之”语，适此论者，非其门生合肥李氏莫属。梁启超《李鸿章传 · 绪论》曰：“天下惟庸人无咎无誉。举天下人而恶之，斯可谓非常之奸雄矣乎。举天下人而誉之，斯可谓非常之豪杰矣乎。虽然，天下人云者，常人居其千百，而非常人不得其一，以常人而论非常之人，乌见其可？故誉满天下，未必不为乡愿；谤满天下，未必不为伟人。语云：盖棺论定。吾见有盖棺数十年数百年，而论犹未定者矣。各是其所是，非其所非，论人者将乌从而鉴之？”[①]梁论力透纸背，无咎无誉之庸人自不足论，毁誉之事，果能任天下众口乎！一者，天下人有善有恶，有浑有噩，更多随声附和之辈；二者，众人论事，非里巷稗官之言，即庙堂蓄意之论。合肥生前既已“名满天下，谤亦随之”，身后清

① 梁启超：《李鸿章传》，湘潭：湘潭大学出版社，2011 年版，1 页。

廷旋灭,国人痛定思痛,发现一切丧权辱国之事皆关李氏,似乎第一国贼李氏或当仁不让也。而与乃师曾公相较,判然一圣一贼。然梁任公翻案之论,可谓“近世”读懂李中堂第一人。誉满天下者,可信乎?宁不为乡愿乎?谤满天下者,可信乎?宁不为乡愿乎?正可谓:毁誉一乡愿,是非百代人。

(一)儒臣:“愿为小相”

儒者,相也。《论语·先进》:“(公西华)宗庙之事,如会同,端章甫,愿为小相焉。”朱熹注:“相,赞君之礼者。言小,亦谦辞。”穿礼服,戴礼帽,做小司仪,固为谦辞,然“大相”面目何如?虽官极一品亦仅辅佐之人,虽居宰辅而尤须仰人鼻息,差强准“二号”人物。《说文解字》:“儒,柔也,术士之称。从人,需声。古同懦。”心之所需,柔弱如水。孔子对子贡说:“汝为君子儒,无为小人儒。”君子之儒,忠君爱国,守正恶邪,务使泽及当时,名留后世;小人之儒,惟务雕虫,专工翰墨,青春作赋,皓首穷经;笔下虽有千言,胸中实无一策。即如荀子之“大儒”,亦无非忠君耳。《汉书·艺文志》言儒家者流,出于“司徒之官”,其助人君顺阴阳、明教化。《中庸》有“致中和”(含而不发,发而中节)。儒家“诗教”主“温柔敦厚”之美刺,强调“止乎礼义”和“主文而谲谏”。所谓“儒”者,无非尊尊亲亲,颂扬美刺,穷经治国皆以君王为神明,以附庸为旨归。

梁任公以诸葛亮比于李氏,曰“忠臣也,儒臣也,兵家也,政治家也,外交家也”,窃以为“儒臣”可该一切名头,堪为底色,“儒臣”即“忠臣”。梁氏敬鸿章之才,惜鸿章之识,悲鸿章之遇。然世人常以“主和”诟病之,实不知李氏用心良苦。中法战前,光绪九年(1883 年)11 月 28 日,李鸿章在《妥筹边计折》中曾指出:“臣惟中外交涉,每举一事,动关全局。是以谋划之始,断不可轻易言战。而败挫之后,又不宜轻于言和。”此论深得战和与外交玄机,何遽言李氏“主和”“畏战”“卖国”?殊不知李氏虽竭尽“裱糊”,而屡遭掣肘。至于平发平捻之功,当世誉之,后世罪之。梁任公曰:“若夫吾人积愤痛恨于议和者,而以怨毒集李于一身。又北洋水师之覆,买办洋务之挫,李氏似千古罪人第一。”梁论不诬也,甲午之败,掣肘者半,自取者半。用人失察、见识不明皆其自取。翁同龢身为两代(同治、光绪)帝师、军机大臣兼总理各国事务衙门大臣,甲午战前,貌似高调主战,实则为搏个人虚名,因私废公。李鸿章力倡和谈,以为国情军力皆不可轻言战事。翁氏阳奉阴违,主战而又掣肘。李氏申请军费,翁氏拖延不批。而当水师败绩遭李鸿章怒责时,翁竟以“北洋军费如果紧急重要,鸿章何以不再三申请”为由,指责其错在李。就连翁的门生王伯恭也坦言,翁曾亲口说:“中日之战无论胜败,都有把柄好整治李某人了。”恭亲王䜣临终告诫光绪皇帝,翁同龢主战而不备战,既失外交良机,又陷本已落后的海陆两军于险境。“所谓聚九州之铁不能铸此错者”①,故翁氏被逐原籍,及殁,皇上尤历数其误国之罪。即使是敌手日本外相陆奥宗光亦为李氏辩说:李早有增兵朝鲜计划,却被翁否决,若及早增兵,则胜负难料。早在甲午战前三十余年,即1871年《中日修好条规》签订之际,李氏已屡诫朝廷:倭人国强居近,贫而多贪,诈而鲜信,咫尺之祸,应未雨绸缪,然“功计于预定而上不行,过出于难言而人不谅”。又马关签约一事,明知骂名千载,而虽千万人吾独往矣,经屡奏太后讨得底线。遇刺之际唯思谈判刻不容缓,毅然拒绝手术,仅调养半月,头骨两寸深处携子弹而束绷带,复与伊藤博文谈判数轮,终以低于太后底价而签约。而其结果尤因割地赔款,举国哗然,议和签约之行,当世罪之,万世咒之。弱国无外交,李氏于《马关》《辛丑》二约,知其不可为而为之,“我不入地狱,谁入地狱,即令换做他人,亦别无选择”,之于朝廷可谓断臂求生,之于自己可谓“为君父分谤”。尽瘁受辱,袖手得荣,黑白淆乱,个中原委,皇上与太后当扪心自知。如其“遗诗”所言“孤臣”不虚。

① [澳大利亚]雪珥:《李鸿章政改笔记》,北京:线装书局,2013年版,20页。

太史公曰:“信而见疑,忠而被谤,能无怨乎?”尽管李鸿章为体制旧、国运衰而哀叹,而从未流露对君主(皇帝和太后)的怨愤,更未见贰臣之心。甲午战败后他自嘲曰:“我办了一辈子的事,练兵也,海军也,都是纸糊的老虎。何尝能实在放手办理?不过勉强涂饰,虚有其表,不揭破犹可敷衍一时。如一间破屋,由裱糊匠东补西贴,居然成一净室,虽明知为纸片裱糊,然究竟决不定里面是何等材料,即有小小风雨,打成几个窟窿,随时补葺,亦可支吾对付。乃必欲爽手扯破,又未预备何种修葺材料,何种改造方式,自然真相破露,不可收拾,但裱糊匠又何术能负其责?”李鸿章明知自己一生所竭力为之者,尽是制作“纸老虎”,搭建“纸牌屋”而仍竭力为之,实无奈之举也。李氏以为,吾国吾民最缺者,乃是踏踏实实把现居之屋裱糊起来,不可动辄拆迁。中国之所缺,正在于以实心“做事”者少;中国之所滥,正在于以虚言“做人”者多。吾国民之聪明才智,毫不逊色他族,只因聪明才智皆在“做人”而非“做事”上,以致内耗殆尽。当下,推倒重建时机不对,为民族命运计,须先踏踏实实“做事”,强大自己,以御外侮。故办洋务,兴实业,练新军,建水师,一路筚路蓝缕,而对所谓一言以兴邦的“主义”“学说”则不屑一顾。李鸿章窥知科举弊端,皓首穷经、寻章摘句之学误国。1864 年,他致书恭亲王:“窃以为天下事穷则变,变则通,中国士大夫沉浸于章句小楷之积习,武夫悍卒又多粗蠢而不加细心,以致所用非所学,所学非所用。无事则嗤外国之利器为奇技淫巧,以为不必学,有事则惊外国之利器为变怪神奇,以为不能学,不知洋人视火器为身心性命之学者已数百年。”(李鸿章《筹办夷务始末/同治朝》)于是派幼童赴美留学,虽因种种事端竟致废弛,但容闳、詹天佑、唐绍仪、段祺瑞、蔡绍基、梁敦彦等才俊依然脱颖而出,此举前可回“李约瑟难题”,后可答“钱学森之问”。

儒臣本色即忠臣,忠臣反面即贰臣。清廷近三百年从未放心汉人,至清末,因八旗日朽而被迫仰仗汉人,于是曾国藩、李鸿章、张之洞、左宗棠、胡林翼等横空出世。儒臣本忠义,曾公为全身而退，常怀渊冰之恐，故平发之后即裁湘军。李鸿章虽貌似权倾朝野，实则清贵族、军机处及汉人翁氏同龢，皆难逾越。读史之人皆知鼎革之事多来自体制内之大佬而农民起义成事者少，又况满汉异血乎。雪珥说："我本人坚定地相信，曾、李等人绝非出于对政权的忠诚，毕竟作为传统道德观念根基的，依然是'天下为公'，唯有德者居之，这远远超越对一家一姓的忠诚，曾、李不为，有更多原因和困惑，但可以肯定，绝对不是'不忍取之'。"①"传统道德根基"即做忠臣，以道德论而非血统论。雪珥说的"更多原因和困惑"，或曰李氏自认难堪大任，与其铤而走险尚不如安步当车，于身、于家、于史皆有所交代，所以甘为"裱糊"。清廷内外交困，局面失控，自愈无能，加之后党主政，故鸿章所能仅头痛医头、脚痛医脚一途，此谓"裱糊"。

（二）胆识："格局偏狭"

李鸿章对洋人最推尊者为戈登、格兰德。"戈登尝访李鸿章于天津，勾留数月。其时俄国以伊犁之役，颇事威吓，将有决裂之势。鸿章以询戈登，戈登曰：'中国今日如此情形，终不可以立于往后之世界。除非君自取之，握全权以大加整顿耳。君如有意，仆当执鞭效犬马之劳。'鸿章矍然改容，舌矫而不能言。"戈登单刀直入，李氏瞠目结舌，无声胜有声。

甲午之际，美国惧中国为日本独吞或为英俄瓜分，美国毕德格、威尔逊等曾密定拥戴李氏登高啸聚，独承大统（时李氏不知）。此时海外康梁等保皇党也修书力劝李氏领袖群雄，平定海内，以救圣主。然保皇党非教李氏自立，而是君主立宪，仅由李氏理政而已。革命党"章疯子"（太炎）曾于戊戌年间修书力劝"今世足以定天下者，无过相国"，后又敦促鸿章两广独立，说"明绝伪诏，更建政府，养贤致民，以全半壁"。李氏友人广东赌王刘问刍与孙

① ［澳大利亚］雪珥：《李鸿章政改笔记》，北京：线装书局，2013年版，28页。

文有旧，时居李氏幕府，也欲安排孙文海归与鸿章密议。其间，英国驻香港总督卜力也尽力撮合李、孙之约，以图两广与香港、印度、缅甸连为一片，增大英国势力。终因孙文多疑而滞留香港，仅遣其日本友人来穗，致不了了之，果应“秀才造反十年不成”。

李鸿章晚督两广，有计之曰：“拥两广自立为亚细亚洲开一新政，上也；督兵北上，勤王剿拳，以谢万国，中也；受命入京，投身虎口，行将为顽固党所甘心，下也。虽然，第一义者，惟有非常之学识，非常之气魄，乃能行之，李鸿章非其人也。彼当四十年前方壮之时，尚且不敢有破格之举，况八十老翁安能语此？故为此言者，非能知李鸿章之为人也。”①

李思时机不对（此际不宜拆迁，当修葺），在梁曰胆识不够，而此又源自“不学无术”。梁曰：“不学无术，不敢破格，此其所短也；不避劳苦，不畏谤言，是其所长也。”②尽管梁氏为鸿章树碑立传，溢美之词、理解之情溢于言表，而犹能公私分明，力秉史家之笔。梁任公说李氏与霍光似同流，皆“不学无术”者，然李氏一无霍光之权位，二无霍光之魄力，乃谨守范围之人，生不能行其大志者，逊于霍光，只是普通学问稍过之。所谓“不学无术”乃云其不识世界历史之大趋势，并非鸿章本不学之辈。科举致仕者，岂能无学？况李鸿章做事“案无留牍，门无留宾”，饮食起居一如曾师，养心自律，国人罕有能及者。又不论冬夏，五点即起，每日临摹兰亭百字示人③。赵宋之后官场多赖科场，官场中大学者、大作家屡见不鲜，当然学问有为政务误者也有为权利惑者，而单看李氏弱冠之诗足见其文采斐然。

梁任公又以伊藤博文相较，梁曰李氏与伊藤为中日战役之两雄，然伊藤非李氏之匹，只是伊藤遭际最好。“日本维新之初，本

---

① 梁启超：《李鸿章传》，湘潭：湘潭大学出版社，2011 年版，103 页。
② 梁启超：《李鸿章传》，湘潭：湘潭大学出版社，2011 年版，122 页。
③ 梁启超：《李鸿章传》，湘潭：湘潭大学出版社，2011 年版，120 页。

未尝有大功,其栉风沐雨之阅历,既输一筹,故伊藤之轻重于日本,不如鸿章之轻重于中国,使易地以处,吾恐其不相及也。虽然,伊有优于李者一事焉,则曾游学欧洲,知政治之本原是也,此伊所以能制定宪法为日本长治久安计。李鸿章则惟弥缝补苴,画虎效颦,而终无成就也。"我谓梁论一得一失。其得者,二人见识不同,李氏对政体认识不足。其失者,所处国情不同。简言之:日本有尊王攘夷之军,而中国无,此其一;中国有老佛爷贪恋权利、声色犬马,而日本无,此其二。鸿章心向变法,窃以变法亦"裱糊"也。"慈禧拿弹劾奏章给李看,说:'有人馋尔为康党。'鸿章答曰:'臣实是康党。废立之事,臣不与闻。六部诚可废,若旧法能富强,中国之强久矣,何待今日?主张变法者即指为康党,臣无可逃,实是康党。'慈禧听后默然。"[①]康有为逃亡在港,李鸿章"遣人慰行",慈禧电令李鸿章缉拿,而他却仅给中国驻英公使罗丰禄通电说要他设法办理,并指示罗丰禄与英国交涉,"不得容留康逆在境为要",授意赶走了事。梁启超流亡日本,李鸿章捎话嘱托其莫灰心,只需研西学、历才干,待时机。鸿章"心向"而未敢践行,或正因见识不够魄力不足。此"格局"偏狭表征一。

李氏一生办洋务,初见生机,终无可睹,无他,官督商办累之而已。每举一务,辄为奏请,朝廷为之派员督办。"即使所用得人,而代大匠斫者,固未有不伤其手矣。况乃奸吏舞文,视为利薮;凭挟狐威,把持局务,其已入股者安得不寒心,其未来者安得不裹足耶?故中国商务之不兴,虽谓李鸿章官督商办主义为之厉阶可也。"故梁任公断言,"李鸿章实不知国务之人也",不知国家与政府之关系,不知政府与人民之权限,不知大臣之责任,不知西国之强因,"以为吾中国之政教文物风俗,无一不优于他国,所不及者惟枪耳、炮耳、铁路耳,吾但学此,而洋务之事毕矣……是所

① 李金山:《李鸿章"裱糊匠"的慷慨与悲哀》,北京:中国发展出版社,2010年版,190页。

谓无颜效西子之颦，邯郸学寿陵之步，其适形其丑，终无所得也，固宜。”[①]此“格局”偏狭之表征二。

不懂政府权限，不懂市场规律，不懂国民权限，即官有权而民(商)无权，政府过度干预市场，贪官从中渔利，庸官坐失商机，此乃彼时“中国特色”之资本主义，或曰“官督商办”即“官僚资本主义”之弊。官僚主义是集权垄断，资本主义是自由竞争，水火相遭，不死何疑！李鸿章“知有兵事而不知有民政，知有外交而不知有内治，知有朝廷而不知有国民。日责人昧于大局，而己于大局，先自不明；日责人畛域难化，故习难改，而己之畛域故习，以视彼等，犹不过五十步与百步也。殊不知泰西诸国所以能化畛域、除故习、布新宪、致富强者，其机恒发自下而非发自上。”梁氏此论至当，图强之本，在于政体(内治)，而今天之一切洋务皆舍本逐末。此“格局”偏狭表征三。

忠臣者，忠君专一，否则“贰臣”，且莫论是非，唯说“忠臣不事二主”。李氏鞠躬尽瘁，犬马恋主之诚，与诸葛仿佛。李氏所恋之主，革命党曰非我族类。当初“剃发令”何其残忍，又值辛亥鼎革之际，汉人皤视“金钱鼠尾”为命。虽王国维不仅终日拽辫行走清华园，终竟为革命军北伐曰“义无再辱”而怀沙。至于李鸿章之议和签约，于今亦实难辨其“卖国”耶，“爱国”耶，而平发平捻，时人必赞之忠君拥满，终谥“文忠”，不枉也。家国天下似二而一，实一而二，家国乃一家一姓之国，天下乃亿万同胞之天下，因此一姓失德，天不祐之。中华自姬周已还，力主“以德配天”，天子失德，天命轮转，故李氏则不失为愚，虽然忠君乃臣之本分，依大义论，昏君当忠乎？以狭隘论，异族当忠乎？梁氏谓为“儒臣”，较当；若谓曾公则至当，李氏之“痞气”稍出儒格。儒者重相道、臣道，讲“致君尧舜”，“犯上”即“作乱”，由是可知李氏晚年于两广力抵众人“自立”之一因。其自言“裱糊”二字实乃一生写照，只是后人惯

① 梁启超：《李鸿章传》，湘潭：湘潭大学出版社，2011 年版，47～48 页。

于拆迁，以为推倒重建乃中国正道，所以便误解其意，以为我愤懑于“裱糊”，心中实盼大破大立，误读至深，合肥此辩驳攸同越抹越黑。

二、曲终奏雅，排满端绪

难道李文忠公果真心无一丝反满情绪，无一毫自立意识？谨言慎行，官场自古而然，故李氏公文私牍鳞爪皆无，直至近年来所盛传其《李鸿章临终遗诗》似乎令人眼前一亮：

劳劳车马未离鞍，临事方知一死难。
三百年来伤国步，八千里外吊民残。
秋风宝剑孤臣泪，落日旌旗大将坛。
海外尘氛犹未息，请君莫作等闲看。

首联“劳劳车马未离鞍，临事方知一死难”，牢笼一生之艰辛，致死未遑离鞍，呕心沥血，犹言“裱糊”之艰，然而国事危难未因其一生操劳而稍歇，终至生死两难。“三百年来伤国步，八千里外吊民残”，此句最得风人之致，堪称诗眼，李氏一生守口如瓶，终于在生命最后一息冲口而出，“民族情绪”昭然。诗无达诂，“三百年来”可笼而统之，乃晚明以来之世界大势，但宁非清兵入关！游牧民族入主中原，破而后立，“国步”何其“伤”之至深。“伤国步”不是国步自然放缓，而文化摧残一如元蒙。此始可谓“伤”，是创伤、是戕害，而后九州胡服，官别满汉，人分南北，不然何以至此！李鸿章尽管自己心急如焚，尽管“八千里外”依然“吊民”“裱糊”，尤能挽狂澜于既倒乎！虽竭尽一己之孤忠，终究只能面对着萧瑟瑟秋风、飘摇摇旌旗、空荡荡将坛和响铮铮的宝剑而老泪纵横而已。千言万语，只能尽最后一气而“裱糊”之：“海外尘氛犹未息，请君莫作等闲看。”四塞战云，虎狼环伺，诸君切莫等闲视之！李文忠公把生前几十年做个总结，曰“我生无奈”；托身后事以俟来者，曰“民族危亡”。

（一）孤证遗诗

时人王垒对此诗提出“辨伪”，说遗诗属李氏，证据不足，因查考各类基本史料皆无，只是到了李鸿章去世近六十年后始见于高拜石《南湖录忆》（第1集），其中有《李鸿章泪盎秋风》一篇，载述李鸿章“易箦前”吟有七律一首，也是当下仅见之原始依据。高拜石对其本事叙述如下：“辛丑九月，李鸿章呕血死于燕都之贤良祠，易箦前，惓念危局，老泪纵横，吟有：‘……’凄恻辛酸，无穷愤憾，而于暴俄迫签苛约，犹痛其遗患无穷也。”又叙李氏于庚子之变后奉旨入京收拾残局：“甫抵津门，与迎候之周馥等相晤，执手唏嘘，竟至号啕大哭。”及李氏之庚子前后事略，倍显李氏“以八十衰翁，忧谗畏讥……故旧地重来之日，枨触无限。其幕客茫肯堂有诗纪云：‘相公实下忧时泪，谁道而今非哭时？譬以等闲铁如意，顿教捶碎玉交枝。皇舆播荡嗟难及，敌垒纵横不敢驰。曾是卅年辛苦地，可怜臣命已如丝。’最能道出李氏当时心情。”[①]

王垒梳理当下著述曰：“李鸿章说着，命李经方笔墨侍候，代父笔录一首七律……李鸿章逝世后，由李经方代为笔录的这首遗诗被悬于灵堂之上。人们读之，深信不疑。”[②]1991年有学者苑书义有《李鸿章传》比较审慎地提到李氏死前可能有这首诗，“据说，李鸿章死前惓念危局，还老泪纵横地吟成一诗……忧思惶恐，悲凉凄怆，令人感叹！”[③]作家王树增于2011年人民文学出版社修订版《1901》也载有“遗诗”本事，并于封面标注“王树增非虚构中国近代史系列”，但其注引出处注却是苑书义著，且其王著原版则注出处为高拜石《南湖录忆》，又与苑著同源。看来不管何人著，出处皆指向高拜石著。因此王垒断言：在新证发现之前，高著是孤证，所谓李氏“遗诗”云云，属于自说自话，孤证不立，难以采信。

---

① 高拜石：《南湖录忆》（第1集），台北：达昌出版社，1965年版，332～333页。

② 于东来：《李鸿章》，合肥：安徽文艺出版社，2011年版，475页。

③ 苑书义：《李鸿章传》，北京：人民出版社，1991年版，403～404页。

诚然孤证难明，但遽言高说无据，似亦无据。王垒只说各著出于高著，但未指出高著史料来源之伪，高氏伪托动因何在。

（二）以诗证诗

史料是物证、是硬件，诗歌是人证、是软件，故以李诗艺术风格及水平参悟，亦不失一策。“遗诗”大气恢宏，泼墨写意似青莲；高瞻远瞩，沉郁顿挫似工部。李氏存诗不多，然上窥李杜，下该辛陆，虽笔法老道，但似有风格单一之嫌。李鸿章十八岁中秀才至中举之前几年间充满苦闷和惆怅，其《二十自述》，胸襟气度，其笔锋气象初露并终身一以贯之：

（其一）蹉跎往事付东流，弹指光阴二十秋。青眼时邀名士赏，赤心聊与故人酬。胸中自命真千古，世外浮沉只一沤。久愧蓬莱仙岛客，簪花多在少年头。

（其二）每到春初酒价赊，惊心老大渐相加。三年白下增诗债，十载青毡易岁华。马齿记从今日长，龙头休向昔时夸。因循最误平生事，枉自辛勤读五车。

（其三）丈夫事业正当时，一误流光悔后迟。壮志不消三尺剑，奇才欲试万言诗。闻鸡不觉身先舞，对镜方知颊有髭。昔日儿童今弱冠，浮生碌碌竟何为。

（其四）暮鼓晨钟入听来，思前思后自徘徊。人生惟有青春好，世事须防白首催。万里请缨终子少，千秋献策贾生催。愧予两字功名易，小署头衔斐秀才。

虽自命不凡、自强不息溢于言表，而功业难成、韶华易逝又弥漫字里行间。从诗人摄取意象的角度和句式选择的习惯观照，与“遗诗”一脉相承。其颔联、颈联惯用数字，如：“胸中自命真千古，世外浮沉只一沤。”“三年白下增诗债，十载青毡易岁华。”“壮志不消三尺剑，奇才欲试万言诗。”“万里请缨终子少，千秋献策贾生催。”再看《遗诗》“三百年来伤国步，八千里外吊民残。”无论是大数据“百”“千”“万”，还是小数字“一”“三”“十”，句句事关宏旨，天地人心、千载一瞬、壮志凌云，所不同则是少年意气与晚年郁气之别。“胸中自命真千古，世外浮沉只一沤”不减李杜高处；“壮志不消三尺剑，奇才欲试万言诗。闻鸡不觉身先舞，对镜方知颊有髭。”亦稼轩、放翁仿佛。两年后参加乡试，李鸿章负笈起程又欣然赋诗一组（1844 年中顺天恩科乡试第 84 名中举人），《赴试途中有感》聊举六首：

（其一）丈夫只手把吴钩，意气高于百尺楼。一万年来谁著史，三千里外欲封侯。定将捷足随途骥，那有闲情逐水鸥。笑指泸沟桥畔月，几人从此到瀛洲？

（其二）黄河泰岱势连天，俯看中流一点烟。此地尽能开眼界，远行不为好山川。陆机入洛才名振，苏轼来游壮志坚。多谢咿唔穷达士，残年兀坐守遗编。

（其三）回头往事竟成尘，我是东西南北身。白下沉酣三度梦，青山沦落十年人。穷通有命无须卜，富贵何时乃济贫。角逐名场今已久，依然一幅旧儒巾。

（其四）局促真如虱处裈，思乘春浪到龙门。许多同辈矜科第，已过年华付水源。两字功名添热血，半生知己有殊恩。壮怀枨触闻鸡夜，记取秋风拭泪痕。

（其五）桑干河上白云横，惟冀双亲旅舍平。回首昔曾勤课读，负心今尚未成名。六年宦海持清节，千里家书促远行。直到明春花放日，人间乌鸟慰私情。

（其六）一入都门便到家，征人北上日西斜。槐厅谬赴明经选，桂苑犹虚及第花。世路恩仇收短剑，人情冷暖验笼纱。倘无驷马高车日，誓不重回故里车。

诗中依然是豪情万丈的大数据：“一万年来谁著史，三千里外欲封侯”之胸襟犹恐李杜、辛陆难及；“黄河泰岱势连天，俯看中流一点烟”想落天外，似已贯通“黄河远上白云间”与“君不见黄河之水天上来”之气势；“白下沉酣三度梦，青山沦落十年人”，隐约见往事如烟、仕途偃蹇之惆怅；“两字功名添热血，半生知已有殊恩”，初露功名情怀和感恩清廷心迹，又似绝大多数汉人儒士之心曲,两百多年统治,汉人似早已习惯满人入主中原。“六年宦海持清节,千里家书促远行”一实一虚,壮心不已。“一入都门便到家”“暂不重回故里车”,都门即家门,家国天下,俨然范文正之担当。

高氏拜石善属文,工诗词,长于近代史事,谙于人物掌故,文名籍甚。张其昀曰:“自梁任公、林琴南以来,罕与其伦比,诚是列于现代中国一大文豪而无愧色。”曾在《新生副刊》连载《古春风楼琐记》,因广获好评,有《南湖录忆》《浮沤识小》《茗边脞记》等集结。若以张其昀论,高氏似有仿作水平,谁知诗文殊途,眼见多少作家、学者,学际天人,文章似西汉,而诗笔了了。一如李易安评王荆公、曾子固、苏子瞻,王渔洋视蒲松龄。纵观高氏遗墨,鲜见韵高格胜之诗。李白《菩萨蛮》和《忆秦娥》两首词,目前尚在辨伪之中,而肯定者之有力证据之一即如“西风残照,汉家陵阙”,非李太白而孰能为之。此论颇得风人之致。

(三)以史证诗

以诗证诗、以诗证史或曰旁门,然以史证诗可谓登堂入室。昔拳匪祸起,清廷(慈禧)假借制洋,庚子五月竟授意仇洋杀教,围攻使馆,致酿巨衅,东北浩劫尤甚。而在清室尚未向各国宣战之前,两江总督刘坤一、湖广总督张之洞、两广总督李鸿章、邮政大臣盛宣怀当即商议如何保存东南各行省稳定,以免列强借口入侵。张之洞鉴于时局日糜,提出:一旦北京不保(天子、太后不测),就共同推举李鸿章出任中国“总统”以主持大局。(张社生《绝版李鸿章》)李鸿章幕僚刘学询并去信孙中山谓:“傅相(李鸿章领‘大学士’‘太子太傅’衔,尊为‘傅相’)因北方拳乱,欲以粤省独立,思得足下为助,请速来粤协同进行。”①

清室向十一国宣战后,荣禄寄希望于地方督抚,私告李鸿章“对北京的谕旨不必继续予以重视”。李鸿章闻此讯,复电朝廷:

① 陈锡祺:《孙中山年谱长编》(上册),北京:中华书局,1991 年版,206 页。

“此乱命也，粤不奉诏。”（罗惇曧《庚子国变记》）李鸿章称皇帝敕令为拳民胁持的“矫诏、乱命”，予东南各省督抚以极大鼓励，东南各省纷起抵制，以为“乱民不可用、邪术不可信，兵衅不可开”。“乱命”之政治术语乃李鸿章精心选择，他深知“若不量力而轻于一试，恐数千年文物之邦，从此已矣”，刘坤一私语孙德雅慈禧的政府已经完了，她已经不能继续维持帝国秩序。徐梵澄在《蓬屋说诗》第十六则载：“有云：‘臣罪侍东南，不敢奉诏。’南皮（张之洞）奋然掷烟枪而起曰：‘这老寡妇（慈禧）要骇她一下！改：臣坐拥东南，死不奉诏！——则其时大臣私对慈禧有此称矣。”六月，南方各省为免罹兵祸，保全半壁河山，经铁路大臣盛宣怀牵线策划，由上海道余联沅出面，两江总督刘坤一、湖广总督张之洞、两广总督李鸿章、闽浙总督许应骙、四川总督奎俊、山东巡抚袁世凯，与各国驻沪领事签协议两章，宣称“无论北方情形如何，请列国勿进兵长江流域与各省内地；各国人民生命财产，凡在辖区之内者，决依条约保护”，是为“东南互保”。此际，李鸿章积极响应，虽势借端王荣禄，又言辞考究，未若刘坤一、张之洞之流口无遮拦。但其默认领袖群伦，已见取而代之之志。知当初未许自立，实以“时机未到”，而今借荣禄力挺乘势而起，足见李氏城府与担当不悖。

故曰李氏之“忠”乃忠于“数千年文物之邦”，而非一家一姓。李氏一生无一语道着“排满”，而“东南互保”卒章显志，其“三百年来伤国步”一语，微言大义，根底自在。李鸿章名满天下，谤满天下，然自梁任公为其立传翻案至今，历史真相渐显，时人不再以黑白二元简论历史，臧否人物。总之，若其“遗诗”不伪，或可一睹一代名臣李中堂之真面目。

（原载：《金陵科技学院学报》（社会科学版），2017 年第 4 期，与戴国芳合作。）

卷十五　论王国维“人生三境界”的诗性思维

古今论“三境界”者颇多,而最使人感发者,莫过于王国维的“人生三境界”。大凡初识王国维者,莫不从《人间词话》第二十六条入之。他说:“古今之成大事业、大学问者,必经过三种之境界:‘昨夜西风凋碧树,独上高楼,望尽天涯路。’此第一境也。‘衣带渐宽终不悔,为伊消得人憔悴。’此第二境也。‘众里寻他千百度,回头蓦见,那人正在灯火阑珊处。’此第三境也。此等语皆非大词人不能道。然遽以此意解释诸词,恐为晏、欧诸公所不许也。”①虽为集句,然经夺胎换骨,几近妇孺皆知。此“三境界”从立意、结构到表达方式虽渊源有自,然其所摄取的意象以及其所建构的境界却独出千古,这正是王氏“三境界”魅力之所在。基此,其文化渊源也就成了我们感兴趣的话题,而发掘其艺术理论之渊源,又会使我们获得对中国传统诗学智慧的重新认识。

一、“三段式”的逻辑思维

逻辑思维是符合某种人为制定的思维规则和思维形式,而主要是遵循传统形式逻辑规则的思维方式。它是人们在认识过程中借助于概念、判断、推理等思维形式能动地反映客观现实的理性认识过程。只有经过逻辑思维,人们才能达到对具体对象本质

---

① 陈鸿祥:《人间词话 人间词注评》,南京:江苏古籍出版社,2002 年版,76 页。

规定的把握,因此它是人的认识的高级阶段,即理性认识阶段。人对事物的认识过程一般总是循着由小到大、由浅入深、由低级到高级、由简单到复杂以及由感性到理性的逻辑规则进行。逻辑思维的过程既是浑然一体的,又是有相对阶段性的,而“三段式”就是人类的思维特性之一。人类最早认识的是自己的身体,于是在认识外界事物时人们总是喜欢拿自己的身体来比喻:山有山头河有河口,地有地头路有路口。又如:做事既要注重中间过程,还要有头有尾;作文既要讲究首尾呼应,还要主体(腹)部分要内容充实,于是进而喻之凤头、豹尾和猪肚。古今中外许多哲人、诗人都曾从不同角度对人生的境界做过异曲同工的阐释,同时也都不约而同地遵循着“三段式”思维逻辑。

唐代禅师青原惟信以山水喻禅悟:“老僧三十年前未参禅时,见山是山,见水是水。及至后来,亲见知识,有个入处,见山不是山,见水不是水。而今得个休歇处,依前见山只是山,见水只是水。”第一境界是规模自然,一叶障目;第二境界是举一反三,矫饰性情;第三境界是铅华落尽,返璞归真。宋代禅宗将修行分为三个境界:第一境界是“落叶满空山,何处寻芳迹”;第二境界是“空山无人,水流花开”;第三个境界是“万古长空,一朝风月 ”,这三个境界就是其禅宗“空境”的三个阶段。第一境界中的“空寻”,表明人向上天追问自身起源:“我是谁? 我从哪里来? 我到哪里去?”的三个千古难题。第二境界中的“空无”,表明人已经从自然中剥离出来,与外在的“水流花开”自成一独立世界。而第三境界中的“万古长空”,是人对有限时空的超越,经过否定之否定之后达到天人合一之境。

冯友兰的《新原人》把人生境界分为四种:自然境界,功利境界,道德境界,天地境界。有的人把后二者合二为一叫宗教境界,因为基督教、伊斯兰教乃至儒教的好好生活的典律,又可称之为道德境界。其自然境界是未经世俗熏染的赤子童贞,功利境界是已经穿凿着滚滚红尘的心灵游荡，宗教境界是穿越滚滚红尘之后的灵魂皈依。丹麦哲学家齐克果将人生分为三个阶段：审美阶段、道德阶段和宗教阶段。德国哲学家尼采也认为人生有三个时期：合群时期、沙漠时期和创造时期。合群时期乃自我尚未苏醒，个体隐没在群体之中；沙漠时期乃自我意识觉醒，开始在寂寞中思索；创造时期即通过个人独特的文化创造而趋于永恒之境。可见哲人们也都未出“三个阶段”的思维模式。

唐代诗僧皎然虽然没有明确地提出作诗有三境界，但他的理论也不自觉地遵循了这个“法则”。皎然提出首先是“先积精思”；然后是“夫不入虎穴，焉得虎子”的“取境”和“至苦”，这其中还要遵循“四不”（气高而不怒，怒则失于风流；力劲而不露，露则伤于斤斧；情多而不暗，暗则蹶于拙钝；才赡而不疏，疏则损于筋脉），“四深”（气象氤氲，由深于体势；意度盘礴，由深于作用；用律不滞，由深于声对；用事不直，由深于义类），“四离”（虽有道情，而离深僻；虽用经史，而离书生；虽尚高逸，而离迂远；虽欲飞动，而离轻浮），“六迷”（以虚诞而为高古；以缓缦而为澹泞；以错用意而为独善；以诡怪而为新奇；以烂熟而为隐约；以气少力弱而为容易），“六至”（至险而不僻；至奇而不差；至丽而自然；至苦而无迹；至近而意远；至放而不迂；至难而状易）及“用事”等一系列法则；最后抵达其“文外之旨”的“无迹”之境。这实际也就是作诗三境界。或如清人袁枚言：“得之虽苦，出之须甘，出人意外者，仍须在人意中。”[①]南宋严羽说：“学诗有三节：其初不识好恶，连篇累牍，肆笔而成；既识羞愧，始生畏缩，成之极难；及至透彻，则七纵八横，信手拈来，头头是道矣。”[②]就诗人的主体而言，心灵最初是自由自在的，不辨美丑，处于童贞状态；在诗笔尚未纯熟之际，

---

① 袁枚：《随园诗话》（卷六），沈阳：万卷出版公司，2008 年版，135 页。

② 严羽著，郭绍虞校释：《沧浪诗话校释》，台湾：东升出版事业公司，1980 年版，121 页。

又认识到规矩和成法，于是就难免陷入窠臼；当最后诗笔纯熟之际，才能够摆脱一切外在的桎梏，获得了主体与客体的契合，达到随心所欲而不逾矩的境界。慧海禅师说：“解道者，行住坐卧，无非是道。悟法者，纵横自在，无非是法。”（《顿悟入道要门论》）清人潘德舆说：“诗有三境，学诗亦有三境。先取清通，次宜警炼，终尚自然，诗之三境也。先爱敏捷，次必艰苦，终归大适，学诗之三境也。”[①]严、潘说诗，也不妨以人生解会，这就是中国式文学批评的魅力。

二、“三境界”的诗体结构

王国维把“古今成大业者”之人生分为三个“境界”契合人类的一般思维逻辑，同时也契合中国古典文言诗歌的诗体结构，即古风或近体律绝一般均为“叙事＋写景＋抒情（议论）”的“三段式”结构体制。因此研究王国维的“三境界”对我们解读与创作旧体诗大有裨益。

旧体古典诗歌并非只有到了唐代律体才有了稳定的结构，就诗体而言，自《诗经》始就有了以四句为一个结构单位的体式，其为“叙事＋抒情”，或“写景＋抒情”等模式。对于诗体从先秦古体到唐代近体的流变，孙绿江认为太康诗歌是个关键。他说：“太康诗歌结构的一个明显特点是三段式结构渐渐定型。所谓三段式结构是指诗歌基本以头、腹、尾三部分而构成……因为这种方式与人认识事物的思维过程相一致，所以在《诗经》时代就有类似之结构了……在《诗经》‘叙事＋抒情’或‘写景＋抒情’模式的基础上加以扩大就成为‘叙事＋写景＋抒情’或‘写景＋叙事＋抒

① 潘德舆：《养一斋诗话》，郭绍虞：《清诗话续编》，上海：上海古籍出版社，1983年版，2028～2029页。

情’的新模式。”①山水诗如此结构,而以自然山水之观照来领悟哲理的玄言诗也是异曲同工的。孙绿江说:“与西晋诗人不同是……玄言诗则是叙事(逻辑前提)——写景(在景物中理解玄)——说理(对玄学精神的阐释)。”②

近体律绝讲究起、承、转、合,这看起来是四层,实际上仍未脱离“三段式”模式,近体律绝前由首联破题,后由尾联绾合,中间颔联、颈联是两个对子承转,也就是“四联三层”结构。王蒙曾做过一个有趣的实验,为了读懂李商隐一些难以索解的无题之诗,他抽去了颔、颈两联。他说:“当我们苦于抓不住此诗结构顺序的时候,我们不妨换一个方法排列排列:把相对比较平易的首二句与最后二句连通起来,就是说去‘骈’而取‘古’,弃‘腰’而取首尾,请看:‘来是空言去绝踪,月斜楼上五更钟。梦为远别啼难唤,书被催成墨未浓。蜡照半笼金翡翠,麝熏微度绣芙蓉。刘郎已恨蓬山远,更隔蓬山一万重。’好懂多了。是写别情的。于是梦也好书也好啼也好墨也好都解开了。”③王蒙的读诗方法从另一个侧面告诉我们,中间两联(绝句中的二、三两句)是同一个层次并可以同时抽掉,即律体四联仍然是“三段式”结构。近体格律诗中间是两联排偶,标准格式是一联写景,一联抒情。写景一联紧承起句,深化升华。抒情一联宕开一笔,别开生面,实际上它是又换一个角度深化颔联,而把收束点题之重任交给尾联去完成,这就说明颔颈两联本是孪生兄妹,作用本是相同的,因此我们可以合称其为“腰”。所以,起、承、转、合四层我们仍可视其为具有“头、腹、尾”的“三段式”。关于颈联,孙绿江说:“当情感发展到高潮的时候,

---

① 孙绿江、孙婷:《中国古代诗歌结构演进史》,兰州:甘肃人民出版社,2011年版,84~86页。

② 孙绿江、孙婷:《中国古代诗歌结构演进史》,兰州:甘肃人民出版社,2011年版,88页。

③ 王蒙:《混沌的心灵场——谈李商隐无题诗的结构》,《文学遗产》,1995年第3期。

也就是作者要表现的重点到来的时候，逻辑性的语言却往往力不从心，所以聪明的诗人们常在情感的高潮到来之际采用宕开一笔的手法，去写一些看似无意义的事物，不但能把诗歌引向一个更加广大的世界，而且也能给读者留下一个广大的意义空白，任由读者去想象。”[①]在律诗四联当中，虽然颔颈两联一体，但其承转毕竟各有分工，既然颈联是宕笔，那么我们不妨找一些结构较为标准的律绝，把它们宕开“这一笔”去掉，这时会发现，其所剩之三联（绝句之二、三句）正好绾合了王国维的“人生三境界”。五绝如王勃《山中》：“长江悲已滞，万里念将归。（况属高风晚，）山山黄叶飞。”七绝如杜甫《江南逢李龟年》：“岐王宅里寻常见，崔九堂前几度闻。（正是江南好风景，）落花时节又逢君。”张籍《酬朱庆余》：“越女新妆出镜心，自知明艳更沉吟。（齐纨未足时人贵，）一曲菱歌敌万金。”五律如王维《终南山》：“太乙近天都，连山到海隅。白云回望合，青霭入看无。（分野中峰变，阴晴众壑殊。）欲投人处宿，隔水问樵夫。”孟浩然《宿桐庐江寄广陵旧游》：“山暝闻猿愁，沧江急夜流。风鸣两岸叶，月照一孤舟。（建德非吾土，维扬忆旧游。）还将两行泪，遥寄海西头。”李白《渡荆门送别》：“渡远荆门外，来从楚国游。山随平野尽，江入大荒流。（月下飞天镜，云生结海楼。）仍怜故乡水，万里送行舟。”杜甫《旅夜书怀》：“细草微风岸，危樯独夜舟。星垂平野阔，月涌大江流。（名岂文章著，官应老病休。）飘飘何所似？天地一沙鸥。”杜甫《望岳》：“岱宗夫如何？齐鲁青未了。造化钟神秀，阴阳割昏晓。（荡胸生层云，决眦入归鸟。）会当凌绝顶，一览众山小。”七律如刘禹锡《西塞山怀古》：“王濬楼船下益州，金陵王气黯然收。千寻铁锁沉江底，一片降幡出石头。（人世几回伤心事，山形依旧枕寒流。）今逢四海为家日，故垒萧萧芦荻秋。”李商隐《无题》：“飒飒东风

① 孙绿江、孙婷：《中国古代诗歌结构演进史》，兰州：甘肃人民出版社，2011 年版，150 页。

细雨来,芙蓉塘外有轻雷。金蟾啮锁烧香入,玉虎牵丝汲井回。(贾氏窥帘韩掾少,宓妃留枕魏王才。)春心莫共花争发,一寸相思一寸灰。”上述诗歌的三个层次情感递增,境界渐大,由实到虚,虚实相生,意在言外。正如《世说新语》记载顾恺之吃甘蔗“先食尾,人问所以,云:‘渐入佳境’”(《排调》)。王昌龄《诗格》“论文意”曰:“高手作势,一句更别起意;其次两句起意,意如涌烟,从地升天,向后渐高渐高,不可阶上也。下手下句弱于上句,不看向背,不立意宗,皆不堪也。”[①]王昌龄明确地指出了诗歌是“渐高”的三层次结构。

上列诸诗,起手都在实处,然终篇皆落在虚处。中国诗学智慧讲究“虚实相生”,尤其是结尾,往往指向虚处,中国古代诗人和诗论家们尤其重视诗的结尾。杜甫说过“意惬关飞动,篇终接混茫”,杜甫认为诗的结尾应曲终奏雅,摇曳多姿、悠远无穷。如何才能写好结尾?创作之妙就在于如何做到“意内言外”“妙在含糊”“兼真幻之长”“采奇于象外”“化景物为情思”。诗歌的写作过程由“状难写之景”(虚:构思),“如在目前”(实:起意),到“含不尽之意于言外”(虚:绾合)的过程,这个过程是从“化虚为实”到“以实生虚”的过程。诗歌的阅读过程是读者根据自己的阅历和感受,再把作者“言不尽意”的“意”从“化虚为实”到“得意忘言”,读者的情志也就在这一转化过程中得到了具体实在的表现和寄托。所以读者往往赞叹好作品曰“妙不可言”。

做人如作文,我们不妨再尝试以刘勰、陆机之论和李白、杜甫之诗作同时来训读王国维的“人生三境界”,或许会别有一番滋味。诗学语曰:“积学以储宝,酌理以富才,研阅以穷照,驯致以绎辞”(刘勰),“其始也,皆收视反听,耽视傍讯,精骛八极,心游万仞”(陆机)。诗家语曰:“渡远荆门外,来从楚国游”(李白),“细

① [日]遍照金刚:《文镜秘府论》,北京:人民文学出版社,1975年版,129页。

草微风岸,危樯独夜舟”(杜甫)。此第一境也。诗学语曰:“陶钧文思,贵在虚静,疏瀹五藏,澡雪精神”(刘勰),“其致也,情曈昽而弥鲜,物昭晰而互进,倾群言之沥液,漱六艺之芳润。浮天渊以安流,濯下泉而潜浸。”(陆机)。诗家语曰:“山随平野尽,江入大荒流”(李白),“星垂平野阔,月涌大江流”(杜甫)。此第二境也。诗学语曰:“寂然凝虑,思接千载,悄焉动容,视通万里”(刘勰)①,“于是沉辞怫悦,若游鱼衔钩,而出重渊之深;浮藻联翩,若翰鸟婴缴,而坠曾云之峻”(陆机)②。诗家语曰:“仍怜故乡水,万里送行舟”(李白),“飘飘何所似?天地一沙鸥”(杜甫)。此第三境也。

三、“三境界”的诗性智慧

王国维博古通今,学贯中西,将禅学、诗学与人生哲学熔铸一体,采用以非定义性的以感性体验为核心的点悟式的意象批评方式建构“人生三境界”,这是独特的中国诗性文化阐发。王国维在建构“三境界”中,于“目的”上又纠结着上升性思维、求解性思维、决断性思维等;于“技巧”上融会着直觉思维、渗透思维、灵感思维、辩证思维、综合思维等;于“抽象性”上整合着直观行为思维、具体形象思维、抽象逻辑思维;于“质量”上表现为再现思维和创造思维。王国维选取“西风碧树”“高楼远路”谕之苦心孤诣,“衣带渐宽”“伊人憔悴”谕之如醉如痴,“百度千寻”“灯火阑珊”谕之茅塞顿开。这种意象批评来自于庄禅,它虽然缺乏像西方文学批评那样的强调系统分析、理性分析,但它的魅力也恰恰就在于这种言不尽意的混沌不分的人生体验,所以王国维的“三境界”能够千古高标。

---

① 刘勰:《文心雕龙·神思》,黄叔琳注:《增订文心雕龙注》,北京:中华书局,2000年版,369～370页。

② 陆机:《文赋》,张少康:《中国历代文论精选》,北京:北京大学出版社,2003年版,75页。

王氏“三境界”，既是论人又是说诗，既是论世又是参禅。“昨夜西风凋碧树”，依晏殊“诗家语”当是登楼远眺，秋风萧飒，西风黄叶，山长水阔，案书何达？而按王国维之“哲人语”解会当是欲成大业，先须登高望远，瞰察路径，明确目标，但仍处混沌迷茫之中。“衣带渐宽终不悔”，依柳永“诗家语”当为追求真爱，无怨无悔。而王国维又把“伊”之内涵升华为人生理想，故耐住寂寞，耐得磋磨，上下求索，孜孜矻矻，或见晨光之熹微。“众里寻他千百度”，依辛词字面所言应是“人约黄昏后”，但联系稼轩身世与其处境来看这首词，确如梁启超所言“自怜幽独，伤心人别有怀抱”，此词大约作于被罢职闲居期间，置身热闹之外的“伊人”形象里，当有辛稼轩自身的影子在，应是其政治怀抱的抒写。而王国维则又点化为治学境界的反复求索，千回百转，十载山重水复，一朝柳暗花明。所以最后王国维幽默地补充一句说“然遽以此意解释诸词，恐为晏、欧诸公所不许也”。但不管是佛解、道解，还是诗解，这“三境界”都是迷惘—求索—顿悟的过程，或厚积薄发—融会贯通—返璞归真的不断超越。晏殊、柳永、辛弃疾本已借兴象别有寄托，都是把人生与自然融会起来，以自然现象解释人间现象，形成天人之间的比附关系，而王国维又进一步把这三句美妙的诗家语按照人的思维规律，由小到大、由个体到群体、从有限到无限地建构了一个“精神内敛，和光外发”的人生境界和艺术境界，从而缔造了古往今来“以形象论道”的空谷足音。

“欲穷千里目，更上一层楼”，人生如登楼而阶级历历。哲人们虽有各自的说法，但总逃不出这“三段式”的框架，这应是人们认识自己、认识事物的一般规律。丰子恺的“三层楼”说，也未脱此窠臼。丰子恺在老师李叔同故去后，通过对他一生的回忆与思考，总结出了人生的真谛：“人的生活可以分作三层：一是物质生活，二是精神生活，三是灵魂生活。物质生活就是衣食，精神生活就是学术文艺，灵魂生活就是宗教。”又说：“我脚力小，不能追随弘一法师上三层楼，现在还停留在二层楼上，斤斤于一字一笔的小技，自己觉得很惭愧。但亦常常勉力爬上扶梯，向三层楼上望望。”[①]这个“三层楼”说是丰子恺1926年11月28日在厦门佛学会的演讲提出来的，它既概括了世间各色人等的三种境界，又说明了人生境界确有三个阶级。这“三层楼”固然也形象，若抛开他与王国维“三境界”的哲学视阈而言，这“三层楼”还真抵不过“西风碧树”“伊人憔悴”“灯火阑珊”等意象所呈现的境界滋味隽永。叶燮说：“诗之至处，妙在含蓄无垠，思致微渺，其寄托在可言不可言之间，其指归在可解不可解之会；言在此而意在彼，泯端倪而离形象，绝议论而穷思维，引人入冥漠恍惚之境，所以为至。……必有不可言之理，不可述之事，遇之于默会意象之表，而理与事无不灿然于前者也。……惟不可名言之理，不可绝见之事，不可径达之情，则幽渺以为理，想象以为事，惝恍以为情，方为理至、事至、情至之语。”[②]叶燮的这段关于诗歌的精妙本体论，把言、意、情、象的关系讲得非常透辟，其实这就是王国维所说的“有境界”。

若论“境界”，当以南朝钟嵘提出的“使味之者无极，闻之者心动，是诗之至也”的言有尽而意无穷的“滋味”为滥觞；继之有唐王昌龄的“诗有三境说”和司空图“近而不浮，远而不尽”的“韵味”说；再有南宋严羽的“兴趣”说；最后是清王士禛的“神韵”说。应该说王昌龄的“三境”说在理论结构上对王国维的“三境界”影响最大，《诗格》曰：“诗有三境：一曰物境，欲为山水诗则张泉石云峰之境，极丽绝秀者，神之于心，处身于境，视境于心，莹然掌中，然后用思，了然境象，故得形似。二曰情境，娱乐愁怨皆张于意而处于身，然后驰思，深得其情。三曰意境，亦张之于意而思之于心，

① 丰子恺：《丰子恺散文集》，西安：太白文艺出版社，2011年版，159～160页。

② 叶燮：《原诗·内篇下》，王夫之：《清诗话》，上海：上海古籍出版社，1999年版，584～587页。

则得其真矣。”[①]此外,王昌龄还提出“三格”“三不”“三宗旨”等理论都颇有影响。王国维的“人生境界”论依内因来说,导源于他的“诗歌境界”论。他说:“文学之事,其内足以摅己而外足以感人者,意与境二者而已。上焉者意与境浑,其次或以境胜,或以意胜。苟缺其一,不足以言文学。”[②]《人间词话》几乎整篇都在谈词的“境界”,如:“词以境界为最上”“有造境,有写境”“有有我之境,有无我之境”“境界有大小”等,同时王国维又由词想到了人生,于是就有了“三境界说”。

王国维在论词的境界时,特别注重一个“情”字。他说:“境非独谓景物也。喜怒哀乐,亦人心中之一境界。故能写真景物、真感情者,谓之有境界。否则谓之无境界。”[③]重申了“激烈之情感亦得为直观之对象”,还说“境非独谓景物也”“一切景语皆情语也”。王国维强化了王昌龄的“情境说”,突出了“情”的境界,也就突出了“真”的境界。汤显祖早就认为纷繁复杂的人间世象中一个“情”字是万象推移、虚实演化的关键,也是艺术创作的根本,所以他说“世总为情,情生诗歌,则行于神”(《玉茗堂文之四》)。袁枚《小仓山房文集·答蕺园论诗书》也认为“诗者,由情生者也;有必不可解之情,而后有必不可朽之诗。”[④]王国维的“有我之境”和“无我之境”都本着一个“情”字,其“人生三境界”就是“以我观物,故物皆着我之色彩”的“有我之境”。那么这个“有我之境”又何以如此既让人获得智慧,又何以如此震撼心灵?王国维从创作的心理态势与美感效应方面论述道:“无我之境,人惟静中得之。有我之境,于由动之静时得之。故一优美,一宏壮也。”[⑤]可见他的“诗歌境界”是体,他的“人生境界”是用。

---

① 郭绍虞:《中国历代文论选》,上海:上海古籍出版社,2001年版,88~89页。
② 陈鸿祥:《人间词话 人间词注评》,南京:江苏古籍出版社,2002年版,431页。
③ 陈鸿祥:《人间词话 人间词注评》,南京:江苏古籍出版社,2002年版,18页。
④ 郭绍虞:《中国历代文论选》,上海:上海古籍出版社,2001年版,474页。
⑤ 陈鸿祥:《人间词话 人间词注评》,南京:江苏古籍出版社,2002年版,11页。

关于“三境界”，中外先贤见仁见智，正说明它确实难于言说，而独王国维抓住了要害，充分运用了中国诗性智慧“尚象崇简”的特质。陆机《文赋》说：“恒患意不称物，文不逮意，盖非知之难，能之难也。”[①]刘勰《文心雕龙·神思》说：“是以意授于思，言授于意，密则无际，疏则千里，或理在方寸而求之域表，或言在咫尺而思隔山河。”“至于思表纤旨，文外曲致，言所不追，笔固知止。至精而后阐其妙，至变而后通其数，伊挚不能言鼎，轮扁不能语斤，其微矣乎！”[②]“意不称物，文不逮意。”“伊挚不能言鼎，轮扁不能语斤。”既然“言不尽意”，于是就“立象以尽意”，因为“尽意莫若象”。“意以象尽”并不是说“象”是可以把“意”说尽的，而是说“象”是用来尽量“尽意”的，因此要弥合“言”“意”之间的鸿沟，在二者之间如何搭建“象”的桥梁是至关重要的。虽然王昌龄等也是“立象尽意”的，但毕竟较王国维逊了一筹。王昌龄在论“物境”时以“泉石云峰”“莹然掌中”等“立象尽意”，然在眉睫。但在论“情境”和“意境”时的“娱乐愁怨皆张于意而处于身”“亦张之于意而思之于心”则纯粹是抽象议论了。惜乎，王昌龄没有把“立象”进行到底！正如庄子《秋水》所言“可以言论者，物之粗也。可以意致者，言之精也”。理学家二程说孟子之所以比不上孔、颜，只在于孟子太露，未若孔、颜“极高明而中庸”。孔子何等境界，如颜渊赞叹曰：“仰之弥高，钻之弥坚，瞻之在前，忽焉在后。”

中国玄学与文学中的“言意之辨”的理论框架“言—象—意”之关键在“象”。语言是人类伟大的创造，然而它同人类丰富的感情、复杂的心理相比，同大千世界相比，又是苍白无力的。道家所谓“道不可名”，释家所谓“不可思议”，都是人类思维和语言的局限性所造成的。这时候，诗歌就是最好的言说不可言说而又必须

① 陆机：《文赋》，张少康：《中国历代文论精选》，北京：北京大学出版社，2003 年版，74 页。

② 黄叔琳注：《增订文心雕龙注》，北京：中华书局，2000 年版，370 页。

言说的艺术形式，它既诉诸言内，又寄诸言外，充分运用语言的启发性和意趣，以达到言有尽而意无穷的效果。禅宗五祖弘忍何以把衣钵传给慧能，当然是神秀的偈语禅悟不够彻底。仅从文学的“立象尽意”上讲，神秀的“身似菩提树，心似明镜台，时时勤拂拭，勿使惹尘埃”就显得质实、笨拙；而慧能的“菩提本无树，明镜亦非台，本来无一物，何处惹尘埃”就更加空灵、透脱，二者境界天壤昭然。胡应麟说“文尚典实，诗贵清空；诗主风神，文先道理”[①]，只有虚实相生，才能超越“作诗必此诗”的笨拙，才不至于“粘皮带骨”。

王国维的“人生三境界”是依据人类固有的思维结构和中华民族的传统文化精神的稳定性来获取读者与文本相沟通的最佳方式，同时更契合了中国传统文化的浑然性。王国维的“人生三境界”不仅是用智慧写成的，也是他对自己短暂而又令人高山仰止的学术生涯的诠释。

（原载：《北华大学学报》（社会科学版），2012年第6期）

① 胡应麟：《诗薮》，上海：上海古籍出版社，1958年版，125页。

卷十六　论王国维“人生三境界”的忧患意识

一代国学宗师王国维以其独立之精神，自由之思想，传奇之人生彪炳青史。然而有非常之人，必有非常之言，尽管古今中外先贤已提出了种种振聋发聩的“三境界”理论，然而自王氏之论横空出世，遂关千古境界之口，古今论“三境界”者颇多，而最使人感发者，莫过于王国维的“人生三境界”。然其所摄取的意象以及其所建构的境界却独出千古，这正是王氏“三境界”魅力之所在。基此，其文化渊源也就成了我们感兴趣的话题，而发掘其艺术理论之渊源，又会使我们获得其中除了诗学思维（另撰文）之外，还有浓重的忧患意识。

千百年来，忧患意识已经成为中华民族的主流文化传统之一，它代表着一种高尚人格，它使人超越了自身的利害、荣辱、成败，从而体现出一种社会责任感、历史使命感和能动性，并表现为坚强意志和奋发精神。从某种角度来说，正是中华文明孕育和包含着忧患意识，才使中华民族历经磨难而不衰。据说文王拘羑里而演《周易》，盖因忧患始，所以其探讨的核心问题就是吉凶。《易经》曰：“易之兴也，其于中古乎？作易者其有忧患乎？”（《系辞下传》第七章）孔子《十翼》解释说，危险是由安逸转化而来的：“危者，安其位者也。亡者，保其存者也。乱者，有其治者也。”又：“是故君子安而不忘危，存而不忘亡，治而不忘乱，是以神安而国家可保也。”后来孟子又概括为“生于忧患，死于安乐”，即忧患意识，也叫“未雨绸缪”。《老子》五十八章也说道：“祸兮，福之所倚；福兮，祸之所伏。孰知其极？”韩非子对这句话更有非常精辟的阐释：“人有祸则心畏恐，心畏恐则行端直，行端直则思虑熟，思虑熟则得事理，行端直则无祸害，无祸害则尽天年，得事理则必成功。”（《解老》）

一、“独上高楼”与“人格敬重”

王国维的忧患意识除了中华民族的历史渊源，还有来自于康德关于人在获得人格敬重行为中所与之俱来的一种痛苦的学说，因为这种人格敬重往往与某种逆境紧密结合。在王国维这里，人格敬重正与他的悲观主义紧密结合。王国维把尊崇人格放在个体与社会的矛盾关系上，他所称许的尊崇的具有伟大人格者，如屈原、杜甫、苏轼、陆游和辛弃疾等都是一生困厄者。智者与俗众最大的区别就是他对世界的认识是居高临下的，居高者，而闻者彰，而见者远。正因其高，俗众其力不胜登临，故而知之者孤寡，犹曲高而和寡。如此，在漫漫人生路上求索的智者一生就注定他要踽踽独行，他要独上高楼。1903 年王国维在南通时写的《拼飞》：“拼飞懒逐九秋雕，孤耿真成八月蜩。偶作山游难尽兴，独寻僧话亦无聊。欢场只自增萧瑟，人海何由慰寂寥。不有言愁诗句在，闲愁那得暂时消。”王国维的早期诗作就已经透露出了一种悲壮的审美境界。

中国戏曲小说中著名的悲剧中人物如程婴、杵臼、窦娥、柳敬亭和苏昆生等都是出于自身的“自由意志”而为正义赴汤蹈火的，他们的人格都是王国维十分敬重的。王国维在诗中写道：“所以古达人，独求心所安”，在王国维看来这些赴汤蹈火的悲剧人物就是为了求得心灵的安顿而然。正如亚里士多德名言“智者不求幸福，但求免于痛苦的自由”。王国维是一位真诚的悲天悯人者，他一生有着忧生忧世的道德情怀：“‘我瞻四方，蹙蹙靡所骋’，诗人之忧生也。‘昨夜西风凋碧树，独上高楼，望尽天涯路’似之。‘终日驰车走，不见所问津’，诗人之忧世也。‘百草千花寒食路，香车系在谁家树’似之。”[①]又，“《诗·蒹葭》一篇，最得风人深致。晏同叔之‘昨夜西风凋碧树，独上高楼，望尽天涯路’意颇近之。但一洒落，一悲壮耳。”[②]可见，在王国维的“人生三境界”中，交织着深沉的忧患意识和浓郁的悲情色彩。

王氏的“三境界”既是古今成大业者之必经之路，同时也饱含着对家国天下的忧患。“昨夜西风凋碧树”是背景、是现实，由“兴”而引出某种“忧生”“忧世”的悲悯之情。“独上高楼，望尽天涯路”既是“为往圣继绝学”，又是“为万世开太平”的起点，这也是传统士大夫应有的胸襟。罗振玉曾因王国维“千秋壮观君知否？黑海西头望大秦”的早年诗句而大异其才，这也正是他“衣带渐宽终不悔，为伊消得人憔悴”的人格动因。王国维早在《文学小言》中说道：“无高尚伟大之人格而有高尚伟大之文学者，殆未之有也。”正值帝国主义瓜分中国之际，王国维《致许同蔺》中说：“瓜分之局已见榜样，如何如何！胸中所预言于足下者十倍于兹，每一提笔不知其何以忘也。”[③]又说：“常为此刻欲望在上者变法，万万不能，惟有百姓竭力做去，做得到一分就算一分。”[④]应该说这正是王国维“众里寻他千百度”的伟大理由。具有高尚伟大之人格，才有独步古今之三境界，因此王国维是位伟大的孤独者。

二、“衣带渐宽”与“美育救国”

在王国维看来自己的救国之路是文化、是道德，而使人能够达到道德境界的正是美育。艺术不仅要美，而且还要善，艺术要

① 陈鸿祥：《人间词话 人间词注评》，南京：江苏古籍出版社，2002 年版，72 页。
② 陈鸿祥：《人间词话 人间词注评》，南京：江苏古籍出版社，2002 年版，69 页。
③ 王国维：《王国维全集·书信》，北京：中华书局，1984 年版，6 页。
④ 王国维：《王国维全集·书信》，北京：中华书局，1984 年版，3 页。

“尽善尽美”才是真美,而且美育若有其相对独立位置,倒容易导致美善合一,但美育若沦为道德的奴隶,则美善两伤。尽善尽美才是能救国救民的美育,因此王国维所要成就的文化之大业始终与家国之图强为一体。刘烜说:“王国维本人的气质是内向的,有忧郁的性格,作为一个学者,他是理智型的,深沉是他的特色。他思索着人生的真谛,思索着国家的不幸,思索着家族的兴衰。”①

王国维早年就认为美育可以救国,因此后来他治美学。王国维1904年2月曾在《教育世界》第69期发表《孔子之美育主义》一文,他在文中提出了人生有物质境界、审美境界和道德境界之说,而审美境界乃物质境界与道德境界之津梁也。他认为妨碍中国美育发达者有三:一是只看眼前的蝇头小利,太急功近利;二是中国诗画本有特色,而世之贱儒辄援“玩物丧志”相斥;三是我国人审美趣味缺乏,朝夕营营,逐一己之利害而不知返。王国维的词话称为“人间词话”,他的词称为“人间词”。据佛雏《王国维诗学研究》等统计,《人间词》提到“人间”凡38次,罗振玉有时给他写信也称其为“人间先生”,这些足以证明了王国维的人间情怀和社会责任感,这其中既包含着忧生忧世的真谛,又包含着治国平天下的抱负。直到1925年3月王国维在给蒋汝藻的信中告诉他已接受清华的聘任时还说:“数月以来,忧徨忙迫,殆无可语。直至上月,始得休息。现主人在津,进退绰绰,所不足者钱耳。然困穷至此,而中间派别意见排挤倾轧……故弟于上月已决就清华学校之聘,全家亦拟迁往清华园,离此人海,计亦良得。数月不亲书卷,直觉心思散漫,会须招收魂魄,重理旧业耳。”②蒋汝藻给王国维的回信中劝道:“从此脱离鬼蜮,垂入清平,为天地间多留数篇有用文字,即为吾人应尽之义务。至于挽回气数,固非人力所能

① 刘烜:《王国维评传》,南昌:百花洲文艺出版社,1996年版,22页。
② 王国维:《王国维全集·书信》,北京:中华书局,1984年版,412页。

强为。”①在王国维看来治国之路在文化、在道德，而民族文化道德的提升则在美育，为此，他不惜自己的生命去追寻着，正所谓“独上高楼，望尽天涯路”“衣带渐宽终不悔”。康德就认为真正的道德行为是纯粹基于义务而做的行为，而为实现某个个人功利目的而做事情就不能被认为是道德的行为。因此，一个行为是否符合道德规范并不取决于行为的后果，而是取决于采取该行为的动机。

他认为自己是生活在中国的悲剧时代，但在现实中又无解脱之途径。王国维钟情康德、尼采、叔本华，而受叔本华的影响最大。他推崇《红楼梦》为悲情巨著，他用美学解读《红楼梦》以寄语国运忧患，这其中交织着他对国运衰亡的忧患和对人民麻木乐天的慨叹。此外，王国维的忧患意识中还饱含着人生苦难的体验，他认为人生即苦难，所以王国维具有悲情色彩。他说“通灵宝玉”之“玉”就是“欲”，所谓“玉”者不过生活之“欲”之代表而已。在对生命的认识上王国维是尚虚的，他认为生活的本质是“欲”，不论欲满足与否，其结果都必然是痛苦。王国维说：“生活之本质何？欲而已矣。欲之为性无厌，而其原生于不足，不足之状态，痛苦是也。既偿一欲，则此欲以终，然欲之被偿者一，而不偿者什百，一欲既终，他欲随之，故究竟之慰藉终不可得也。”②这又应了老子的“人之大患，在我有身”，庄子的“大块载我以形，劳我以生”。王国维又将老子的“患”解为“忧患”，将庄子的“劳”用作“劳苦”，举为与“生命”相生相依、无法离弃的东西，认为“忧患与劳苦之与生相对待也久矣”。由此他得出结论：“欲与生活与苦痛，三者一而已矣。”换言之，王国维认为人类所有的知识与实践，无不与苦痛相关。然而，既与人无利害关系，又能使人超然于现

① 刘烜：《王国维评传》，南昌：百花洲文艺出版社，1996 年版，251 页。

② 王国维、蔡元培：《红楼梦评论 · 石头记索引》，上海：上海古籍出版社，2005 年版，2 ~ 3 页。

实利害关系之外的，就只有艺术。艺术能使人在积阴弥月的沉闷压抑状态中走向自由放松的境地，使人在追求成大业、大学问的过程中品味苦中有乐，走进苦尽甘来的境界。曹顺庆说："在宗教精神相对淡薄，实践理性精神一向占着主导地位的中国文化中，人们更多的不是到彼岸的上帝那里去寻找生命的价值之源，寻找支援意识，而是通过将生活泛审美化、泛艺术化来赋予生命的意义的。这种文化基因，既是蔡元培提倡以美育代替宗教的内在依据，也是王国维关于艺术本源的内在依据。"①然而蔡元培也好，王国维也好，他们在倡导美育的过程中，要艺术强调"尽善尽美"，并且美育要有独立位置不能沦为道德的奴隶。王国维除了具有国运忧患的"公欲"难以释怀之外，还有一种人生悲情的"私欲"不得慰藉。因此他要寻求精神的安身立命，就只能回归中国的传统文化。

三、"百度千寻"与"不见伊人"

人的生命意义仿佛只有在文学艺术和审美中才能找到，这不仅是王国维的人生观，也是几千年来中国士人的人生观。司马迁在宫刑后对"发愤著书"的感悟来自于屈原"发愤以抒情"，西伯拘羑里演《周易》，不韦迁蜀世传《吕览》等倜傥非常之事。述往思来，李白说"哀怨起骚人"，杜甫说"文章憎命达"，韩愈说"不平则鸣"又"欢愉之词难工，穷苦之音易好"，欧阳修的"诗穷而后工"，赵翼说"国家不幸诗家幸，赋到沧桑句便工"等，都不约而同地阐发着忧患与文学的关系、忧患与大业的关系。对此，欧阳修在《薛简肃公文集序》中做了精辟的回答："君子之学，或施于事业，或见于文章，而常患于难兼也。盖遭时之士，功烈显于朝廷，名誉光于竹帛，故其常视文章为末事，而又有不暇与不能者焉。至于失志之人，穷居隐约，苦心危虑，而极于精思，与其有感激发

① 曹顺庆:《中国古代文论话语》，成都:巴蜀书社，2001 年版，328～329 页。

愤,惟无所施于世者,皆一寓于文辞。故曰穷者之言易工也。如唐之刘、柳,无称于事业;而姚、宋不见于文章。”[①]首先,人的精力是有限的,事功与文章难以兼善;其二,事功烈显者或不重视文章,或不擅于文章,所以显达之人常不以文章见称;相反,失志之人,苦心危虑、感激发愤,又不能把所学用于济世,所以失志之人文章辄易工。这岂止刘柳?前有屈宋、李杜,后有苏黄、关马,不胜枚举。姚崇、宋璟位极人臣,事功烈显,誉光竹帛,而独不见于文章,此类人等亦不胜枚举。事功烈显之人哪里有机会,或愿意去体验那“西风碧树”“伊人憔悴”的人生况味呢!再看那些以文章名世者,单是明清两代的施耐庵、罗贯中、吴承恩、吴敬梓、蒲松龄等就没有一个是中过举的,正如欧公所言“非诗之能穷人,殆穷而后工也”。杨玉华说:“悲愤和痛苦的情感特具一种直指人类命运根本的力量,也最容易引起封建时代‘人生失意常八九’的知识分子的强烈共鸣。”[②]或可说“世界上最美的诗常常是用眼泪写成的”。王国维受叔本华思想影响最深,叔本华说过:“一个人认识得愈清晰,他的智力愈高,他的痛苦就愈甚;一个赋有天才的人痛苦也就极大。”[③]王国维认为自己人已“穷”而诗却未“工”,民族国家又岌岌可危,认识论上的“真理”既不可知,伦理学上的“解脱”又不可凭,这种痛苦与他对社会文化的认识俱增,于是决绝仿佛是最好的出路。

关于王国维的死,尽管有“殉清”说(后世学者证明乃罗振玉始作俑),罗振玉“逼债”说(郭沫若提出),皆不足凭,而陈寅恪的“身殉文化”说最为令人信服。王国维在遗书委托陈寅恪、吴宓处理后事,显然意味着他们的关系最密切,也彼此最为了解。据吴宓日记6月14日记载:“晨,吴其昌来,议以《学衡》专期为王静安

---

① 欧阳修:《欧阳永叔集》,北京:商务印书馆,1936年版,258页。

② 杨玉华:《文化转型与中国古代文论的嬗变》,成都:巴蜀书社,2000年版,255页。

③ 叔本华:《意志和表象的世界》,北京:中国画报出版社,2012年版,245页。

纪念。”“寅恪谓凡一国文化衰亡之时，高明之士，自视为文化之寄托者，辄痛苦非常，每先以身殉文化，如王静安先生，是其显著之例。而宓则谓寅恪与宓皆不能逃此范围，惟有大小轻重之别耳。”①吴宓认为王国维是身殉文化者，而陈寅恪的《王观堂先生挽词》又被吴宓认为是与王国维心心相印的文字：“纲纪之说，无所凭依，不待外来学说之掊击，而已销沉沦丧于不知觉之间；虽有人焉，强聒而力持，亦终归于不可救疗之局。盖今日之赤县神州值数千年未有之巨劫奇变，劫尽变穷，则此文化精神所凝聚之人，安得不与之共命而同尽？此观堂先生所以不得不死，遂为天下后世所极哀而深惜者也。”②种种因素表明，陈寅恪的“身殉文化”说可谓深得王国维的“以学术为生命”的人生观。当然王国维完成最终选择的因素是多方面的，有庄列厌世思想的回响，有叔氏悲观哲学的浸衽，更有其自由意志与现实社会的冲突。这一冲突既是《人间词》的主旋律，也是《人间词话》的，同时也是其“人生三境界”的灵魂。

王国维的“人生三境界”是依据中国固有的民族心理和传统文化精神的稳定性来获取读者与文本相沟通的最佳方式，也契合了中国传统文化的浑然性。《离骚》“盖自怨生也”，阮籍《咏怀》因“常虑祸患”发此咏，严羽说：“唐人好诗，多是征戍、迁谪、行旅、离别之作，往往能感动激发人意。”③可见，王国维的“人生三境界”不仅是用智慧写成的，也是他对自己短暂而又令人高山仰止的学术生涯的诠释，更是他植根于我们多难之邦的忧患意识。

（原载：《金陵科技学院学报》（社会科学版），2013 年第 2 期）

---

① 季羡林：《吴宓与陈寅恪》，北京：清华大学出版社，1992 年版。

② 陈寅恪：《诗集 · 王观堂先生挽词》，北京：清华大学出版社，1993 年版，10 ~ 11 页。

③ 郭绍虞：《沧浪诗话校释》，台湾：东升出版事业公司，1980 年版，182 页。

下 编

天人之学

戊戌耳顺抒怀

江南塞北逝华年，远眺蓬莱待渡船。
倏忽一声惊布谷，应怜半世望燕然。
窃攀班马究天际，宁为曹刘赋笔闲。
犹且高秋枫色劲，风裁云锦作诗笺。

卷十七　在性善论“温情”表象的背后

子曰:克己复礼天下归仁,然何谓“周礼”? 周公制礼作乐旨意何在? 此须先拷问何谓人性。孔孟固执仁善之源,荀卿反持丑恶之端,百代聚讼肇始。周初姬旦依宗法制制礼作乐,推孝而忠,以家国混成而维系封建制。春秋以降,礼崩乐坏,士人各怀利器以救,孔孟之徒奔走呼号,墨者之属抱薪救火,老庄之辈哀叹隐忍,终以申韩之术一扫六合。孔孟能忍天下诸侯僭越封号,由伯子而公侯,由公侯而王天下,孰不忍“八佾舞于庭”? 老庄以“无为而治”,以人道尊天道,曲高和寡;墨论远离世俗人心,虽赴汤蹈火而难接地气;孔孟秉承天遂人愿,高倡仁义道德,偏执伪善,远水不解近渴。遂有天子失官、老子西去、孔孟奔走、庄周观鱼,学在四夷。唯申韩之流直面人心,直陈利害,然申韩之失,一在道德,二在仁义,秦皇捐弃“一字千金”之言而不顾,铁面无情,秦皇二世而亡。道家绝圣弃智,骑青牛、坐漆园,仅西汉文景之世昙花一现而百代无闻于朝。墨家兼爱非攻,逆流而动,显学遽隐。儒家仁义道德、内圣外王,似与墨者殊途同归,皆不为当世所用,但儒家尊尊亲亲之等级特权却暗合治者情怀,于是自董仲舒之后彪炳至今。道德教化日益强化,而道德情怀日见式微,寻根探源,则必回溯人性善恶之辨。

一、性善致伪善以致"无法无天"

世人皆知"性善"导源孟子,亚圣以仁义礼智四端为人心常态:"恻隐之心,人皆有之;羞恶之心,人皆有之;恭敬之心,人皆有之;是非之心,人皆有之。恻隐之心,仁也;羞恶之心,义也;恭敬之心,礼也;是非之心,智也。仁义礼智非由外铄我也,我固有之也。"(《告子》)并由仁心推及仁政:"人皆有不忍人之心。先王有不忍人之心,斯有不忍人之政矣。以不忍人之心,行不忍人之政,治天下可运于掌上。所以谓人皆有不忍人之心者,今人乍见孺子将入于井,皆有怵惕恻隐之心。非所以内交于孺子之父母也,非所以要誉于乡党朋友也,非恶其声而然也。"(《公孙丑》)常理以为人性文明,兽性野蛮,实则禽兽之食肉草乃自然法则,而人之所食禽兽鱼鳖无所不包亦自然也,虎毒不食子,然人或有易子而食,此可辨人与兽之性乎,故人类之野蛮与文明分野亦当别论。古今中外贪腐不绝,渊源何在？其实无非由人性之欲衍生利害,并开启恶端。人兽"欲望"元初本同,"食色"性也。但动物放纵欲望无所滞碍,人之放纵欲望则不可无拘无束,盖因人之社会性远出兽类,即社会生活,必由社会规范之。故此人类对于欲望的放纵程度当与制度建设和法网恢恢相表里。虽然集权帝国无不借前车之鉴,而历史亦不断上演后车之覆,其间儒学亦竭力创新理论、牢笼国策,直至推出"存天理,灭人欲"之心性大法,亦未能扑灭因集权制而带来的人欲放纵。人兽之别当在理智性、社会性,在于私权利与公权力的和谐与平衡,合理合法的私权利需要公权力保护,非理非法的私权利需要公权力扼制,基于此,公权力的制定就需要选取全民私权利的最大公约数,需要全民制订与全民监督,而不允许有凌驾于其上的个别私权利存在。一旦私权利间或凌驾于公权力之上,理智与欲望相碰撞之际,公权力与私权利冲突之时,当事人首先是评估放纵欲望、违背社会公利之成本有无抑或大小,于是有中规中矩,有有恃无恐,亦有铤而走险。故此扼制人心、维护公利则不应是道德说教和仁心自律,而是阳光下的法律机制。

针对孟子善论,告子奋起辩曰:“告子曰:‘性犹湍水也,决诸东方则东流,决诸西方则西流。人性之无分于善不善也,犹水之无分于东西也。’孟子曰:‘水信无分于东西。无分于上下乎?人性之善也,犹水之就下也。人无有不善,水无有不下。今夫水,搏而跃之,可使过颡;激而行之,可使在山。是岂水之性哉?其势则然也。人之可使为不善,其性亦犹也。’”(《告子》)告子以水流向之无常态喻人无善恶,而孟子执言水往低处流即常态。又公都子曰:“告子曰:‘性无善无不善也’,或曰:‘性可以为善,可以为不善;是故文武兴,则民好善;幽厉兴,则民好暴’。或曰:‘有性善,有性不善。是故以尧为君而有象,以瞽瞍为父而有舜,以纣为兄之子,且以为君,而有微子启、王子比干。’今曰性善,然则彼皆非与?”孟子曰:“乃若其情,则可以为善矣,乃所谓善也。若夫为不善,非才之罪也。”二人虽各执一端,但依孟子之势,胜负判然。后世儒家以唯仁牧民、以风化下,漠视人性恶端,遂使道德教化百代不易。吕思勉先生说:“如实言之,则告子之说,最为合理。凡物皆因缘际会而成,人性亦犹是也。人性因行为而见,行为必有外缘,除却外缘,行为并毁,性又何从而见?……告子曰:‘性犹湍水也,决诸东方则东流,决诸西方则西流。人性之无分于善不善也,犹水之无分于东西也。’此说最是……故孟子之难,不中理也。”①。

孟曰以鱼与熊掌譬生与义皆我所欲,然舍鱼而取熊掌、舍生而取义,实属必然。但此譬之谬正在于生硬比附义与熊掌,而漠视取“熊掌”与“生”皆是感性和本能作用,取“鱼”与“义”是理性和人为作用,以感性而论,熊掌与生必重于鱼与义,取熊掌取生同

① 吕思勉:《中国文化思想史九种·先秦学术概论》,上海:上海古籍出版社,2009 年版,516～517 页。

为损人利己，本性也。取鱼取义乃是圣贤之理性抉择，凡俗难从。譬之美色投怀送抱，孔方汹汹如潮，此际常人灭欲有几？财色兼收常人也，财色不动圣人也，而圣贤此际心中亦必是心头先动之、后抑之。孟氏引孔子语："道二，仁与不仁而已矣"，此中已承认人性的两面性，而"求则得之，舍则失之，求在我者也"，此中又承认了仁乃"求"而得之，而非固有之性，虽然孟氏绝口不提恶是否为人性固有，但其思想已然陷入悖论。其"养我浩然之气"，亦自招认浩然之气亦非固有而须"养"，至此孟氏亦未出告子窠臼。儒家原典《乐记》："夫物之感人无穷，而人之好恶无节，则是物至而人化物也。人化物也者，灭天理而穷人欲者也。于是有悖逆诈伪之心，有淫佚作乱之事，故强者胁弱，众者暴寡，勇者苦怯，疾病不养，老幼孤独不得其所，此大乱之道也。"①诸子源于六经，儒道概莫能外，显然"性善"论离经已远。

周代伊始，左手高举敬天法祖保民，右手高举"刑不上大夫，礼不下庶人"，孔孟弘扬不遗余力，而尊尊亲亲之等差之爱、特权之仁又如何"保民"？孟氏指出"墨氏兼爱，是无父也。无父无君，是禽兽也"，批评墨氏混淆人兽，但孟氏又如何解释无父无君之母系氏族社会是否为人类。孟氏以"父子"尊卑论推及"君臣"，导致等级观念数千年肆虐，足见"民贵君轻"实乃漂亮口号而已。孟氏对墨子等诸子多有否定，遂开后世李斯禁百家语和董仲舒黜百家论之先河。

程颐说人性之恶不出于性（心）而出于情："'问心有善恶否？'伊川曰：'心本善，发于思虑则有善有不善。若既发则可谓之情，不可谓之心。'"（《程氏遗书》卷十八）于是朱熹提出疑问："履之问：'心本善，发于思虑则有善有不善，如何？'曰：'疑此段微有未稳处。盖凡事莫非心之所为，虽放辟邪侈，亦是心之为也。'"

① 《礼记·乐记》，《十三经注疏》，北京：中华书局，2009 年版，1529 页。

(《朱子语类》卷九十五)朱子说程伊川之立论未稳,《朱子语类》卷五说:“心之本体未尝不善,又却不可说恶全不是心。若不是心,是甚么做出来?”看来朱熹持论较中正。

二、礼乐教化导致“姑息养奸”

荀子认为,人之命在天,人是天生,人情出于天情(性):“好恶、喜怒、哀乐,夫是之谓天情。”荀子也和孟子一样,认为食色喜怒为人先天性情,人情所不能免之,但在性情与仁义的关系上,孟子认为仁义是大体,食色是小体;仁义是熊掌,食色是鱼,未免武断。荀子则不同,认为人性只限于食色、喜怒、好恶、利欲诸般情绪欲望,“君子”“小人”概莫能外:“凡人有所一同。饥而欲食,寒而欲暖,劳而欲息,好利而恶害。是人之所生而有也,是无待而然者也,是禹桀之所同也。目辨白黑美恶,耳辨音声清浊,口辨酸咸甘苦,鼻辨芬芳腥臊,骨体肤理辨寒暑疾养。是又人之所生而有也,是无待而然者也,是禹桀之所同也。可以为尧禹,可以为桀跖,可以为工匠,可以为农贾,在执注错习俗之所积耳。汤武存则天下从而治,桀纣存则天下从而乱,如是者岂非人之情固可与如此,可与如彼也哉?材性知能,君子小人一也。好荣恶辱,好利恶害,是君子小人之所同也。人之生固小人,无师无法则唯利之见耳。尧禹者,非生而具者也,夫起于变故,成乎修为,待尽而后备者也。”(《荀子·荣辱》)“人之生也固小人”,即“性恶”。至于仁义,则由后天所学、所行和所为而获得。荀子论欲望、争端以及暴力与人性曰:“今人之性,生而有好利焉,顺是,故争生而辞让亡焉。生而有疾恶焉,顺是,故残贼生而忠信亡焉。生而有耳目之欲,有好声色焉,顺是,故淫乱生而礼义文理亡焉。然则从人之性,顺人之情,必出乎争夺,合于犯分乱理而归于暴。”(《荀子·性恶》)欲望是争端之渊源,争端乃顺性之恶果。于是荀子分性与伪曰:“不可学、不可事而在天者谓之性。可学而能、可事而成之在人者谓之伪。是性伪之分也。”好利与欲望之性不用“伪”即“天性”，仁义辞让之性要“伪”而得之，即“人性”。伪即人为，意即人类的作为。“伪(为)”是虑、学和行，礼义是出于圣人君子之伪。但荀子也不否认伪(为)的积极意义，“伪”是建立仁义、消化性情的关键，是礼义和人治赖以重建的新根据。荀子以为君子别于小人即在为与不为：“小人可以为君子而不肯为君子，君子可以为小人而不肯为小人，小人君子者，未尝不可以相为也。”小人、君子皆有其天性，善恶同在，所不同者在于君子富于思虑和学习而能自臻圣域：“圣人之所以同于众其不异于众者，性也；所以异而过众者，伪也。”(《荀子·性恶》)荀子指出人性本同而个性有异，或有日三省吾身而自圣之，或有非教化而不能善，或有虽耳提面命亦冥顽不化，更何况圣人之心也是经后天习得“仁义”而后抑制本能欲望，是故圣贤罕见，俗子遍地。圣贤颇具自制力，不教自化，理智总是能压制欲望，但圣主明君贤臣也时有小过，也常有损邦国之念之行，唯其善能自省、补过或为臣下所扼制而彰显为“从谏如流”。《吕氏春秋·离俗览》认为世以高行为贵，然以理论义，则“神农黄帝，犹有可非，微独舜汤”？极端之言与世情不能相合，制造神圣使“大伪斯兴”。人性之恶源乎动物与生俱来之生存本能——求生图适之天性，故不应简单回避否定。荀子之论直指人心本性，似乎低估人性，实则较孟氏之高估更加合情合理。荀子认为凡是善的、有价值人性皆是努力教化的产物，反之则为恶。荀子认为周公之礼乐教化就源自于人性恶端，他说：“礼起于何也？曰：人生而有欲，欲而不得，而不能求。求而无度量分界，则不能不争。争则乱，乱则穷。先王恶其乱也，故制礼义以分之。”(《荀子·礼论》)恶由欲生，礼由恶生，恶是本性，礼是治性。总之，荀子认为人本恶；其善者，伪也。伪是人为，也是教育。人之性，不能生而自善，而必有待于修为耳。其结果，荀子已然未离开礼乐教化之窠臼。荀孟皆为教养哲学，仍是齐之以礼，而齐之以法以俟来者。

韩非子的人性论比乃师尤其一针见血。《韩非子·奸劫弑臣》说:“夫安利者就之,危害者去之,此人之情也。”《韩非子·外储说左上》说:“人为婴儿也,父母养之简,子长而怨。子盛壮成人,其供养薄,父母怒而诮之。子、父,至亲也,而或谯或怨者,皆挟相为而不周于为己也。”《韩非子·备内》说:“医善吮人之伤,含人之血,非骨肉之亲也,利所加也。故舆人成舆,则欲人之富贵;匠人成棺,则欲人之夭死也。非舆人仁而匠人贼也,人不贵则舆不售,人不死则棺不买。情非憎人也,利在人之死也。”完全揭去儒家者流高倡仁义的温情脉脉面纱。依韩非子论,性恶合乎天然,而现行政治政策须则之,要“循名责实”地因循,而非简单否定。韩非子说:“凡治天下必因人情。人情者有好恶,故赏罚可用。赏罚可用则禁令可立,而治道具矣。”“故明主之治国也,适其时事以致财物,论其税赋以均贫富,厚其爵禄以尽贤能,重其刑罚以禁奸邪。使民以力得富,以过受罪,以功致赏,而不念慈惠之赐。此帝王之政也。”韩论明示不要亲情,不要恩惠,只要天下遵守公共规则。他认为人情社会、关系社会必是秩序混乱之渊薮。“利己”之心人所共之,然因势利导其“利他”与“为公”,一如“联产承包”“计件参股”等皆“循名责实”而已。反观孔孟,高谈阔论居多,周游列国,必然碰壁;荀子虽入情入理,因去孔孟未远亦空负骂名;商君、李斯与申、韩非气息相通,直捣人性治道,故秦人用法而霸天下,楚魏齐用法不专,终至破灭。司马迁说:“当是之时,秦用商君,富国强兵,楚魏用吴起,战胜弱敌,齐威王宣王用孙子田忌之徒,而诸侯东面朝齐。天下方务于合从连衡,以攻伐为贤,而孟轲乃述唐虞三代之德,是以所如者不合。”又说孟子“游事齐宣王,宣王不能用。适梁,梁惠王不果所言,则见以为迂远而阔于事情。”(《史记·孟子荀卿列传》)“所如者不合”“迂远而阔于事情”即与当下相去甚远,理想过之。

性善须扬，性恶须抑，儒家以仁，宗教以神，法家以律。“仁”则礼乐教化，“神”则惩戒赐福，法家则刑名并用。儒家对鬼神将信将疑，或利之，或弃之，其治道除道德教化之外虽有绳法，惜其法外有情、法外有权，又“礼不下庶人，刑不上大夫”，尤其君权难抑，法律与儒术最终沦为君王掌中之利器。基于此，董仲舒又炮制个“天人感应”说，企图钳制君权，孰料反被“明君”将计就计。待天神解构，人神接踵，大伪斯兴、滔滔不返。儒家以礼乐教化控制人心之何以如此力不从心？孔孟之“仁”是高不可攀的“利他主义”，而耶稣释迦之教义依“利己主义”立教，或赎罪或积善皆为利己，或曰利他就是利己，教义与人心如影随形。宗教用彼岸世界召唤人心，无论是“因果报应”论，还是“天堂地狱”门都在彼岸，而彼岸世界任何人都难于经验，颇具神秘色彩。宗教之教导是神圣的，是无条件的，或是清规戒律性的，教徒们眼前始终敞开着一幅美丽之愿景，但头上也时刻悬垂尚方宝剑。反观被解构了神学的此岸世界，人皆设身处地，善恶因果的反面教材亦俯拾皆是，这正为众生相放纵私欲、堕落灵魂扫除了一切窒碍。与“宗教”（神教）的恩威并用、内外兼施不同，儒教基于仁善之论，深信思想道德教化作用（自我教育、社会教育和家国教育），主张自省，内圣外王，温情脉脉，而忽视了这种教育必须要通过受众之“醒悟”方可奏效。吕思勉先生说：“儒家贵仁，而法家贱之，然其言曰：‘法之为道，前苦而长利；仁之为道，偷乐而后穷。’则其所攻者，乃姑息之爱，非儒家所谓仁也。”[①]简言之，自姑息养奸始，至无法无天终。

三、从黄帝开始“编造历史”

儒教以“仁义礼智”为教义、以“致君尧舜”为鹄的，《中庸》称述孔子“祖述尧舜、宪章文武”，其治国理念基于人性之善端，施之

① 吕思勉：《中国文化思想史九种 · 经子解题》，上海：上海古籍出版社，1992 年版，162 页。

以礼乐,社会自然和谐安康。面对乃师的回答提问,子路曰:“可使有勇,且知方也。”冉有曰:“如其礼乐,以俟君子。”公西华曰:“宗庙之事,如会同,端章甫,愿为小相焉。”曾皙曰:“莫春者,春服既成,冠者五六人,童子六七人,浴乎沂,风乎舞雩,咏而归。”此四子之撰,一言蔽之“礼乐治国”。然而历史一再证明礼教之苍白,世人每叹人心不古,贪官刁民摩肩接踵,昏君奸臣史不绝书,孔孟犹始料不及。但历代王朝依然张教化而弛法度,尤其孟子的“人人皆可为尧舜”,此论似有两点待商榷:1.“人人皆可”是否为真命题;2.“尧舜”是否为真圣人。

上古时期生产力低下,资源无余,天下为公,而至尧舜时期财富已有盈余,天下已然为私,人心自此不古,民风自此不朴。顾颉刚先生认为我国传统的古史体系是儒者精心构筑的“五帝”“三王”以及“三皇”的学说,然自西学东渐,进化论思想猛烈地冲击了三皇五帝之体系,于是顾先生提出“层累地造成的古史”观来解构这一“神圣”体系。首先是孟子提出“三王”说(《告子下》),“三王”即夏禹、商汤和周文王;其次是荀子提出“五帝”说(《荀子大略》),他认为“三王”是今,“五帝”是古,但荀子未确指哪五人;第三步是到了《吕氏春秋·贵公篇》又提出了“三皇”说,但也未确指哪三人,西汉后期“三皇”说大盛。顾颉刚指出:“由于纬书作者相信天人合一,他们打通了天神与人王的界线,许多原为天神的,他们即作为人王,所以作为人间历史上三皇之名纷至沓来。今所知作为远古历史的三皇说皆由纬书提出,综计亦有六种以上。”[①]在有六种之多的“三皇五帝”说中,司马迁颇具影响,他列黄帝为“五帝”之首,其后有颛顼、帝喾、尧、舜。颛顼是黄帝之孙,帝喾是黄帝之曾孙(颛顼之侄),帝尧是帝喾之子,而帝舜则是颛顼之七世孙,总之“五帝”皆不出黄帝轩辕氏家族,《淮南子·天文训》又

① 刘起釪:《古史续辨》,北京:中国社会科学出版社,1991年版,110页。

把“五帝”五行化。“古史辨学者”揭橥此“五帝”说之实质是“五德终始”说下的进一步编造,以至于汉、晋以后此体系也被尊奉为信史。夏商周“三代”的谱系,本是三个大约同时兴起氏族,有夏一代,商、周部落皆弱小而臣服于夏人,后来商人渐强而伐灭夏桀,继之又是周人渐强而有武王伐纣。但儒家经典《国语》则把商族之祖契说成是帝喾次妃之子,把周之祖后稷说成是帝喾元妃之子,帝喾是黄帝的曾孙,大禹是黄帝的玄孙等,把夏商周“三代”改造成了“纵向”传承的系统,遂使后人顺势自称“炎黄子孙”。

四、禅让世袭的“殊途同归”

儒家精心构筑神圣体系以令后世则之,但“信史”之圣域则渐显儒者的深层苦心与虚伪,恶果累累犹以仁善欲盖弥彰。顾颉刚说:“借了这种帝王系统的谎话来收拾人心,号召统一,确是一种极有力政治作用,但这种说法传到了后世,便成了历史上不易消释的‘三皇五帝’的症瘕,永远做真史的障碍。”①但儒家最大的谎言还不只是“三皇五帝”以及“三代”系统的假说,而是“禅让”与“世袭”的学说。禅让即尊天意而让贤,以“天与贤则与贤,天与子则与子”来维护尧舜禹的神圣地位。所谓禅者,天下为公,继者(继父之位),天下为私。那么尧舜禹是如何“禅”的呢?其一,尧禅舜。尧将“禅让”天下,放齐曾举荐尧子丹朱(可能是拍马),而尧也似曾犹豫,终因丹朱不肖,“不足授天下”“乃权授舜”,此时鲧亦大怒,“以尧为失论,欲得三公”,借机争夺联盟议事会成员资格。尤其是在尧舜“禅让”之前,犹上演闹剧一桩。《括地志》引《竹书》载:“舜囚尧,复偃塞丹朱,使不与父相见。”其二,舜禅禹。舜继位则有意培植自家势力,无奈子商均不肖,禹也曾假意让舜子商均继位,以观人心归向,终发现“天下诸侯皆去商均而朝禹”,

① 顾颉刚:《古史辨》第四册序,上海:上海古籍出版社,1982 年版,7 页。

若情势有利，遂继天子位。尧舜都想传位于子，又皆因子不肖，而不敢传之，而非不想传之。其三，禹禅伯益。较之舜、禹则有备而来，表面“禅让”给伯益，结果传子成功。禹之深谋远虑，为先以家族势力取代部落联盟议事会，并借商均之鉴，“以启为吏”而蓄意培养子启，造成“禹子启贤，天下属意焉”之态势。禹假意荐举皋陶而皋陶老卒，至临崩始而遽荐伯益，终因“益之佐禹日浅”，功劳不显而难孚众望，无缘历练而势孤必然，启觊觎大位告成。所谓禹之“禅让”之心昭然。《战国策》说：“禹授益，而以启为吏，及老，而以启不足任天下，传之益也。启之支党攻益而夺之天下。是禹名传天下于益，其实令启自取之。”此论可谓力透纸背。“圣贤”尚且伪善如此，复况凡夫哉！

五、文明论掩盖的“洪荒野蛮”

剩余财富唤醒了人性本质中沉睡着的私欲，也敦促着君子小人同履大恶。自古君王皆曰“奉天承运皇帝”，绿林啸聚亦呼“替天行道”，皆以营一己之私利为鹄的。君者号令“敬天保民”，臣僚标榜“兼济天下”，鼓手提出“民胞物与”，但纵览古今，君臣虔诚地“心系苍生”者竟有几，纵如唐宗宋祖践履大位是否“反常合道”而不足挂齿，更如他者乎。所谓贤臣韩文公、颜鲁公、杜拾遗、范文正公、王荆公之担当，苏东坡之孤臣孽子寥若晨星，至于林林总总之可堪名臣贤相者，其胸次皆去如上诸公之玄远。历代稗官野史、小说者流热衷廉吏清官，亦反证魏阙虽雅士名流麇集而浑浊不堪。

《礼记·礼运》说：“大道之行也，天下为公，选贤与能，讲信修睦。”此儒家所倡“天下大同”，然自尧舜已降，何来大同？大同者实乃刀耕火种之世，赤贫大同。世界本无利可图，只有协作互利始得生计，彼时彼地，无王税杂役、无严刑峻法，似可聊称桃源。至尧舜已降天下为家，争斗与机心、戕害与屠戮无时不在，又颂之

“文明”之世,所谓“文明”与“野蛮”之论调,终究是维护既得利益集团之说项而已。

还原历史真相,帝尧创制刑伊始已野蛮至极。恩格斯说“对财富的贪欲把氏族成员分成富人和穷人”,而“同一氏族内部的财产差别把利益的一致变为氏族成员之间的对抗”。[①] 帝尧时“象以典刑,流宥五刑,鞭作官刑,扑作教刑,金作赎刑”。舜以皋陶为“大理”,只依照权贵之家族利益为定刑标准。禹则把相对民主的部落联盟议事会全面暴力化,皋陶又为禹树立权威而滥用权力,“令民皆则禹。不如言,刑从之”,曾有防风氏因参加会议迟到而遭戮。氏族社会虽以血缘为纽带,但即使在同姓氏之间都已经是血淋淋的,更何况是四夷宾服的防风氏。氏族公社以家族集团利益为核心,与后世家国天下大同小异。总之,尧、舜、禹时期阶级斗争已经白热化,只是后人为造圣而为“禅让”蒙个面纱而已。

夏后氏以公共权力维护来私权利的运转和王朝中央的特殊需要,建立了完备的政治体制、严酷的刑罚和强大的军队,创立“贡赋”制(税收)和向商旅征收赋调制,就连“四海”蛮夷方国也要纳贡,以支撑起庞大的统治集团财政。王宇信先生说:“在虞夏时期,即禹的早期国家阶段或更早,就开始有了捐税,以养活一批与民众相对立的官吏。”[②]老百姓所遭受的经济剥削和肉体酷刑相伴而生,老百姓要拿自己的血汗来养活欺压自己并且随时也可能要自己性命的一群人。恩格斯说:“为了维持这种公共权力,就需要公民缴纳费用——捐税。捐税是以前的氏族社会完全没有的。”[③]相传“夏刑三千条”。“夏刑大辟二百,膑辟三百,宫辟五

---

① 恩格斯:《家庭、私有制和国家的起源》,《马克思恩格斯选集》(第四卷),北京:人民出版社,1972 年版,161 页。

② 王宇信、王震中、杨升南、罗琨、宋镇豪:《中国古代文明与国家形成研究》,北京:中国社会科学出版社,2007 年版,266 页。

③ 恩格斯:《家庭、私有制和国家的起源》,《马克思恩格斯选集》(第四卷),北京:人民出版社,1972 年版,167 页。

百，劓墨各千。”（《尚书大传甫刑》）

夏制“禹刑”，商制“汤刑”，周行九刑。夏承尧舜，商承夏制，周承商制，但夏商周皆非简单承袭旧制，而是步步强化。商王朝维护家族特权而加强王权措施大体有四：首先“神化王权”，其次“控制政权”，其三“把持军权”，其四“专断法权”。“神化王权”即垄断操纵占卜，假天神之意而号令天下。“控制政权”即掌握官员任免、监察和生杀予夺大权（包括对诸侯君长）。商王文丁曾因忌惮周族季历而无端诛杀之，商纣王因忌惮周族姬昌而拘之羑里。“把持军权”即亲自建军，亲任最高统帅，亲率或指定统帅出征。“专断法权”即此后万世一系的生杀予夺皆出一人的皇权。夏朝“有不少是承袭原始社会末期早期国家形态滥觞的一些制度而来，也有不少是在夏朝阶级矛盾中继续加以完善和发展的结果”①。

商刑可谓空前绝后，譬如：“炮烙”“劓殄灭之”“醢”“脯”，等等。西周血腥稍淡，然种类繁多，在黥（墨）、劓、刖、宫、大辟“奴隶制五刑”的基础上发展到了九刑即：墨、劓、刖、宫、大辟、流、赎、鞭、扑。因此，文明当属“三皇”以前，“野蛮”实滥觞尧舜而猖獗于商，或曰阶级滋生即野蛮勃兴，后世治者皆为一己、一家抑或一族之私利而野蛮屠戮同类、同族甚至骨肉至亲。剩余财富唤醒和膨胀了私欲，君长治策惨不忍睹，无情地鞭挞了儒家传统的“性善”论。所谓人类社会渐趋“文明”，野蛮相残似呈递减趋势，皆赖黎民苍生以命相搏而步步推进。尽管某朝某代杀戮间或酷于前代，譬如朱元璋之于赵匡胤，“文字狱”之于“厂卫制”，乃历史之回旋，民主法制乃大势所趋。当下世界，多废死刑，即便有之，其行刑方式也较“人性化”，砍头、车裂、腰斩以及凌迟之类已成历史陈迹，历史正在向文明爬行，因为利益集团对于权力的退让从未

① 王宇信、王震中、杨升南、罗琨、宋镇豪：《中国古代文明与国家形成研究》，北京：中国社会科学出版社，2007 年版，273 页。

心甘情愿，并为此不断制造神圣和编造理论来强化它。

不言自明，历来为人们所称道的周公之礼，只是牧民皮鞭而已。“礼”者，在家曰孝、在国曰忠，“礼”是阶级分化之必然产物，它与宗法制相表里，与等级制相始终。历来儒家把“修齐”与“治平”相联结，以“孝”佐证其核心价值观之“忠”的合理性，以“济天下”为愿景来掩盖家天下的自私自利。道家则高蹈“无为”（不妄为：限制王权）、尚法“自然”（遵循天道，自然而然），虽有利于国家，但不利于家国，其结果，儒道两家“汉武”之后此消彼长，遂使数千载道家在野。但伴随着儒家造圣的不断被解构，道德教化日趋苍白，仁义温情日显残忍，而归根结底是礼乐教化如何面对人性和尊重人权。

（原载：《佛山科学技术学院学报》，2017年第2期）

卷十八 “红颜祸水”论
源于周人对商代的女性文化否定

自夏桀之“时日曷丧”至吴氏之“冲冠一怒”，红颜罹祸遂成千载谈资。“红颜”本喻胭脂润面之丽人，“祸水”语出汉成帝之专宠赵氏飞燕、赵合德姐妹事。据《四库总目提要》之《飞燕外传》载：飞燕、合德姐妹惑乱成帝，受封皇后、昭仪，披香博士淖方成，白发教授宫中，号淖夫人，于帝后唾曰：“此祸水也，必灭火矣！”东汉自序火德，唾骂赵氏“祸水”隐喻其将为汉祸。自此“祸水”常喻惑人祸国败事之女，后好事者或迂阔以附和，或佞幸以谄媚。

女祸者，首说妺喜，其次妲己，其次褒姒，再有西施、吕雉、武曌、杨贵妃、陈圆圆诸媛。据载妺喜有三癖：一曰笑看酒池船饮，二曰笑听裂帛之音，三曰喜戴男冠。世谓暴殄天物。刘向《列女传·卷七·孽嬖传》：“美于色，薄于德，乱孽无道。”“妺喜配桀，维乱骄扬，桀既无道，又重其荒，奸宄是用，不恤法常，夏后之国，遂反为商。”皇甫谧《帝王世纪》：“妺喜好闻裂缯之声而笑，桀为发缯裂之，以顺适其意。”史家考证此论多为御用文人说辞或小说家语。周幽王“烽火戏诸侯”之事，亦如是。《吕氏春秋》载秦汉无烽火，乃以击鼓传讯，余案“烽火”“击鼓”皆小说家语。褒姒出身寒贱，异禀冷漠，史籍未载其只言片语，何来妖言，幽王宠幸乖巧、废嫡立庶、沉湎酒色、穷智调笑，世人不谓幽王无状，幡罪褒姒妖魔。

昔范蠡进献西施,伍子胥谓吴王曰:“臣闻:夏亡以妹喜,殷亡以妲己,周亡以褒姒。夫美女者,亡国之物也,王不可受。”然浣纱女,伍员曰“祸水”,范蠡则可赞为“巾帼”。吕后与武后二妇,大同小异,“强人”也。所同者,宗法观念其一,垂涎权力其二。吕后一心扶植诸吕,武后亦如法炮制。所异者,吕雉乃高祖之糟糠,虽“红颜”而差强人意;武后乃高宗红颜,以妃嫔践履九五。殊不知,“红颜薄命”才是历史常态,戚夫人,刘邦之红颜,并因此惨遭吕后戕害;萧淑妃,高宗之红颜,遭武后戕害;珍妃,光绪之红颜,遭慈禧戕害。然令千古扼腕之红颜,莫过于杨贵妃,实乃坐李林甫、杨国忠惑乱朝纲事,值此大唐盛极而衰、天子幸蜀而致马嵬殒命。中唐之乱,显因乃李、杨二相惑乱朝纲,罪在玄宗昏聩怠政。然历朝颓败亡故,后人常寻一“妖女”为替罪,世人竟吊诡如此。

一、神秘歌谣:“牝鸡无晨”

“红颜祸水”出于“牝鸡司晨”,渭水之周人始作俑,时当商周易代之际,武王牧野誓词,《史记·二十一本纪·周本纪》本之。《尚书·牧誓》载:“古人有言曰:‘牝鸡无晨;牝鸡之晨,惟家之索。’今商王受惟妇言是用,昏弃厥肆祀弗答,昏弃厥遗王父母弟不迪,乃惟四方之多罪逋逃,是崇是长,是信是使,是以为大夫卿士。俾暴虐于百姓,以奸宄于商邑。今予发惟恭行天之罚。”

自颛顼“绝地天通”之后,群巫之长代神诰谕,征谚赋诗,神秘其语,毋庸置疑。过常宝说:“在巫术思维活动中,人们相信语言尤其是韵语的神奇魅力,相信它能够诱导鬼神的活动,常在祭祀活动中使用韵语……诗歌和音乐是人神沟通并达到和谐的手段,因而具有神性,有占卜的功用。”[①]武王列举商纣三大罪状:其一,惟妇人之言是听(“惟妇言是用”);其二,轻视祖宗祭祀而不报答

① 过常宝:《制礼作乐与西周文献的生成》,北京:中国社会科学出版社,2015年版,198页。

(“昏弃厥肆祀弗答”);其三,轻蔑地抛弃同族兄弟不加任用,只推崇和重用四方重罪逃犯,残害百姓,祸乱国家。其中第二、三两条罪状是显因,其根皆在“惟妇言是用”。

若以商代文化论,“用妇人言”不足为怪,尊鬼事神、巫祝占卜有商一代尤甚。自古巫事鬼神,其中祝为祭主赞词,其后巫祝合称,泛指掌“通天”之人。男子属阳曰巫、曰觋,女子属阴,直名为巫,故巫本指女巫,《说文》训巫为“祝也,女能事无形以舞降神者也”。当男性入行时,则称“觋”。陈梦家说:“由巫而史,而为王者的行政官吏;王者自己虽为政治领域领袖,同时仍为群巫之长。”[①]可见,巫与国王,皆身居高位,所以后妃可能直接参与祭祀。甲骨文常见“妇某”占卜活动,武丁时最多,商末妇人仍十分活跃,诸妇常参与祭祀(内祭、外祭)、统军等重大活动,甚而代商王主祭(侑祭、燎祭、御祭、伐祭等),祭祀之际,“听妇人言”无疑也是神鬼“旨意”。周武以此定罪于商纣,宣称“牝鸡无晨”,正是周文化的男性特征。商代“妇人”参政则由来已久,岂商纣特立独行。宋镇豪认为商代“妇人”政治显要、作用重大,自然颇受尊崇:汤“有招揽贤才,如女鸠、女房、仲虺、咎单、义伯、仲伯、咎单等,协助治理国事,势力逐渐强大……成汤成为周祭的第一位先王。其配妣丙,又称高妣丙,也受周祭,还尊为求生受孕的生育女神”[②]。“周祭”是殷人五种祀典之一,即对祖先轮番、周而复始地祭祀制度。甲骨卜辞有载:文丁、帝乙、帝辛时期的黄组卜辞中记录用五祀典对祖先轮番祭祀一周,需三十六旬或三十七旬。武丁使商朝进入鼎盛,其三个配偶妣辛(妇好)、妣癸、妣戊(妇井)也与武丁一起受到周祭。

商代诸神有三种不同权能,即自然权能、战事权能及人事权能,诸神又以不同权能主宰万事万物之发生、发展。商代社会“万

① 陈梦家:《商代的神话与巫术》,《燕京学报》,1936 年第 20 期。
② 宋镇豪:《商代史论纲》,北京:中国社会科学出版社,2011 年版,199 页。

物有灵”,多神崇拜,诸神为万事万物之源、天人交通之元,亦为人事信息之制造与传播者。自颛顼“绝地天通”后,政教合一,天子垄断神权。杨升南说:在十万余片甲骨文中,除一两例之外,全是“王占曰”,不管进行问卦的贞人是谁,所有占卜吉凶最后决断权皆在商王,因此商代的占卜实则由商王垄断操纵。[①] 商王实是“群巫之长”。纣王说“我生不有命在天”,天命降在己身,故当代鬼神立言。商代崇鬼神、崇女巫,重“妇人”、听“妇人言”亦属常理。而一“惟”字则罪莫大焉。《古列女传·殷纣妲己》载:“妲己之所誉贵之,妲己之所憎诛之。作新淫之声、北鄙之舞、靡靡之乐,收珍物,积之于后宫,谀臣群女咸获所欲,积糟为邱,流酒为池,悬肉为林,使人裸形相逐其间,为长夜之饮,妲己好之。”“百姓怨望,诸侯有畔者,纣乃为炮烙之法,膏铜柱,加之炭,令有罪者行其上,辄堕炭中,妲己乃笑。比干谏曰:‘不修先王之典法,而用妇言,祸至无日。’纣怒,以为妖言。妲己曰:‘吾闻圣人之心有七窍。’于是剖心而观之。囚箕子,微子去之。”“颂曰:妲己配纣,惑乱是修,纣既无道,又重相谬,指笑炮炙,谏士刳囚,遂败牧野,反商为周。”新淫之声、北鄙之舞、靡靡之音,珍物积宫、酒池肉林、裸形相逐、长夜之饮皆因“妲己好之”,正所谓欲加之宠无所不用其极。所谓“颂曰”是周人祭祀祖先之语,亦是向神鬼申诉纣王,以佐证师出之名。但周武王要让自己给商纣王开列之罪状成立,仅一“惟”字难成,因先征引神秘古语“牝鸡无晨;牝鸡之晨,惟家之索”。“牝鸡司晨”乃越俎代庖、阴盛阳衰、乾纲倒转,必是凶兆。名为败家邦,实为祸天下,俗语所具交通天人之神秘力量,可使征引者权威性毋庸置疑。

就商亡而言,商人祖伊、微子等总结为:灾荒、君主荒淫、废弃法典、普遍酗酒、用人不当、不敬神灵、君民相仇及民心动荡。然

① 李学勤:《中国古代文明与国家形成研究》,北京:中国社会科学出版社,2007年版,294页。

周人还特别强调：听妇人言、君主荒淫、疏于祭祀和昏暴百姓等。客观论之，诸条罪状既有其时代文化之因，也有其制度设计缺陷，并非纣王一人所为。商晚期上层社会普遍耽于逸乐，社会风气早坏。用人惟旧（《尚书·盘庚》有“人惟求旧，器则非旧，惟新”），此商文化使然，亦非纣王自制，但因此而权力固化导致君臣矛盾凸显则为表征。纣王“弃厥遗王父母弟不迪”，欲疏远旧贵族而收紧权力，任用亲信，或是欲与旧贵族争夺权力、改革政治结构的“惟新”之举，而重用女官则自古而然。但严刑峻法、纵容宠妃及荒淫暴力导致内服背离、外服背叛则是纣王咎由自取。徐义华认为：“‘听妇人言’大约也是纣王用人方法的一种，有依靠姻族摆脱旧贵族统治的意思。所以很多时候被包含在不用故旧的声讨中的，而文化有异、对妇女社会地位有着不同看法的周人，则将其作为一条重要的罪证。”①“牝鸡无晨”是周武王意在借助俗语之神秘功能（启示性和预言性），揭示其“吊民伐罪”之“其惟天命”。

二、天人之际：由“尊鬼事神”到“敬天保民”

“天人之际”概言天人交会之处。天人关系，早如庄子“天人合一”，荀子“天人相分”，《内经》“天人相应”，董仲舒“天人感应”等，盖因“敬畏自然”之“万物有灵”而生之。上古泛神，自然之风、雷、云、电、虹、雨、雪等气象皆为通寓灵性之神，甲骨文揭示出商人由气象崇拜而构筑诸多天神，但随社会演进，神性代有所降，乃至多被淘汰。《山海经·大荒北经》载：“有人衣青衣，名曰黄帝女魃。蚩尤作兵伐黄帝，黄帝乃令应龙攻之冀州之野，应龙畜水，蚩尤请风伯雨师，纵大风雨。黄帝乃下天女曰魃，雨止，遂杀蚩尤。”风师为风伯，魃为旱魃。凡风雨皆为人格神。牟钟鉴说：“中国宗法性传统宗教以天神崇拜和祖先崇拜为核心，以社稷、如月、

① 宋镇豪：《殷遗与殷鉴》，北京：中国社会科学出版社，2011年版，81页。

山川等自然崇拜为羽翼，以其他多种崇拜为补充，形成相对稳固的郊社制度、宗庙制度以及其他祭祀制度，成为中国宗法等级社会礼俗的重要组成部分，是维系社会秩序和家族体系的精神力量，是慰藉中国人心灵的精神源泉。"[1]商代宗教观念，多承远古，而亦有祖先崇拜与上帝崇拜相结合的文化特色。《礼记·表记》所谓"殷人尊神，率民以事神，先鬼而后礼"，巫觋交通天人，传达天意，而主祭多由天子任"群巫之长"，或由其指定巫觋主祭，实乃政教合一之"绝地天通"。

商周之崛起皆源自"泛神"。《左传·昭公十七年》记载郯子言上古氏族标识曰："我高祖少皞挚之立也，凤鸟适至，故纪于鸟，为鸟师而鸟名"，说明"以鸟名官"自少皞始。商人图腾是鸟，传说商人始祖之一契（舜之臣）的诞生与鸟有关。《史记·殷本纪》载："殷契，母曰简狄，有娀氏之女，为帝喾次妃。三人行浴，见玄鸟堕其卵，简狄取吞之，因孕生契。契长而佐禹治水有功。帝舜乃命契曰：'百姓不亲，五品不训，汝为司徒而敬敷五教，五教在宽。'封于商，赐姓子氏。契兴于唐、虞、大禹之际，功业著于百姓，百姓以平。契卒，子昭明立……主癸卒，子天乙立，是为成汤。"《诗经·商颂·玄鸟》也说"天命玄鸟，降而生商"。简狄生契实不知其父，后人为神话其始祖而伪造之，此传说或可佐证商族尚在母系氏族晚期。玄鸟之"玄"基本释义有三：深奥、虚幻、黑色。玄鸟即黑鸟。有燕与凤（包括凰）两说，西汉之《尔雅》曰凤即燕，凤乃总称（雄凤，雌凰）。"商"族图腾玄鸟，初为凡鸟燕子，而后神化而成虚灵之神鸟凤凰。察甲骨文，凤与商两字酷似，凤字上为凤顶之冠羽，下为鸟身象形。商字上部亦然，然头下又加台案（祭祀台），案下又有祭者口念祭文，或证商字依凤字衍化。以凤鸟为祀对象，一则表达父系祖先崇拜，二则宣扬本族神奇。凤是

① 牟钟鉴：《中国宗法性传统宗教试探》，《世界宗教研究》，1990 年第 1 期。

上天天父和人间的天子之间的信使，因此以商名族。

周部落兴于渭水之滨，地利农耕，故以农业立国。相传其始祖名弃，其母有郃氏女姜嫄，出野，践巨人迹，感而生，故生而见弃。但此儿似有神灵之祐，弃而不死，母复拾回。及后弃儿稼穑超凡，帝尧闻之，举为农师，以利天下，弃有阙功。帝舜曰：“弃，黎民始饥，尔后稷播时百谷。”封弃于郃，即《诗经》之“即有郃家室”，号曰后稷，别姓姬氏，世奉“谷神”。后稷家族父系祖先谱系遂由此始。胡阿祥教授认为周朝国号与农业密切，周人重农，甲骨文“周”字为“田”形，表示田畴，此族群遂以周名族。

虽然商周之兴俱为玄秘，皆重祭鬼神，然周人已由信天到疑天，由“尊鬼事神”转为“敬天保民”。刘绪义说：“一方面是天神权威的堕落，一方面是人对自身的逐步重视……《诗经》中诗人对天的怀疑和批判，正是周初以德配天思想的表现。”[①]《诗经》之意更可征之《尚书》：“天不可信，我道惟宁王德延。”“呜呼！君已曰时我，我亦不敢宁于上帝命……罔尤违，惟人。”[②]周人人文渐醒，灭商诏告纣王无道，治国以德赖以制礼作乐，并使德治绵绵不绝。周人所倡“文王之德”是由恭敬天命，并得天命保佑。晁福林说：“周人坚信因为文王之所以能够膺受天命，是在于他有两个方面的突出表现，一似乎特别恭敬天命，而是让民有所德（得）……”[③]过常宝释曰：“‘文王之德’的直接目的是通过‘敬’而获得天命的护佑，并由此实现天命‘保民’的目的。这正是一个由宗教而到社会伦理的过程。”[④]虽然周公制礼作乐极富宗教意识，民命仍与天命相衔接，以“神道设教”，但周之天命关与商代迥异：其一，周王

① 刘绪义：《天人视界》，北京：人民出版社，2009 年版，94 页。

② 《尚书·君奭》，《十三经注疏》，北京：中华书局，2009 年版，2085 页。

③ 晁福林：《先秦时期“德”观念的起源及其发展》，《中国社会科学》，2005 年第 4 期。

④ 过常宝：《制礼作乐与西周文献的生成》，北京：中国社会科学出版社，2015 年版，56 页。

有疑问卜。首先自我思考,次征卿士乃至庶人意见。其二,商周祭祀贡献之别。商人丰厚,而周人菲薄。《周易·既济》九五爻云:"东邻杀牛,不如西邻之禴祭,实受其福。"(东邻指商人,西邻指周人)周人论祭祀不在厚薄,而在"虔敬之心"。周人降低了问卜价值和神的地位,更强调人为。武王伐纣胜利后,其弟姬旦随即诫之,焉能一味孔武,而背离先父之遗,现在民生困苦,当务乃在内政。《逸周书·大开武解》载:"维王一祀二月,王在酆,密命。访于周公旦,曰:'呜呼!余夙夜维商,密不显,谁知。告岁之有秋。今余不获其落,若何?'周公曰:'兹在德,敬在周,其维天命,王其敬命。远戚无十,和无再失,维明德无佚。佚不可还,维文考恪勤,战战何敬,何好何恶,时不敬,殆哉!'"姬旦以"德"和"天命"警告王兄尊父命行德政,"以德配天"。此中之"德"也是"国民性",而其率先垂范者首当族群领袖(天子),故天子当具备敬天、敬祖和遵先王之命。纳先哲遗教、恤民、勤政、行教化、作新民、慎刑等德性。此乃古今神化领袖而造圣之因。

夏商周三代皆以神道设教,夏人尊天命敬鬼神亦近人情,不惟鬼神是瞻,而以忠于职守为道德标的;赏赐第一,刑罚其次。商人尊崇鬼神,惟每事必占,礼仪其次;刑罚第一,赏赐第二。周人虽尊崇鬼神,然更尊崇礼法,贵尚施惠,以恪尽职守为道德标的,赏罚唯以爵位高低权轻重,与夏人略同。周矫商之天命观为"天命靡常",即天命眷顾并非一成不变,而是顺民意、主兴替。《尚书·泰誓》说"民之所欲,天必从之""天视自我民视,天听自我民听",《尚书·酒诰》说"惟天降命肇我民",《周易》说"汤武革命,顺乎天而应乎人"。虽然周人指控商纣之罪无非"弗敬上天""弃绝天道"是套话,天命褫夺商纣而佑护周武则是顺天应人,此即周公之"天命转移王权"史观。商周冲突,其有道与无道是表征,如何理解天道是实质。周公以极力赞美商汤,反证德政之重要,以汤有道而彰纣无道。称从成汤至帝乙,无不力行德政,慎行祭祀,商汤未敢违天意，也未有不配天。而今纣王，甚不晓天旨，大肆淫游泆乐，不顾天意而使民困乏，天必不佑之。姬旦所制之“天命转移王权”论，旨在瓦解商遗民抵抗意志，也为周人革命提供理由。《尚书·牧誓》的含义可归纳为不敬天帝、不修德政、对民不慈。这三点互为因果，不敬天则德政不修，德政不修则对民不慈，反之亦是，因此商亡乃咎由自取。周公抨击纣王不敬天，又说“天不可信”，理由是“天自民听”，此“保民”思想之渊薮。

“敬天保民”是天人之际思想的巨大进步，即政治上只需善待人事，无须太介意神祇，由是神权渐渐被抽空，“以德治国”之政治伦理得以纵贯古今。在周代，仿佛民众之力被高扬，把政治话语空间较多地留给“民众”，其实国人从此又踏上独具特色的“君权神授”之歧路。后圣孔子之“不语怪力乱神”，孟子之“仁政”乃至万世一系，神权步步被架空，孔子梦寐周公的“以德治国”遂为中华政治文明之根。但此际儒家制度设计又显现一巨大漏洞——乐于“人治”而疏于“法制”，出于治国（维稳）之需，儒家一直致力于以道德力量抵制人类作为动物本能之欲望力量的理论设计。汉代因“孝道”最易为社会接受，即以“孝道”关联“臣道”，并借此而设定一整套社会行为规范，或曰“以孝治国”。“孝道”之第一要义是“敬爱”和“服从”父母之命，因此母就取得了与父相准之尊，若父早逝，母顺然家中至尊。而之于家国，子少母壮，则“垂帘听政”似乎必然。但女人干政又悖于儒家“内外有别”之理，于是又不断上演后宫外戚、皇帝太监这两大集团与百官臣僚的世代绞杀。在人性上，仅以道德说教难以为继，因为人性本有品位之别：“上士闻道，勤而行之”，孔孟老庄，不教自化，自臻圣域；“中士闻道，若存若亡”，教之以德，辅之以刑，教而化之，罚而戒之，有教则已；“下士闻道，大笑之”，教之不谕，刑之不惧。庙堂之佞幸，江湖之狗盗，充斥国史，持国小人假道德力量以束缚民众，此谓“大伪斯兴”。所谓“人性三品”天子概莫能外，若至尊天子品列为“下士”，其无法无天，教谕又之奈何！儒家重教化，重德治而轻法治，其“敬天尊神”流于形式，其结果是以皇权为轴心的系统性，随时无法无天。董仲舒欲补此“德治”漏洞，提出“天人感应”说，企图以神权限制君权，但结果事与愿违，反被君权将计就计，于是司马迁意欲再“究天人之际”。

天道观之新思想《左传》已多。周内史叔兴认为“陨石”等乃“阴阳之事”，非鬼神借预吉凶，“吉凶由人”。秦国医和认为疾病不是鬼神作祟，乃阴、阳、风、雨、晦、明“六气”之作用。鲁国梓慎和叔孙昭子认为日食和水旱之灾均因阴阳相克而起。宋国子罕认为构成自然界的“天生五材”（五行）是人类生存之基。郑国子产认为“天道远、人道迩”，用宝物祭神不足禳除火灾。齐国晏婴以相异相生、相反相成来辩证君臣关系之“和而不同”。晋国史墨提出“社稷无常奉，君臣无常位”的天道之变。《左传·庄公三十二年》载：“秋七月，有神降于莘。周惠王问诸内史过曰：‘是何故也？’对曰：‘国之将兴，明神降之，监其德也；将亡，神又降之，观其恶也。故有得神以兴，亦有以亡，虞、夏、商、周皆有之。’王曰：‘若之何？’对曰：‘以其物享焉，其至之日，亦其物也。’王从之。内史过往，闻虢请命，反曰：‘虢必亡矣，虐而听于神。’神居莘六月。虢公使祝应、宗区、史嚚享焉。神赐之土田。史嚚曰：‘虢其亡乎！吾闻之：国将兴，听于民；将亡，听于神。’神，聪明正直而一者也，依人而行。虢多凉德，其何土之能得！”鲁庄公三十二年秋，神降西虢国莘地。周惠王问史官过，答曰：“国家将兴之际，神灵降此，以视其善德。国家将灭亡之际，神灵也会降此，以察其恶行。故其将兴也有神降，其将亡也有神降。虞、夏、商及周各代皆然。”惠王又问将如之奈何，答曰：“神降伊始，每日以物相祭。”惠王然之。内史过又之莘地，闻虢国君祈佑天神，归周后说：“虢国将灭，虐害百姓，还要听命于神。”此神在莘地六个月，虢公派主管祭祀的太祝应、主管内务的大宗正区、太史嚚负责祭祀，请求此神赐土地于虢。但太史嚚却说:“虢国将灭矣。闻说‘国之将兴,则听于民;国之将亡,就只听命于神吧’。神之用心,聪明正直,依民愿行事。虢国道德惟阙,岂有得土之理?”对于神灵降临,周内史过以为不足怪,祭祀而已。但虢公欲以厚祭邀私欲,于是内史过批评他不听于民,只听于神,乃亡国之道。商周两代“天人文化”分野如此。

三、商周易代:“妇人”地位的陨落

女性位尊源自母系社会。姓者,统其祖考之所自出;氏者,别其子孙之所自分。郑樵《通志·氏族略》曰:“三代以前,姓氏分而为二,男子称氏,妊人(女子)称姓。氏所以别贵贱,贵者有氏,贱者有名无氏。姓所以别婚姻,故有同姓异姓庶姓之别。氏同姓不同者,婚姻可通;姓同氏不同者,婚姻不可通。三代之后,姓氏合而为一,皆所以别婚姻而以地望明贵贱。”有夏商周三代诸侯国名为证,《史记·夏本纪》:“用国为姓。”商代妇人位尊当源于原始遗存,考古图像资料揭示商人图腾是象征生育力的蹲踞式的蛙,蹲踞姿势为商代被广泛应用于神像之塑造中,喻说着商代的生殖崇拜(聊备一说)。商代母系遗存甚多,少见尊卑秩序,女性社会角色显著而非男权附庸,其人格与财产也相对独立。在祭祀中,先王、先妣都具有重要的神权地位。商代社会的政治、经济、文化、军事等各领域内都有女性充任要职。

商代女官活跃,其社会面貌与后世迥异,一般分巫职、多帚、小臣和女史四种类型。

第一“女巫”。商代尊神崇鬼,女巫男觋地位甚高。《山海经·大荒西经》有载十名居神山之女巫(巫咸、巫即、巫盼、巫彭、巫姑、巫真、巫礼、巫抵、巫谢、巫罗)。商王乃至各种职官也都同时具有巫觋身份。“妇人”频现社会各界,女官频踞社会要津,与男性并行不悖,甚至是国之重臣。跳舞求雨或牺牲求雨是当时的重要巫术活动,《墨子·明鬼下》:“恒舞于宫,谓之巫风。”甲骨文

"舞"字为一女性跳舞求雨之象,求雨时,女巫可能为神牺牲而置身烈火。"牺牲"是义务,也是使命,必要时"群巫之长"天子也要"率巫而舞",也能为神牺牲而置身烈火,商汤也曾准备过为神牺牲,可见作牺牲何等崇高。这种仪式即周代的"雩"。《尔雅·释训》:"舞,号雩也",郭璞注:"雩之祭,舞者吁嗟而求雨。"卜辞中频载"舞雨",说明女巫活动的重要性。《吕氏春秋·顺民》:"天大旱,五年不收,汤乃以身祷于桑林……于是翦其发,磨其手,以身为牺牲,用祈福于上帝。"

商代是巫术政治,可谓无事不卜筮,无神不祭祀。武丁之后的祖甲改制,卜筮渐有所减。至周代,人们日益认识自然,开始疑天,巫觋日弱。《尚书·皋陶谟》"天聪明自我民聪明,天明畏自我民明畏",《尚书·泰誓》"民之所欲,天必从之",《尚书·梓材》"肆往,奸宄杀人,历人宥"说要分别奸邪,宽宥待人,也就是以德为主、刑德并用。《国语·周语上》内史过论神说"神飨而民听(顺),民神无怨,故明神降之,观其政德尔均布福焉"。刘绪义说:"巫阶层地位下降和解体,巫文化形成的制度规范、自律禁忌,一部分转化为宗教内容,一部分转化为国家制度,礼的地位得以确立,礼的内容趋于稳定,正式成为国家之学。"①周公"制礼作乐"以殷鉴为开端、以神道设教为手段、以德治为目标的,所以对于"天人"的态度反映了东(商)、西(周)两部族的不同文化特质。

第二"多帚"。《左传·成公十三年》:"国之大事,在祀与戎。"军事与祭祀是身份与地位的象征。商王武丁的王后之一"帚好"(妇好),谥为"后母辛"。"辛"为天干,于殷礼祭日十分重要,王族的高祖夋的祭祀都在辛日,可见帚好之高贵。妇好因拥有封地"庞",而具有封君的身份。她既统军伐敌,也主祭先妣。商代最大规模的作战即为妇好指挥,妇好墓中有两件大青铜器象征着

① 刘绪义:《天人视界》,北京:人民出版社,2009年版,129页。

她的军事权力,即使死后亦常入丈夫武丁之梦。另一位著名“多帚”是帚姘,她多在自己封地中管理农业生产,也曾领兵征伐,颇受商王关注,与帚好一样,她也拥有私产与事业。其他“多帚”们的事业也在受封、统兵、入贡、组织生产等方面多有体现。《国语·晋语》“备嫔嫱焉”,韦解“嫱,妇官也”。“嫱”通“穑”,说明女官的基本职能之一便是管理农业生产。这正是对帚好、帚姘等女性封君的身份注解。除这几位妇女外,甲骨卜辞中反映武丁的“多帚”们还有帚鼠、帚妊、帚角、帚汝、帚宝、帚妹、帚喜、帚楚、帚姓等共 64 人。[①] 这些“多帚”虽不具有帚好、帚姘之尊,但有些有封邑,也从事领兵征战、祭祀先妣、组织耕作等社会活动,女官之于商代之尊贵与重要性略见一斑。

其三“小臣”。商代行政职官多女性,“小臣”中亦不乏女性,然“小臣”较少被后人关注,开国重臣伊尹也出于小臣,可知小臣社会地位也颇高,女性小臣也多为经济管理、军事指挥和行政活动等事,亦不可小觑。

其四“女史”。商代妇人不仅参政、用兵,还做“女史”。《周礼·女史》:“女史掌王后之礼职,掌内治之贰,以诏后治内政。”郑注:“女史,女奴晓书者。”《天官冢宰上》有郑注:“史,掌书者。”贾疏:“史,主造文书也。”商代史官既非“女奴”,也非纯“掌书者”,而是书史兼军事的综合性职官直至周代,史官始“尚文”。《礼记·玉藻》:“动则左史书之,言则右史书之。”

商代对各代直系商王的配偶都有祭祀,而在周代,女祖祭祀只是“配享男祖”。《礼记·少牢馈食礼》说:“主人曰‘孙孝某,来日丁亥,用荐岁事于皇祖伯某,以某妃配某氏,以某之某为‘尸’。尚飨!”这个记载可征与《诗经·周颂·丰年》“为酒为醴,烝畀祖妣。以洽百礼,降福孔皆”。《诗序》云:“《丰年》,秋冬报也。”

① 胡厚宣:《甲骨学商史论丛初集》(上册),石家庄:河北教育出版社,2001 年版,97 页。

"报"是祭名,故孔颖达疏谓:"言'烝畀祖妣',则是祭于宗庙。"周代只是以配偶"附祭"祖先。周代铜祭器铭文每有"追孝于某祖,某妣,某考,某母"则为配偶附祭祖先佐证。"配享""附祭",实为陪衬。《礼记·郊特牲》:"妇人,从人者也。"反映了周代女性社会地位陨落,并于此后一直为男权附庸。孔子有:"唯女子与小人为难养也。"(《论语·八佾》)已经歧视妇人。《礼记·内则》:"男不言内,女不言外。"《周易·家人》:"女正位乎内,男正位乎外,天地之大义也。"周代女性的地位与商代女性形成了巨大反差,(男女)"内外有别"滥觞于此。齐桓公盟文曰:"毋使妇人与国事。"(《谷梁传·禧公九年》)但历史时有吊诡,儒家的尊尊亲亲之母尊子卑与男女有别之男尊女卑恰为悖论,或值"子少母壮"而后宫又"不得不"干政,于是有"垂帘听政"、有武氏、那拉氏的任性废立大戏不断上演。

所谓殷人尊鬼事神并非周人"革命"成功的本质。商亡,一因频繁祭祀,以牛马为牲,甚至人牲,生产发展遭严重破坏;二因频发战争,以俘虏为牲,内外矛盾严重激化。《诗经·大雅·文王》云:"文王在上,于昭于天,周虽旧邦,其命维新。"《尚书·牧誓》"牝鸡司晨""惟妇言是用"之指摘实为小邦周假天命之言对大邦商的女性文化否定。

(原载:《佛山科学技术学院学报》,2017年第5期)

卷十九　天人之际:“巫史”衍生“六艺”

《庄子·天下篇》评说“天下大乱,贤圣不明,道德不一”之后,“道术将为天下裂”,“百家往而不反”,是为诸子蜂起。所谓“道术”,集于“六艺”。马一浮说“六艺无所不该”,此谓元典。“六艺”肇自远古,渐成三代,又经西汉特起为数千年群经之冠冕。羲农之始,文化渐开,渔兽之养赖于长,天神之命听于巫。渐进商周,载籍日丰,及周孔六艺乃定。钱穆即以仲尼删诗书、定礼乐、赞周易、修春秋,又兴私学,遂以“六艺”本于儒,即“道术”传于孔而诸子皆出之。然仲尼“述而不作”,所述乃前代旧典,后世诸子固然与孔门千丝万缕,亦与老聃之学亦盘根错节,故钱穆视域未远。又有江瑔以“六艺”掌于柱下,老子栖身柱下,当曰“九流出于史官”,抑或出于老聃,可见江瑔视域未去钱穆几何。概言之,老聃、仲尼皆传承而已,若寻绎中华元典渊薮之鹄的,非但近瞩商周衍生之迹,亦当远瞻三代以上。

一、“尊儒崇道”之局限

后学或出于学术判断,或出于偏爱,尊儒崇道,各有轩轾。班固所论本于刘歆《七略》,列儒家为《诸子略》之中,虽说以儒家皆传述“六艺”之学者,虽曾浑言诸家“皆《六经》之支与流裔”,而独崇儒家,又以“六经”分掌各属为各官所属而言“诸子出于王官”,于是“九流十家说”可谓“光被四表,格于上下”,遂使百代不离其宗。

江瑔在《读子卮言·论儒家不能与经部并立》驳之:于后世经部中列出诸著如子游《礼运》、檀弓《檀弓》、子思《中庸》、曾子《孝经》、子夏《丧服》,及《论语》等皆在其中,如《六经》之外又有七经、九经、十一经、十三经之目,非是。“儒家不能与经部并立”,而当与子部并列,且因孔子晚于老子并曾问学于老子,故儒家亦出于道家,而道家又出于史官:“班、刘二氏溯诸子之近源,故源各不同,而不知出于古史之官者也。”①百家之学并非联镳而齐起,而是递嬗相生,若溯其源,实统一于史。然若谓诸子出于史官,则复落入班固“王官说”窠臼,出于道家、出于儒家皆班固余绪,但江氏以“史”列于诸家之上,其见已远去班固。“道术裂变”,老聃、仲尼各占枢机,“裂变”之前,天下坟典聚于洛邑,文化浑然,老聃掌柱下史,传道德言,道术无论家派;“裂变”之后,学在四夷,仲尼私塾,百家兴起,各执一端。江瑔以为上古之时唯史独尊,“六艺”皆出史官之手,“黄帝以后,老子以前,上下二千年,唯道家之学扶舆磅礴,而无他家立足于其间”,江氏又以道家代言史官,使其立论转浅:“道家之学,无所不赅,彻上彻下,亦实亦虚,学之者不得其全,遂分为数派。得其道家之玄虚一派者,为名家,为阴阳家,及后市之清谈家,神仙符箓家。得道家之践实一派者,为儒家。得道家之刻忍一派者,为法家。得道家之阴谋一派者,为兵家,为纵横家。得道家之慈俭一派者,为墨家。得道家之齐万物、平贵贱一派者,为农家。得道家之寓言一派者,为小说家。传道家之学而不纯,更杂以诸家之说者,为杂家。是春秋战国之世,百家争鸣,虽各张一帜,势若水火,而其授受之渊源,实一一出于道家。”②

---

① 江瑔:《读子卮言·论诸子之渊源》,上海:华东师范大学出版社,2012 年版,23 页。

② 江瑔:《读子卮言·论诸子之渊源》,上海:华东师范大学出版社,2012 年版,63 ~ 64 页。

江说之要害则在于,道家职在诸家之上。诸子曰“道德”者,乃司马谈曰老庄以降,何遽老聃之前辈柱史俱为道家?

若以老聃、仲尼论之,则道家先于儒家,若以诸子渊源而论之,似不应陷入“九流十家”之窠臼,因此,钱穆、江瑔等视域显然偏狭。司马谈以老聃为道家,并非曰一切史官皆道家。道史混同,江氏之狭;独尊儒学,钱氏之偏。吕思勉《先秦学术概论》说“诸家皆于明一节之用”而道家实为“纲领”。此论似过,各家学说相互渗透,而老子最早,如说各家学说与老子密切,皆被泽于老聃则不无道理。《周易·系辞》所载孔子诠释道术源流可谓不易之理:“憧憧往来,朋从尔思。子曰:天下何思何虑?天下同归而殊途,一致而百虑,天下何思何虑?日往则月来,月往则日来,日月相推而明生焉。”所谓“一致”者,治世之“大道”也;所谓“百虑”者,诸子之思虑也。诸子抽绎“六艺”,各执一端,即百家也。纵观“道术裂变”之论,庄子最当。班固先说诸子为“六经之流裔”亦与庄子相合,之后又说“诸子出于王官”,似为凿空。后世另有“救世说”“救时说”“政治说”等,皆依心理动机而立论,即值礼崩乐坏、兵连祸结之世,诸子各循“六艺”而求索治道是为“百虑”,而其理论渊源,皆未明所以。

二、“六经皆史”之超越

隋代王通说圣人述史有三:述《书》记“帝王之制备”,治国之文典;述《诗》观“兴衰之由显”,察兴衰之气象;述《春秋》见“邪正之迹明”,考古鉴今。王通所述谓“三经皆史”,后经宋之陈傅良,元之郝经,明之宋濂、王守仁,清之章实斋、龚定庵诸家持而备之,其中当首推王阳明、龚定庵二家。王阳明曾与弟子徐爱讨论于此:“先生曰:‘以事言谓之史,以道言谓之经,事即道,道即事。《春秋》亦经,五经亦史。《易》是包牺氏之史,《书》是尧舜以下史,《礼》《乐》是三代史,其事同,其道同,安有所谓异?’又曰:‘五经亦只是史。史以明善恶,示训戒,善可为训者,特存其迹以示法，恶可为戒者，存其戒而削其事以杜奸。'"①此谓《春秋》《易》《书》《礼》《乐》"五经皆史"。徐爱终不解，言事之《春秋》本在《六经》又何以为史。阳明师答曰二者似二实一，"左史记言，右史记事"，足以证明"言""事"皆史而已，《春秋》固然是史。不仅如此，言道者如《易》《书》《礼》《乐》亦史也。"以事言谓之史，以道言谓之经"，一事两说而已。"事即道、道即事"，"经"即"史"，"史"即"经"，圣人之道寓于圣人之事，故而《春秋》未尝未言道也，实以"史事"而明道体"经"。圣人作经，无非是戒恶扬善，一如圣人存"史"以遗后人，"明善恶，示训戒，善可为训者，特存其迹以示法，恶可为戒者，存其戒而削其事以杜奸"，此"经"之用，"道"之体。

潘府（号南山）受王阳明影响至深，在王论之外又提出"《诗》之史婉"。黄宗羲曰：南山是从五经"其义则一"的意义上论"五经皆史也"。至于此中之"一"义何谓也，南山未加诠释，而只说"易之史奥，书之史实，诗之史婉，礼之史详，春秋之史严，其义则一而已"②。此后王世贞之说也颇具影响，其《艺苑卮言》曰："天地间无非史而已。三皇之世，若泯若没；五帝之世，若存若亡。噫！史其可以已耶？六经，史之言理者也。"并具体区分六经各文体，或"史之正文"，或"史之变文"，或"史之用"，或"史之实"，或"史之华"。时人李贽《焚书》卷五《经史相为表里》提出："经史一物也，史而不经，则为秽史矣，何以垂戒鉴乎？经而不史，则为说白话矣，何以彰事实乎？故《春秋》一经，春秋一时之史也。《诗经》《书经》，二帝三王以来之史也。而《易经》则又示人以经之所自出，史所以来，为道屡迁，变易匪常，不可以一定执也。故谓六经皆史可也。"③李贽是提出"六经皆史"的第一人，李贽以为经史本来为一物，良史堪为经，秽史则不堪。李贽与人所不同的是揭

---

① 王守仁：《王阳明全集》，上海：上海古籍出版社，1992 年版，10 页。

② 黄宗羲：《黄宗羲全集》（第八册），杭州：浙江古籍出版社，2005 年版，403 页。

③ 李贽：《焚书·续焚书》，长沙：岳麓书社，1990 年版。

示了《易》的群经之首地位,《易经》示人以经之所自出。李说洞见,惜其身后微澜未动,而直至清季章实斋出,或诋或誉,天下纷纭。章实斋本于诸子出于“六艺”而再倡“六经皆史”:“周衰文弊,六艺道息,而诸子争鸣。……其源皆出于六艺。”[①]其一,六艺为纲常,诸子为一隅;其二,诸子出于六艺,而《诗》教为首;其三,知源流而后可知道,而后可折中百家。实斋之论讨源诸子,厘则百家,实为本论巨擘。《史记》有“《礼》以节人,《乐》以发和,《书》以道事,《诗》以达意,《易》以道化,《春秋》以道义”。《荀子》有“《礼》之敬文也,《乐》之中和也,《诗》《书》之博也,《春秋》之微也,在天地之间者,毕矣”。所以章实斋以“六艺”兼该道体云“道体无所不该,六艺足以尽之”。实斋曰:“非谓诸子果能服六艺之教,而出辞必衷于是也。《老子》说本阴阳,《庄》《列》寓言假象,《易》教也。邹衍侈言天地,关尹推衍五行,《书》教也。管、商法制,义存政典,《礼》教也。申、韩刑名,旨归赏罚,《春秋》教也。其他杨、墨、尹文之言,苏、张、孙、吴之术,辨其原委,挹其旨趣,九流之所分部,《七录》之所叙论,皆于物曲人官,得其一致,而不自知为六典之遗也。”[②]老、庄、列为“易教”,邹衍、关尹为“书教”,管、商为“礼教”,申、韩为“春秋教”,杨、墨、尹文、苏、张、孙、吴仅“得其一致”而不为“六典之遗”也。章氏此论实源自《庄子·天下》。庄曰:“《诗》以道志,《书》以道事,《礼》以道行,《乐》以道和,《易》以道阴阳,《春秋》以道名分。其数散于天下而设于中国者,百家之学,时或称而道之。”即为六艺该道,而诸子各得道之一端,故为六艺所该。章实斋晚年(五十一岁许)此际正值主编《史籍考》,而此书正足以明其平生学术抱负,旨在以史学经纬天下著作,而“六经皆史”恰为学术圭臬。此际章氏有《报孙渊如书》曰:“愚之所见,以为盈天地间,凡涉著作之林,皆是史学,六经特圣人取此六种之史以垂训者耳。子集诸家,其源皆出于史。末流忘所

① 章学诚著,叶瑛校注:《文史通义校注》(上),中华书局,2014 年版,57 ~ 58 页。
② 章学诚著,叶瑛校注:《文史通义校注》(上),中华书局,2014 年版,58 页。

自出，自生分别，故于天地之间，别为一种不可收拾，不可部次之物，不得不分四种门户矣。”①天下所有著作皆可以归诸史部，《六经》也是圣人特来取此“六史”以垂训世人，子集诸家“其原皆出于史”，其自言此论必“骇俗下耳目，故不敢多言”，还说期待尚书公（毕沅）书成之后，“亦当涉历所及，自勒一家之言”，并可聊以自娱，不敢问世也。

章氏在《文史通义·内篇·易教上》又详议此题曰：“六经皆史也。古人不著书，古人未尝离事而言理，六经皆先王之政典。”钱穆考证此篇出于章学诚五十九岁，可视为章氏晚年定说，实斋已明确否定诸子及“六艺”皆出于儒、道二家之说，因为“六经”乃夏、商、周典章政教的历史记录，先圣人而在，圣人仅以取其为垂训耳。另，章氏反对“离器言道”而提出“六经皆器”之命题：其一，春秋以前私人不著书；古人不离常事空谈义理，故经亦非纯粹言理之典籍；其二，道不离器，理不离事，此事与器乃“先王制作”，故“六经皆先王之政典”；其三，政典即史，故“六经皆史”。余英时予章实斋以盛赞，他以为，有清一代学术，章氏“六经皆史”说与顾炎武“经学即理学说”最为纲领。

钱穆说章氏此说乃救治乾嘉考据流弊，仓修良、叶建华《章学诚评传》说章氏此说是“史”具有“历史资料”之含义，用以矫正宋学空谈义理之弊，又具有“经世致用”之内容，以此专务考索之汉学和乾嘉考据学派闭口不谈义理之风。② 具体言之在于反对戴震以训诂求道，抑或更是戴震的“道在六经”。当然余英时还认为章学诚之所以与戴震等乾嘉考据家唱反调，不仅因学术见解之异，而另有与戴震一争高下之隐。此点，章氏自己当然讳莫如深，余氏所言亦可聊备一说：“其实，‘六经皆史’决不是一个普遍性的抽象理论。它背后所包含的具体意义必须通过实斋一生与东原的

① 余英时：《论戴震与章学诚》，北京：生活·读书·新知三联书店，2000 年版，46 页。

② 仓修良、叶建华：《章学诚评传》，南京：南京大学出版社，1996 年版，174 页。

思想交涉才能充分地显露出来。”[1]清人汪中《左氏春秋释疑》曰:天道、鬼神、灾祥、卜筮、梦等虽各有专门巫史所掌,后皆归于史官,而其记录渐成《六艺》。[2] 至清末龚自珍又出惊人之语:“夫《六经》者,周史之宗子也;《易》也者,卜筮之史也;《书》也者,记言只史也;《春秋》也者,记动之史也;《风》也者,史所采于民而编之竹帛,付之司乐者;《雅》《颂》也者,史所采于士大夫也;《礼》也者,一代之律令,史职藏之故府,而时以诏王者也;小学也者,外史达之四方,瞽史谕之宾客之所为也。今夫宗伯虽掌礼,礼不可以口舌存,儒者得之史,非得之宗伯;乐虽司乐掌之乐,不可以口耳存,儒者得之史,非得之司乐。故曰《五经》者,周史之大宗也……诸子也者,周史之小宗也。故夫道家者流,言称辛甲、老聃;墨家者流,言傅尹佚。辛甲、尹佚官皆史,聃实为柱下史。……孔子曰,文献杞不足征,伤夏史之亡也。殷之亡,曰文献宋不足征,伤殷之史亡也。周之东也,孔子曰:天子失官,伤周之史亡也。灭人之国,必先去其史;隳人之枋,败人之纲纪,必先去其史;绝人之材,湮塞人之教,必先去其史;夷人之祖宗,必先去其史。”[3]史之外无文字,周之史来自于殷商,史官,虽官学而家传,且周之百官莫不联事于史,仲尼删诗书亦于杞、宋之外广征夏、商之史。“诗书”书于竹帛者史,“礼乐”不可以口舌而亦得之于史,此说实因夏商两代史官皆有种种称谓。所谓“经”者,自东周而后始有此说,且《六经》皆周之宗子,即《六经》皆周史之坟典,分司载卜筮、载言事、载礼乐,此等皆口舌所不能传,故一切皆赖于史籍所载。百史司百事,唯老聃之流为司史之史(柱下史),故龚自珍尊道家为百史之宗主。龚论理据凿凿,毋庸置疑。不惟上古尊史,其实社稷

---

① (清)汪中著,田汉云点校:《新编汪中集》,扬州:广陵书社,2005年版,384~387页。

② 余英时:《论戴震与章学诚》,北京:生活·读书·新知三联书店,2000年版,61页。

③ 龚自珍:《古史钩沉论》,《龚定庵全集》(续集卷二),台北:新文丰出版公司,1975年版,3页。

兴衰,宗族兴亡所系,其纲纪、教化、宗庙、国家无不维史,是谓百官之宗。

章太炎最初深膺“王官”说,后又演讲《论经史儒之分合》曰:“古无史之特称,《尚书》《春秋》皆史也。《周礼》言官制,《仪礼》记仪注,皆史之旁支。《礼》《乐》并举,《乐》亦可入史类。《诗》之歌咏,何一非当时之史料?大小《雅》是史诗,后人称杜工部为史诗者,亦以其善陈时事耳。《诗》之为史,当不烦言。《易》之所包者广,关于哲学者有之,关于社会学者有之,关于出处行藏者亦有之。其关于社会进化之迹,亦可列入史类。故阳明有‘六经皆史’之说,语虽太过,而史与儒家,皆经之流裔,所谓六艺附庸,蔚为大国,盖无可疑。”[①]太炎先生此论可谓“六经皆史”之殿军,然“史与儒家,皆经之流裔,所谓六艺附庸”,其并列儒史,又以“史”为“经”之流裔,不免分类错综,本末倒置,重蹈“尊儒崇道”覆辙。而“六经皆史说”之超越即在于论列史经之序,史官初设乃至三代之世,又何尝曰“经”?“经学”始于西汉,而魏徵《隋书·经籍志》目录始标注经、史、子、集四部之名,并垂范后世,“两都各聚书四部,以甲乙丙丁为次,列经史子集四库”。(《新唐书·艺文志一》)四部体制始立,是故史官所载,仲尼所传之“六艺”皆曰史典当以有据;至于百家私说,后人曰“子”以别于“六艺”亦当有据。

李贽以《易》为首,为“经之所自出”。影响最巨者章实斋以“诗”为首,即“其源多出于《诗》教”。章太炎虽曰“诗”多源于巫祝,“易”亦如是,而终以《易》为群经之首。各见虽异而同曰“皆史”。然傅斯年以为“史”之概念晚出,而“六经皆史”与“六经皆理学”一样的不通,“用新名词称旧事物”,于物质则可,于人文则不可。张荫麟曾言以现代自觉的系统比附古代断片的思想是近今治中国思想史之通病。“史”本“文书记录”者,非同后世史学、史籍,故曰“六经皆史”,难免附会之嫌。后人可以经史子集别类,

---

① 章太炎:《章太炎国学讲演录》,北京:中华书局,2013 年版,88 页。

但春秋以前绝无此称谓。若泛言之,上古史官所记录之文书,后人强称之为"史料"未为不可。总之,"六经皆史"已超越诸子源于儒、道之窠臼,可见庄子所谓之"道术"生于斯、传于斯也。

三、"敬天法祖"巫史之权

刘师培推衍龚自珍"六经乃周史之大宗"说集"六经皆史"论大成曰:"六艺者,周公之旧典也,即周官之秘籍也。或谓西周之时,太卜司易,宗伯掌礼,司乐典乐、太师陈诗,不知此就职守言,非指书籍言也。六艺之学掌于史官,宣尼删定六经,实周史保存之力也。不有史官,吾恐文献无征,不待秦灰之烬矣。"[①]又"周代成周,史官职守孔多,溯厥源流,共分三派。一曰六艺出于史也。……二曰九流出于史也。……三曰术数方技之学出于史也。"[②]且为列表以明之。推衍天下学术大势为"九流出于史官",而其高于前贤之处则在于缘巫论史:史分为二,司天事与司人事。司天事者为巫祝,其一,司祝(墨);其二,司历(阴阳、术数)。司人事之史,其一,掌技艺之史(凭虚:五行、天文、龟占、形法。征实:历数、医、农、兵乐);其二,掌道术之史(儒掌六艺:易、诗、书、乐、礼、春秋。师掌诸子:小学、儒、道、名、法)。刘氏辨章学术,考镜源流,凌迈前贤,振聋发聩。

刘师培《周末学术史序·总序》为之纲领:"昔欧西各邦,学校操于教会。及十五世纪以降,教会寖衰,学术之权,始移于民庶。及证之中邦典籍,则有周一代,学权操于史官。迨周室东迁,王纲不振,民间才智之士,各本其性之所近,以自成一家之言……及孟坚作《汉·艺文志》,……其云流为某家之学,即官师失职,师弟传业之义也。(此会稽章氏之说)是则私学之源出于官学。官学之

---

① 刘师培:《古学出于史官论》,《刘师培史学论著选集》,上海:上海古籍出版社,2006年版,11页。

② 刘师培:《古学出于史官论》,《刘师培史学论著选集》,上海:上海古籍出版社,2006年版,10~12页。

派主于合,私学之派主于分。”[①]有周一代学术皆操于史官,自东周官学下行,学在四夷,有志之士各本一己之性而自成一家之言,盖因“私学主分”。“六艺”“九流”“数术方技”三派皆出于史,但儒家于九流之中不应独尊,刘师培“史自巫出”论足使班固之论偃旗。“民之初生,无不报本而返始,先王因其性以导之,而尊祖敬宗之说起矣。尊祖敬宗之说起,又必推祖所自出,而郊禘之典以兴。因郊禘之典以推之,而庙祧以设,坛壝以立,祭礼一门,遂为三代之特典。且古代所信神权,多属人鬼,尊人鬼故崇先例,崇先例故奉法仪。载之文字,谓之法,谓之书,谓之礼,其事谓之史职。以其法载之文字而宣之士民者,谓之太史,谓之卿大夫。有官斯有法,有法斯有书,故官守其书。(会稽章氏说)是则史也者,掌一代学者也。一代之学,即一国政教之本,而一代王者之所开也。吾观古代之初,学术铨明,实史之绩。……学出于史,有明征矣。故一代之兴,即以史官司典籍。试观夏之亡也,太史终古去国;殷之亡也,辛甲抱器归周;周之衰也,老聃去周适秦。史为一代盛衰之所系,即为一代学术之总归。”[②]初民尊祖敬宗、郊禘之典,必有典礼法仪,又必有奉法仪、载文字而宣之士民者,是谓太史(卿大夫)。掌一代之学者即史,而掌一国之政教者亦史,史为一代“盛衰所系”、为一代“学术总归”。他说“六艺”之学实始于唐虞,皆故圣王之旧典,岂仅创自周公!唐虞三代之学统于史官,周以后始分专官所辖,九卿司九职,掌九学,衍而为后世之三司六部,所以班固“王官说”也非空穴来风,但只近视而已。刘师培指出“六艺”为太史所载,然上溯唐虞三代,更知“史出于巫”,此远迈章实斋处。

梁启超史识与刘师培多有龃龉,然于此处却极为契合。梁把

---

① 刘师培:《周末学术史序》,《刘师培史学论著选集》,上海:上海古籍出版社,2006年版,58~59页。

② 刘师培:《古学出于史官论》,《刘师培史学论著选集》,上海:上海古籍出版社,2006年版,9~10页。

从黄帝到夏、商、周(春秋)称为中国学术思想之“胚胎时代”,依照《汉志》之道家出于史官而推论说,阴阳谶纬家言常与史相通,因此“胚胎时期”学术思想全在“天人相与”,其枢纽又在“祝”与“史”,亦曰学术思想(史)分为祝官天事与史官人事两端。官天事者,司礼、司历(天文历象、阴阳将数、方术占验);官人事者,志事之史(儒)、推理之史(道),与刘氏不同的是,梁氏只列儒道,未及名法。梁、刘皆瞩目“巫史”,可谓目光如炬。梁启超说:“祝,掌天事者也。凡人群初进之时,政教不分,主神事者其权最重……司祀之祝,主代表人民之思想,以达之于天,而祈福祉者也……盖以为祭祀之事,与国家安危大有关系焉。其他百事,皆听命于神,不待言也。二曰司历之祝,主揣摩天之思想,以应用于人事者也,三皇之时,命南正重司天以属神,北正黎司地以属民……盖司历之祝所主者,凡三事:一曰协时月正日以便民事也,二曰终始五德以定天命也,三曰占星象卜筮以决吉凶也(古代之学术,半属此类)……史,掌人事者也。吾中华既天、祖并重,而天志则祝司之,祖法则史掌之。史与祝同权,实吾华独有之特色也。重实际故重经验,重经验故重先例,于是史职遂为学术思想之所荟萃……若《诗》,若《书》,若《春秋》,皆史官之所职也;若《礼》,若《乐》,亦史官之支裔也……盖道术之源泉,皆在史。史与祝皆世其官,若别为一族者然。盖当时竹帛不便,学术之传播甚难,非专其业者,不能尽其长也。而史之职,亦时有与祝之职相补助者。盖其言吉凶祸福之道,祝本于天以推于人,史鉴于祖以措于今。”[①]梁启超曰初民政教不分。其实不分者,应在颛顼“绝地天通”以降,政教合一,而初民巫史不分,政教同权,百事问天,然祭祀之事,巫重于史,嗣后尊天事鬼法祖之经验日多,太史逐渐剥离于巫祝,且日益专化,巫事渐次沦落,“究天人之际”已为史官天职。此“太史出于巫祝”乃中华学术之大势。朱维铮以今人之学征之曰:“无论中

① 梁启超:《梁启超论中国文化史》,北京:商务印书馆,2012年版,206～208页。

外，任何民族，第一代历史家都是巫师，第一种历史记录都是说神与人的关系，第一类历史认识都是神意支配人间的历史观。”①

尽管江瑔陷入“尊儒崇道”误区，而关于巫史演变之说，亦与刘、梁契合：“古代之官惟巫与史，后代学术分歧，万缕千条，而溯江河之发源，亦皆灌输于巫与史而已。记人事曰史，事鬼神曰巫。古人重祭祀，敬鬼神，故史巫二职并重于时。讫于后世，知识日增，知鬼神之事眇漠无凭，不如人事之为重，于是史盛而巫衰，一切官职均以史为之。浸假以史而夺巫之席，而巫则或以妇女充之，是仅以巫为治病求福之用，不足与史相颉颃。洎于周末，巫之道亦几乎息矣。然在后世虽史盛而巫衰，而在古代则并无所轩轾，后代学派万千，咸从兹二者出焉。”②上古由敬畏自然与依赖苍天而生巫觋与宗教，由认识自然与企图控制自然而衍生科学，初民时代，宗教与科学皆掌运于巫觋。后世随科学能力渐增又由巫觋衍生史职，史仅为巫其执事之一端而已。又后世渐重人事而疏离于天，巫史分化，巫觋渐次沦为祭祀之配角而成祈福医病之主角，终至史盛巫衰。有“卿史”执掌祭祀与出使方国，有“御史”为王执鞭驾车，二者位尊至极。王国维曰：“史为掌书之官，自古为要职，殷商以前，其官之尊卑虽不可知，然大小官名及职事之名，多由史出，则史之位尊地要可知矣。”③江瑔不仅服膺“六经皆史”，还进而指出“诸子、诗赋、兵书亦皆史也”，可谓非唯诸子出于巫史，而中华文化泽在巫史。江瑔曰：“巫之道，由显而隐……史之道，由隐而之显……近儒所谓‘《六经》皆史’，其实诸子、诗赋、兵书亦皆史也。班《志》谓‘道家者流，出于史官’，其实九流之学亦尽出于史官也。班氏所言诸官，在后世虽各有所职，而在古代

① 朱维铮：《中国史学史讲义稿》，上海：复旦大学出版社，2015 年版，12 页。

② 江瑔：《读子卮言·论诸子之渊源》，上海：华东师范大学出版社，2012 年版，24 页。

③ 王国维：《释史》，《观堂集林》（卷六），北京：中华书局，1959 年版，269 页。

则皆史之所司。”①

庄子指出道术裂变,盖因诸子偏执,荀子也以为“凡人之患,蔽于一曲,而暗于大理(道)”,而其学也,始兼诸家。于“六经皆史”与“史出于巫”之外,余英时又有新说,言儒、墨、道三家皆自夏、商、周三代之“礼乐”而来,因三代以降,圣王莫不拜天神以祈福(宗教之源),而其仪式过程则托身于“礼乐”,《墨子·天志》有载。东周之世礼崩乐坏,志者思治,遂有百家兴起。余英时引《说文解字》曰:“示”部说“礼,履也,所以事神致福也;从示,从豊。”又“豆”部:“豊,行礼之器也;从豊,象形。”指出“礼”出于宗教,“乐舞”为践“礼”之形式。王国维《释礼》说“豊”字,上部像“二玉在器之形”,上古行礼以玉,盛玉以奉神人之器。罗振玉考之“豊”为酒器,亦即礼器。巫师与神祇、祖灵的交通并非随机发生,而是要凭借某些特定仪礼、仪式与纹以的灵异之动物的众多礼器(鼎、豊、簋、兕觥等)。萨满教或谓原始巫术,而非特指某宗教或信仰。萨满(珊蛮)即巫师通称,凡具萨满经验和萨满行为者,具占星及御天气之功,有预言及解梦之能。其通神之力或为自上帝特赐,或为家世相传、老辈指引,或为梦中神授及精神狂昂之经验。《周礼·序官·神士》曰:“凡以神士者无数。以其艺为之贵贱之等。”郑玄笺曰:“以神士者,男巫之后,有学问才知者。艺谓礼、乐、射、御、书、数。”孙诒让驳之曰:“案此艺,当谓技能,即指事神之士,不涉六艺也”,“艺”非“六艺”,乃事神巫术。上论礼乐伴宗教而生,实则出于巫史也,诸论殊途同归。余英时曰:“礼乐源于祭祀,而祭祀则从巫的宗教信仰中发展出来……早期的礼乐是和巫互为表里的;礼乐是巫的表象,巫则是礼乐的内在动力……我比较倾向于相信,这一功能是许多初民宗教所共有的,不必非假定传播论不可。”②

---

① 江瑔:《读子卮言·论诸子之渊源》,上海:华东师范大学出版社,2012 年版,24~25 页。

② 余英时:《论天人之际》,台北:联经出版社,2014 年版,25 页。

《国语·楚语下》论神话为三期:“古者民神不杂。民之精爽不携贰者,而又能齐肃衷正,其智能上下比义,其圣能光远宣朗,其明能光照之,其聪能月彻之,如是则明神降之,在男曰觋,在女曰巫……民是以能有忠信,神是以能有明德,民神异业,敬而不渎,故神降之嘉生,民以物享,祸灾不至,求用不匮。及少皞之衰也,九黎乱德,民神杂糅,不可方物。夫人作享,家为巫史,无有要质……颛顼受之,乃命南正重司天以属神,命火正黎司地以属民,使复旧常,无相侵渎,是谓绝地天通。”即一曰古者“民神不杂”,二曰少皞之衰“民神杂糅”,三曰颛顼受之“绝地天通”。初民畏天尊神,由巫觋而司天命,酋长而司人事,所谓“政教分离”。《尚书·吕刑》载:“乃命重黎绝地天通,罔有降格。”而自颛顼“绝地天通”始,司天理事集一身,巫术沦为附庸,只为既有辩护。殷商尚鬼,上帝主宰下界,咸定人间祸福,甲骨卜辞载有天帝降福、保护、佐助、承诺于地王事。王自任“群巫之长”,自御天事,政教合一,是为专制肇始。

余英时曰:“神话清楚指出,当圣王颛顼藉切断天、地交通以终止‘民神杂糅’的局面后,一般庶民不再被允许和天直接交通,与天交通自此成为君主的专属特权。君王本人或其指派的高阶祭司透过掌控种种的巫术技巧,独占了与上帝及其他神祇的交通。”[①]巫师本精爽虔敬、智圣明聪、神能附体。而颛顼专以亲信司天理事,专任通天。甲骨文有载商王主宰占卜仪式,并渐成唯一之占卜者和预言者,此谓“神权君主”,《春秋·公羊传》亦载天子专独祭天特权事。天子以“绝地天通”与普世“天人合一”之旨渐行渐远。巫师乃当世精英,因通天而得君心,周厉王竟以“卫巫”窥伺“谤者”,司马迁认为至孔子时代,巫师影响力仍在。

四、“礼崩乐坏”神祇式微

周室鉴于商人崇鬼之覆,提出“以德配天”之“天命转移”观,

① 余英时:《论天人之际》,台北:联经出版社,2014 年版,76 页。

君权虽神授,而须礼天爱民,因天(上帝)不专属君上,乃普天共神,不以德配之,天将它属,此谓“天佑民生”,民心即天下,故“敬天保民”“明德慎罚”为天命所在,周公曰:“天不可信,我道惟宁”(《尚书·君奭》),“治民祗惧,不敢荒宁”(《尚书·无逸》),“知小民之依”(《尚书·无逸》),“天视自我民视,天听自我民听”(《尚书·泰誓》),“天聪明,自我民聪明”(《尚书·虞书·皋陶谟》),“民之欲之,天必从之”(《尚书·泰誓上》)。“礼乐”由宗教司天而转型社会伦理,由娱神到化民,史官遂脱颖巫祝。概言之,礼乐崩坏本自君权神授,虽周室“以德配天”而终未脱却天命与宗法浑然一体,终未脱却人欲与特权相得益彰而礼崩乐坏。神权始于无知,成于愚民,间以御君,终以愚民。至西学东渐,无论中体西用与西体中用,而圣训为纲,人治为体,难以自弃,则世随君之明暗而沉浮,民随官之清浊而哀乐。礼乐文化始于“事神”,崩于“事人”,虽周公而未及始料。前此略加轩轾儒道,意在明于《六经》与巫史之关系,意在上溯“道术”渊源。傅斯年曾于《性命古训辨正》谓不外二种,即“语学的”与“史学的”。确如傅言,许慎《说文解字》“示”部说“礼”为履,训儒为柔;王国维《释礼》训“豊”为礼天玉器;罗振玉考之“豊”为酒器,亦礼器。白川静氏训“道”原为携异族人首而行。而许慎、罗振玉、王国维诸家注重考释文字源流不外其职业类型与名称,皆未及思想源流。史学法则注重制度之发生与变化,“六经皆史”论者之于源流考论更近宏旨。此外,陈来提出“思想史”方法,似为当下学者共识,故以史为杆,以思想为权,或为通衢。礼乐文化生于巫史,衍为“六艺”,及至礼崩乐坏而神祇式微;政治则以人事为宗,于是百家蜂起皆以尽人事而救世。

卷二十　一致百虑：“六艺”裂变诸子百家

《周易·系辞下》曰：“憧憧往来，朋从尔思。子曰：天下何思何虑？天下同归而殊途，一致而百虑，天下何思何虑？日往则月来，月往则日来，日月相推而明生焉。寒往则暑来，暑往则寒来，寒暑相推而岁成焉。往者屈也，来者信也，屈信相感而利生焉。尺蠖之屈，以求信也。龙蛇之蛰，以存身也。精义入神，以致用也。利用安身，以崇德也。过此以往，未之或知也。穷神知化，德之盛也。”

中华元典“六艺”除《乐经》早佚，其《诗》《书》《礼》《易》之传先于夫子，《左传》屡征。孔门以《诗》《书》《礼》《乐》“四艺”立教。《诗》者，郊庙祭祀“绝地天通”之辞、邦畿燕飨之乐及里巷风谣之歌，言语以引诗、赋诗以言志。《书》者，载先王话语、政令要事，乃“记言”之史。《礼》者，狭称《仪礼》，乃冠、婚、丧、祭之法，天道人伦之序，序故群物皆别。《乐》者，天地之和也，和故百物皆化。若夫礼乐之施于金石，越于声音，用于宗庙社稷，事乎山川鬼神，则此所与民同也。《易》者，要事决策，卜而后行。故曰：“国之大事，在祀与戎。”仲尼晚年读《易》，以致“韦编三绝”，又曰：“加我数年，五十以学易，可以无大过矣。”《春秋》者，亦为孔子晚年依《鲁春秋》而删述，故而《易》与《春秋》非孔门立教蓝本。章实斋曰：“至于官师既分，处士横议，诸子纷纷，著书立说，而文字始有私家之言，不尽出于典章政教也。儒家者流，乃尊六艺而奉以为经,则又不独对传为名也。荀子曰:‘夫学始于诵经,终于习礼。’庄子曰:‘孔子言治《诗》《书》《礼》《乐》《易》《春秋》六经。’又曰:‘缙十二经,以见老子。’荀庄皆出子夏门人,而所言如是,六经之名,起于孔门弟子亦明矣。”①

《庄子·天道》曰:“孔子西藏书于周室。子路谋曰‘由闻周之征藏史有老聃者,免而归居,夫子欲藏书,则试往因焉。’孔子曰:‘善。’往见老聃,而老聃不许,于是翻十二经以说。”(有云“十二经”乃以六经又加六纬;又云《易》分上下,并十翼而为十二;又云《春秋》十二公经也)章实斋曰:“事有实据,而理无定形。故夫子之述六经,皆取先王典章,未尝离事而著理。后儒以圣师言行为世法,则亦命其书为经,此事理之当然也。然而以意尊之,则可以意僭之矣。盖自官师之分也,官有政,贱者必不敢强干之,以有据也。”②

“先王典章”即“六艺”,章实斋先言“诸子出于六艺”,继之又依班固之“官师之分”而肯定“诸子出于王官”而“以有据也”。章实斋此论实为淆乱“六艺”与“王官”二说。“六艺说”实为笼统学术之论,“王官说”乃支离学术之说。夏商周三代之思想学术尚在巫史笼罩之下,未曾瓦解分治,故班固之“王官说”乃缘木求鱼,未若庄子“六艺说”为切,查章实斋此论,前后龃龉,不足为训。

儒家元典初为《易》《书》《诗》《礼》《乐》《春秋》,前三者流传较早,《左传》屡征,至汉武独尊儒术,儒家思想成为官方意志,列“六艺”之五为官学,设“五经”博士。唐代以《易》《书》《诗》加“春秋三传”(《左传》《公羊传》《谷梁传》)再加“三礼”(《周礼》《仪礼》《礼记》)并称“九经”,也立学官,并以取士;唐文宗又增

① 章学诚著,叶瑛校注:《文史通义校注·经解上》,北京:中华书局,2014 年版,89 页。

② 章学诚著,叶瑛校注:《文史通义校注·经解上》,北京:中华书局,2014 年版,97 页。

《论语》《尔雅》《孝经》为"十二经"(实缺《乐经》)。宋朱熹由《礼记》析出《大学》《中庸》与《论语》《孟子》并为《四书》,至此,儒家之"十三经"地位确立。清乾隆镌刻《十三经》经于石,阮元又合刻《十三经注疏》。自司马谈以"六家"类聚百家,班固衍为"九流十家",然后世儒家何得独擅?孔、孟即为诸子之一,即与老庄、墨翟、公孙龙、邹衍、申韩之徒同列,又何得独尊?《论语》《孟子》《大学》无"经"而"经",《道德经》却"经"而不"经",故所谓序经、子之别亦儒家自说自话,有悖中华思想学术之宏旨,亦不足为训。

一、庄、孟振铎而各执一端

诸子渊源,自古众说纷纭,然庄、孟二子可谓振铎天下。孟子依政治立论,影响颇深:"圣王不作,诸侯放恣,处士横议,杨朱、墨翟之言盈天下。"(《孟子·滕文公下》)以为时代使然,社会使然,西汉淮南王刘安深然之,并提出"应世之急说",其《淮南子·要略》指出"诸子之学,皆起于救世之弊,应时而兴。本于世变之所急"。

近人孙德谦以为"诸子源于'六艺'",肇始意欲"救世":"今夫春秋以后,周为共主,天下相务于战争,而政异俗殊,人心变诈,故庄子任天,所以诛僭乱之君,欲以返诸皇古之治而革其浇漓之习;墨翟通权达变,其节用、非攻之说,苟善行之可以救奢而却敌;名、法家崇实黜伪,信赏必罚,盖深恶夫世主之是非不辨,功罪不当者,而将以其道易之;苏、张学于鬼谷子,历说诸侯,取富贵于立谈,儒者每鄙之为不足道,然禁攻息兵,天下稍免于干戈之患,其功烈亦何可轻议;若夫管氏相齐,一匡九合,商君辅秦,国富兵强,非又成效卓著乎,所谓救世者,此也!"[1]孙德谦不仅力主"救世说",还认为诸子源于"六艺"而不缪于孔子,提出"无诸子而圣人

① 孙德谦:《诸子通考·自序》,长沙:岳麓书社,2013年版。

之经尊,有诸子而圣人之道大”“正经为道义渊海,子书为增深川流”。又胡适之“救时说”与孙德谦“救世说”旨趣相投,但胡适反对其“诸子源于六艺说”,并说“其言则无悖于经教”是孙氏全书(《诸子通考》)之“大累”:“似仍未脱儒家的窠臼。他的书受此一个观念的影响真不少!”①

庄子“诸子出于六艺”论,事理较孟子则更为详备,亦非后世刘安堪比。《庄子·天下》曰:“古之人其备乎!配神明,醇天地,育万物,和天下,泽及百姓,明于本数,系于末度,六通四辟,小大精粗,其运无乎不在。其明而在数度者,旧法世传之史尚多有之。其在于《诗》《书》《礼》《乐》者,邹鲁之士缙绅先生多能明之。——《诗》以道志,《书》以道事,《礼》以道行,《乐》以道和,《易》以道阴阳,《春秋》以道名分——其数散于天下而设于中国者,百家之学时或称而道之。”继之庄子又说百家各执一端以自好,不见天地之纯,百家往而不返,天下道术撕裂为诸子讨源更确,可谓揭橥大道。庄子曰:“天下大乱,贤圣不明,道德不一,天下多得一察焉以自好。譬如耳目鼻口,皆有所明,不能相通。犹百家众技也,皆有所长,时有所用。虽然,不该不遍,一曲之士也。判天地之美,析万物之理,察古人之全,寡能备于天地之美,称神明之容。是故内圣外王之道,暗而不明,郁而不发,天下之人各为其所欲焉以自为方。悲夫,百家往而不反,必不合矣!后世之学者,不幸不见天地之纯,古人之大体,道术将为天下裂。”南朝刘勰亦以庄论为确:“繁辞虽积,而本体易总,述道言治,枝条五经。”(《文心雕龙·诸子》)但庄子只见天下道术之“必不合”之状,而未见其“必合”之势。所谓“必合”者,历史必然。当此任者,乃《吕氏春秋》(此论另撰)。

① 曹伯言整理:《胡适日记全编》(3),合肥:安徽教育出版社,2001年版,429~430页。

二、"王官说"雄视百代

然诸子渊源论彪炳千秋者，并非庄孟，而是班固。他据刘歆《七略》提出"出于王官"说（《汉书·艺文志》），并直启"新文化运动"。《汉书·艺文志》载："儒家者流，盖出于司徒之官。助人君，顺阴阳，明教化者也。游文于六经之中，留意于仁义之际。祖述尧、舜，宪章文、武，宗师仲尼，以重其言，于道最为高……道家者流，盖出于史官。历记成败、存亡、祸福、古今之道……阴阳家者流，盖出于羲、和之官。敬顺昊天，历象日月、星辰，敬授民时，此其所长也……法家者流，盖出于理官。信赏必罚，以辅礼制……名家者流，盖出于礼官。古者名位不同，礼亦异数。孔子曰：'必也正名乎！名不正，则言不顺；言不顺，则事不成。'此其所长也……墨家者流，盖出于清庙之守。茅屋采椽，是以贵俭；养三老，五更，是以兼爱；选士大射，是以上贤；宗祀严父，是以右鬼；顺四时而行，是以非命；以孝视天下，是以上同；此其所长也……纵横家者流，盖出于行人之官。孔子曰：'诵《诗》三百，使于四方，不能专对，虽多亦奚以为？'又曰：'使乎！使乎！'言其当权制宜，受命而不受辞，此其所长也……《易》曰：'天下同归而殊途，一致而百虑。'今异家者，各推所长，穷知究虑；以明其指，虽有蔽短，合其要归，亦六经之支与流裔。使其人遭明王圣主，得其所折中，皆股肱之材已……若能修六艺之术，而观此诸家之言，舍短取长，则可以观万方之略矣。"《隋书·经籍志》认同此说。班氏依儒立言，是非未缪于圣人，然后世商榷沓来。其一，诸子"十家"既然为"六艺"之"枝条"，何以独为儒家之经典？其二，诸子虽各执一端，思想彼此渗透，而"王官说"何以武力割裂之。

一般以为班固之论与庄子无涉，一倡"六艺"，一倡"王官"，岂不知二者亦同归而殊途。究庄子与班固二论，并非全然悖谬。《汉书·艺文志·诸子略》曰："今异家者各推所长，穷智究虑，以明其指,虽有蔽短,合其要归,亦六经之支与流裔。”亦言诸子出于“六艺”,又曰“出于王官”,与其“六经之支与流裔”之论略相龃龉。“王官说”言儒家出于司徒,道家出于史官,阴阳家出于羲、和之官,法家出于理官,名家出于礼官,墨家出于清庙之守,纵横家出于行人之官。此论貌似精到,而实湮没了自家思想之精,遂成世代聚讼鹄的。班固说,诸子若“遭明王圣主,得其所折中,皆股肱之材”,其各有优长蔽短,然皆归于六经。若折中诸子,则平天下之道得之。此则司马迁早已有说:“学者多称五帝,尚矣!然《尚书》独裁尧以来,而百家言黄帝,其文不雅驯,荐绅先生难言之。”百家之言,言人人殊,难定于一,然皆“言皇帝”也。(《史记·五帝本纪》)修六艺术,观诸家言,舍短取长,司马迁既曰诸子源于《六经》,又曰诸子发展《六经》;既曰诸子之精纯,又曰诸子之偏执,班固接武。惜班固只见“一致百虑”(天下道术裂变),未见“殊途同归”,未出庄子窠臼。“同归”者,即“牢笼百家”者,《吕氏春秋》当仁不让。始皇帝不然,废黜吕学二世而亡,汉文、景二帝尚黄老杂霸而治,孝武帝黜百家则疲敝中国。但班氏竟贬吕氏为“驳杂”并列于“九流”之末,此其大谬。章学诚《文史通义》曰:“战国之文,其源出于六艺,何谓也?曰:道体无所不该,六艺足以尽之。诸子之为书,其持之有故而言之成理者,必有得于道体之一端,而后乃能恣肆其说,以成一家之言也。所谓一端者,无非六艺之所该,故推之而皆得其所本;非谓诸子果能服六艺之教,而出辞必衷于是也。《老子》说本阴阳,《庄》《列》寓言假象,《易》教也。邹衍侈言天地,关尹推衍五行,《书》教也。管、商法制,义存政典,《礼》教也。申、韩刑名,旨归赏罚,《春秋》教也。其他杨、墨、尹文之言,苏、张、孙、吴之术,辨其原委,挹其旨趣,九流之所分部,《七录》之所叙论,皆于物曲人官,得其一致,而不自知为六典之遗言也。”[①]章学诚之轮出于庄子之辙。章学诚所谓之“道体”即指“六艺”,诸子得于“道体之一端”,即诸子皆“六艺”之流裔。庄子“六艺说”与班固“流裔”论后世鲜为提及,而班固“王官说”则一枝独大。“王官”即当时司掌文化政令之官,王官可谓诸子近源,其渊薮乃在“六艺”,“王官”为“六艺”之流,班固以流代源遂使后世释疑鹊起。

梁启超《汉书·艺文志·诸子略考释》批评班固“强作解事”穿凿附会。梁曰:“‘某家者流盖出于某某之官’以下,殊不必重视。该其分类本非有合理的标准……其述各派渊源所自,尤属穿凿附会,吾侪虽承认古代学术皆在官府,遂承认春秋战国间思想家学术渊源多少总蒙古代官府学派之影响,但断不容武断谋派为必出于某官,最多只能如庄生所说‘古之道术有在于是者某人闻其风而悦之’云尔志之所云云,实强做解事也……”[②]梁启超认为班固将诸子起源追溯至各具体官守是便于分类,并非确有其事,故不足与辩。

胡适服膺刘安“应世之急说”。他说“已足摧破九流出于王官之陋说矣”,班固“皆附汉儒附会揣测之辞,其言全无凭据”。《诸子不出于王官论》辩谬于班氏曰:当下皆受章太炎影响而主班氏之“王官说”,其实皆汉儒附会揣测之无凭之辞。如说“间有近于王官之所守”则可,如阴阳家之近于古占侯之官,“此犹可说也”;古者学在官府,非吏无所得师,“亦犹可说也”。至谓诸子出于王官,“亦大悖于学术思想兴衰之迹矣”,因刘歆之前之并无此说,昔人论诸子莫备于《庄子·天下篇》《荀子·非十二子篇》《论六家要旨》《淮南子·要略》。而此间皆无“王官说”。《淮南子》自“文

① 章学诚著,叶瑛校注:《文史通义校注·诗教上》,北京:中华书局,2014 年版,58 页。

② 梁启超:《汉书·艺文志·诸子略考释》,《清代学术概论·附录》,北京:东方出版社,1996 年版。

时，纣为天王之子"以下专论诸家学说所自出，以为诸子之学皆起于救世之弊应时而兴故有殷周之争，而太公之阴谋生。有周公之遗风，而儒者之学兴，有儒学之弊、礼文之烦扰，而后墨者之教起。有齐国之地势、桓公之霸业，而后管子之书作。有战国之兵祸，而后纵横修短之术出。有韩国之法令"新故相反、前后相缪"，而后申子刑名之书生。有秦孝公之图治，而后商鞅之法兴焉。此所论列，虽间有考之未精，然其大旨以为学术之兴皆本于世变之所急。其说最近理。即此一说已足推破九流出于王官之陋说矣……其言"官人守要而九流宣其义"，大足贻误后学，夫义之未宣，便何要之能守，学术之兴，由简而繁，由易而赜，其简其易，皆属草创不完之际，非谓其要义已尽具于是也。吾意以为诸子自老聃孔丘至于韩非，皆忧世之乱而思有以拯济之，故其学皆应时而生，与王官无涉。[①] 胡适思想显为孙德谦、梁启超二说遗存，尤其梁启超《论中国学术思想变迁之大势》直启胡适。胡适批评班固"九流十家"之剖判及诸子皆"出于王官"为大谬，直击时下国学界权威章炳麟等，可谓振聋发聩，余英时对此亦评价甚高。

胡适批评班固诸子"出于王官"论，固然通理，然其结论"皆忧世之乱而思有以拯救之"亦未得其精。诸子意欲救世，皆其动机，而其思想渊源，胡适并未言明。胡适赞同孙德谦的"救世说"而提出"救时说"，但反对孙德谦的"六艺说"。其实无论"救时""救世"都与"六艺说"不悖，"救时""救世"是动机，"六艺"是思想，二者较之，胡当让与孙。班固之论诸子为"六经之流裔"未错，其错在把"九流十家"与"王官"各自对应。胡适否定了班固"王官说"，而又未理睬其"六艺说"，失之肤廓。

① 胡适：《胡适学术文集·中国哲学史》（上册），北京：中华书局，1991 年版，591～596 页。

三、"六艺"统摄诸子

马一浮精研佛学、宋学，后又由宋学返诸"六经"，提出"六艺该摄一切学术"之说，而其前提即楷定国学名义。"学"者，"唯深也，故能通天下之志"也，(《易·系辞传》)即能洞悉事物表里，并说与他人者，始可名为"学"。而"国"者，有别于外国学术之谓。然此名目过于笼统，依时贤或分为小学、文字学、经学、诸子学、史学等类，大致依四部立名，然四部仅分类法耳。"能明学术流别者，惟《庄子·天下篇》《汉书·艺文志》"，因时贤楷定泛泛，皓首难明，所以其一须正国学之名，其二先读基本书籍，其三讲求简要方法。马一浮说："今先楷定国学名义，举此一名，该摄诸学，唯六艺足以当之。六艺者，即《诗》《书》《礼》《乐》《易》《春秋》也。此是孔子之教，吾国二千年来普遍承认一切学术之原皆出于此，其余都是六艺之支流。故六艺可以该摄诸学，诸学不能该摄六艺。今楷定国学者，即是六艺之学，用此代表一切固有学术，广大精微，无所不备。"[①]故"国学者六艺之学也"。

国学原指"国子监"之官学，国学之性，今无定论，或与西学有别，今人论之乃相对于"西学东渐"之中华传统文化思想学术，别称"汉学""中国学"。以先秦经典及诸子百家学说为根基，涵盖两汉经学、魏晋玄学、隋唐道学、宋明理学、明清实学(通经、修德、时务、致用之学。宋明反对佛道，以为"虚学"；明清反对理学、心学之空谈心性，以为末流"虚学")和同时期的先秦诗赋、汉赋、六朝骈文、唐宋诗词、元曲与明清小说并历代史学等一套完整之文化、学术体系。马氏楷定国学，固然偏执，然有厘清学术源流之功，其为否定雄视百代之"王官说"而回归"六艺说"。《礼记·解经》引孔子曰："入其国，其教可知也。其为人也，温柔敦厚，诗教

---

① 马一浮：《泰和会语》，《中国近代思想家文库·马一浮卷》，北京：中国人民大学出版社，1996年版，7页。

也。疏通知远，书教也。广博易良，乐教也。絜静精微，易教也。恭俭庄敬，礼教也。属辞比事，春秋教也。"《庄子·天下篇》曰："《诗》以道志，《书》以道事，《礼》以道行，《乐》以道和，《易》以道阴阳，《春秋》以道名分。"孔子以人立说，庄子以道立说，马氏认为六艺大旨"莫简于此"。

马氏沿用典籍初称"六艺"而不称"六经"，他说："《汉书·艺文志》以六艺当六经。经者，常也，以道言谓之经；艺犹树艺，以教言谓之艺。"①孔门立教，"六艺"有两大类，一曰礼、乐、射、御、书、数之基本技能(《周礼·保氏》)，二曰诗、书、礼、乐、易、春秋之典籍传习。《礼记·王制》："乐正崇四术，立四教，顺先王诗、书、礼、乐以造士，春秋教以礼、乐，冬夏教以诗、书。"可见四教本为周之旧制，而《易》藏于太卜，《春秋》本鲁史，孔子晚年始加赞述，可知《易》与《春秋》未列入孔子教学内容。然而"六艺"为何是典籍传习而非基本技能类(礼乐射御书数)，自"及门之徒三千，身通六艺者七十有二人"及孔子删《诗》《书》，定《礼》《乐》，赞《周易》、修《春秋》可知此谓六艺。马一浮基本思想是"六艺该摄一切学术"，其约为三门：六艺统诸子，六艺统四部，六艺统西学。

其一，"六艺统诸子"。他认为知此须先明六艺之失。《礼记·解经》："故《诗》之失愚，《书》之失诬，《乐》之失奢，《易》之失贼，《礼》之失烦，《春秋》之失乱。"此为《解经》之论。但马氏认为所谓"失"者，并非六艺之失，而是后学所遗："'学焉得其性之所近'俱可适道，其流失者，习也。习有所偏重，便一向往习熟一边去，而于所不习者便有所遗。高者为贤知之过，下者为愚不肖之不及，遂成流失。"②班固之某家出于某官，其说关乎政治。若说道

① 马一浮：《泰和会语》，《中国近代思想家文库·马一浮卷》，北京：中国人民大学出版社，1996年版，8页。

② 马一浮：《泰和会语》，《中国近代思想家文库·马一浮卷》，北京：中国人民大学出版社，1996年版，8～9页。

家出于史官,然五千言是否周之国史?墨家出于清庙之守,何以不言笾豆之事?

马一浮“方术”出于“道术”说,胜于班固“九流出于王官说”多矣。与其信刘歆及其弟子班固,不如信庄子:“道家体大,观变最深,故老子得于《易》为多,而流为阴谋,……庄子《齐物》,好为无端崖之辞,以天下不可与庄语,得于《乐》之意为多,而不免流荡……墨子虽非乐,而《兼爱》《尚同》实出于《乐》,《节用》《尊天》《明鬼》出于《礼》,而《短丧》又与《礼》悖……名家亦出于礼……法家往往兼道家言,如《管子》,《汉志》本在道家,韩非亦有《解老》《喻老》,自托于道……其得多失少者,独有荀卿。荀本儒家,身通六艺,而言‘性恶’‘法后王’是其失也。若诬与乱之失,纵横家兼而有之……杂家是得少失少。农家与阴阳家虽处于《礼》与《易》,末流益鄙陋,无足判。观于五家只得失,可知其学皆统于六艺,而诸子学之名可不立也。”[①]至于何为“道术将为天下列”,马一浮深然庄子之论:“天下大乱,贤圣不明,道德不一,天下多得一察焉以自好。”诸子皆管中窥豹,放大自家“方术”(“道术”即“该遍”之称,“方术”即一家之学),皆成“一曲之士”自然“不该不遍”。而显然此间庄子已指出“方术出于道术”,即“诸子出于六艺”。但后世学皆者醉心于“百家争鸣”之热闹场面,而冷落了佶屈聱牙之“六艺”,见流不见渊,见木不见林,即“后世之学者,不幸不见天地之纯,古人之大体。”

其二,“六艺统四部”。经部诸书皆由“六艺”衍生,至宋而足备之《十三经》中《周易》《尚书》《毛诗》《周礼》《仪礼》《礼记》《春秋左氏传》《春秋公羊传》《春秋谷梁传》九经自当该摄于“六艺”,而“六艺”之旨有“散在《论语》而总在《孝经》,是为宗经论”,《孟子》道醇而与《论语》并列。就子部而言,马氏以为“春秋三

① 马一浮:《泰和会语》,《中国近代思想家文库·马一浮卷》,北京:中国人民大学出版社,1996年版,10页。

传”不属经部,其与《尔雅》同为释经论。曾子、子思子、公孙尼子诸篇不得名经,然亦同为宗经之论;《尔雅》亦不得名经,但亦同为释经论;《说文》附于《尔雅》“本保氏教国子以六书之遗”。史部首推班马,而二家皆附于《春秋》,“纪传虽由史公所创,实兼用编年之法;多录诏令奏议,则亦《尚书》之遗意,诸志特详典制,则出于《礼》,如《地理志》祖《禹贡》,《职官志》祖《周官》,准此可推。纪事本末则左氏之遗则也”[①]。后世史学巨制“三通”(《通典》《通志》《通考》)及《通鉴》则“编年记事出于《春秋》,多存议论出于《尚书》,记典制者出于《礼》”。概言之,诸史悉统于《书》《礼》《春秋》之论不虚也。集部之文章流别虽繁,皆统于《诗》《书》。他说“《诗》以道志,《书》以道事,文章虽极其变,不出此二门。”又诗教通于书教,故一切文学皆可曰“诗”“书”二“教”之遗。

其三,六艺统西学。马氏认为,《易》明天道,究天人之理,当可统自然科学,《春秋》明人事,研人类社会之理,大凡人文社科皆可统之。然《易》为《春秋》之本,不明乎《易》,则不能明《春秋》,故一切数学、物理皆《易》之支与流裔。文学、艺术统于《诗》《乐》,政治、法律、经济统于《书》《礼》,哲学之本体论近于《易》,认识论近于《乐》,经验论近于《礼》;唯心者《乐》之遗,唯物者《礼》之失。马氏还征引《易》曰:“天下同归而殊途,一致而百虑。”以证之。最精彩的是他对西方哲人的真、美、善的中式诠释:“《诗》《书》是至善,《礼》《乐》是至美,《易》《春秋》是至真。《诗》教主仁,《书》教主智,合仁与智,岂不是至善吗?《礼》是大序,《乐》是大和,合序与和,岂不是至美吗?《易》穷神知化,显天道之常;《春秋》正名拨乱,示人道之正,合正与常,岂不是至真吗?

① 马一浮:《泰和会语》,《中国近代思想家文库·马一浮卷》,北京:中国人民大学出版社,1996 年版,11 页。

诸生若于六艺之道深造有得,真是左右逢源,万物皆备。”①

马一浮此“三统说”,良莠杂陈。“六艺统四部”似略有牵强。“六艺”既为元典,而又裂变诸子,诸子又衍生“经传”,“经传”又条分“四部”。文章流别,层层转进,若言“六艺统四部”得义理,一如今世之诗歌、散文、小说、戏剧皆可统于“六艺”岂非穿凿虚无者何?“六艺统西学”又殊难索解。文明异域,各原其源,进化同理,思致逻辑亦为“殊途而同归”,而马氏如此穿凿中西,确有夜郎之嫌。然马氏上窥庄子,下该诸学,盖因“六艺”直启诸子,以“六艺统诸子”殊为确当,亦与章实斋的“六经皆史说”暗合。但马一浮列章实斋为班固一脉则立论未稳。班固见流不见渊,割裂诸子。章实斋为之讨源,统合道术,回归庄子。章论诸子皆“六典之遗言”,又“六经皆史”,亦即马论之“六经统诸子”,两论殊途同归。“王官”不能代替“史典”,“史典”不可割裂为“王官”,盖上古之世,时值文化混沌天成,文史哲思本无边鄙,其一切坟典或曰“史”可解。如班固并列司徒、史官、羲和之官、理官、礼官、清庙及行人之官,淆乱中古官制衍生之源流。而以章、马二氏为代表者,否定“官职”狭论,以“史典”为源,切中肯綮。

(原载:《金陵科技学院学报》(社会科学版),2018 年第 2 期,与陈醒芬合作)

---

① 马一浮:《泰和会语》,《中国近代思想家文库·马一浮卷》,北京:中国人民大学出版社,1996 年版,15 页。

卷二十一　殊途同归:《吕氏春秋》贯通诸子百家

世言先秦诸子多不离姓氏,而独吕氏仅以其著代之。究其因,班固“杂家说”始作俑。“杂家”虽忝列可观之流,而以煌煌二十万言,采“儒墨之善,撮名法之要”,又岂苛察缴绕、诡谲奇异之辩者论列;岂纵横捭阖、事无定主之辩徒比肩;岂祖述神农、考凭失据之耕人接武。此班固一“杂”字即黜吕氏为末流而驳杂之讥于是泛起。自古赞论文章者,先品题道德,故而世俗多以“奇货可居”鄙其假商贾之资而鬻要相国之尊,以“一字千金”鄙其凭权倾天下而缄默朝野之口,以“邯郸献姬”鄙其阳奉旁窥而阴传自家血脉,以“不学无术”鄙其假人之手而谋立自家之言。天下哗然者,全不考吕氏行状虚实,至于内政外交、经济邦国、一统天下乃至天际人伦之丰功却鲜有挂齿。遂使“因人废言”“因人废功”成不刊之论。

东汉高诱言“大出诸子之右”,宋高似孙与明方孝孺然之,宋蔡伯尹说堪与诸子争霸,《四库提要》说“较诸子独为醇正”,清刘咸炘说“杂家之书今所见者莫古于《尸子》但吕书岂尸子之徒所能为”,刘文典说“斟酌阴阳……采撷其精英,捐弃其畛域……诚可谓怀囊天地”。如此称颂者,虽卓见时出,而多论其著,鲜赞其人。郭沫若称“大政治家”,邹贤俊称“思想家”,洪家义称:“吕不韦的悲剧,也是历史的悲剧,更是秦王朝的悲剧。”[①]今世誉评稍多。吕

① 洪家义:《吕不韦评传》,南京:南京大学出版社,1995 年版,94 页。

氏“学成文武艺,货与帝王家”,著《春秋》意欲嬴氏基业千秋,然嬴政狭隘乖张,与仲父道术不契,因言废人,否则秦史或将改写。吕氏书成言废,而其功德难泯,灭东周而终结一朝,立一君而勃兴一朝,刊一著而弥纶百家,当出诸子之右。

一、“因人废言”:自矜功伐之面目

《四库全书总目提要·子部·杂家类》评曰:“是书较诸子之言,独为醇正。大抵以儒家为主,而参以道家墨家……其持论颇为不苟。论者鄙其为人,因不甚重其书,非公论也。”《提要》称《吕氏春秋》持论不苟,后世因鄙其人而轻其书,绝非公论。之于书,《提要》首肯,而之于人,则未名所以。

昔者,弟子称师曰“子”,弟子纂述师言,私家专著始自孔门,故云“子曰”。老聃之学,后世繁盛,人称老子。独吕氏不称“吕子”,或因吕氏书成而自名《吕氏春秋》;或因始皇恨之甚于嫪毐,当世而身败名裂;或因撰述之客无一名家,吕学无人祖述,遂使“吕门”湮灭;或因“天下又苦秦久矣”,殃及池鱼,贬吕以斥秦,一石二鸟;或因重士贱商根深蒂固。遂历千祀,赞之寥寥,毁之纷纭。今有台湾学者田凤台言允虑周:“千古毁誉,难尽一途。或以其人而卑其书,或以书人当分论,不当以人废言。故卑其人者,谓其人品不可问,何著书立说之足言;美其功者,则谓不韦出身商贾,身居相位,不闻恣心所欲,而著书立说,亦非庸碌可拟。轻其知者,谓不韦不学无术,焉知文字,特藉宾客为书,博后世之名;赞其才者,谓不韦虽日理万机,不能亲与,然与书不能无提纲簿正之功,故其才富在诸宾客之上。故誉之者谓其书广综百家,采其长说,有益治道;毁之者谓其机行巧诈,市名盗位,何知道德仁义之衷。或以其书杂录群言,捋扯成书,方之类书则合,譬之著作则否;或以其书在秦火以前,多先哲之话言,往古之佚事,存古之功难没。或以其书朴实无华,条理明析(晰),乃论说之范本;或以其书专重事验,鲜少奥义,乃哲学末流。称之者又谓其书聚众为说,集体著作之先声;毁之者又谓其书不事创作,钞书之先例。而赏其文者,谓其事核言练,沉搏丽艳,大出诸子之右;诋其书者,谓其文前后重覆(复),误谬多有,为群籍之鲜见。"[①]吕氏堪当主编,必有逸致,否则群言何衷一是。今当辨之者九,其一,"无学"乎？春秋末叶,天子失官,学在四夷,商贾多资,问学何难？其二,"无行"乎？身居相位,成家立言,古来几何？其三,"狭隘"乎？破帮派之门,融百家之流,学人胸襟之阔,古来几何？其四,"无功"乎？延揽群英,众志成城,别开《淮南子》《太平御览》及《永乐大典》之生面,此乃天下学术之大势,吕氏非祖欤？其五,"无德"乎？"以忠义为品式,以公方为检格",道德仁义独不存欤？其六,"无言"乎？"以道德为标的,以无为为纲纪",不权一家之专,思致缜密,弥纶群言,岂非自是一家？其七,"投机"乎？或以"奇货可居"事毁其机心至深,然士庶鸿沟,不以非常之举得逾越乎？其八,"阴险"乎？或以"邯郸献姬"事毁其阳奉阴违,然司马迁自相抵牾之语岂可专擅？其九,"好名"乎？或以"一字千金"毁其假食客以自炫,凭位尊以自诩,独不思"各得一察"可资治乎？至其重复、误谬,统稿失慎则瑕不掩瑜。窃窥诋毁者,实假道学而自矜功伐。

斥吕言者始于孟坚,贬吕人者肇于子长。如《史记》言吕氏著述动机仅逞强好胜而已:"是时诸侯多辩士,如荀卿之徒著书布天下。吕不韦乃使其客人人著所闻……号曰《吕氏春秋》",又以"一字千金"以"炫耀"。近人缪钺之见较深:当时"秦国统一天下大之势已成,秦自孝公以还,崇尚法家,而不韦宾客,多儒道之士。不韦受其影响,故不满意于秦国传统作风,而另有其政治理想,使其宾客撰此书,盖欲为一代兴亡之典,当时各国游士,多集咸阳,不韦悬书市门,无异发表政见,以广宣扬,而预收天下之人心,所以悬千金之赏以求增损一字者,乃引诱观者潜心玩读也"[②]。缪钺

① 田凤台:《吕氏春秋探微》,台北:台湾学生书局,1986年版,7页。

② 缪钺:《〈吕氏春秋〉撰著考》,原载华西协和大学《中国文化研究汇刊》(第六卷),1946年。

指出不韦深知天下大势,意欲迎来一统,必救擅法之弊,博采善言,取长救短,而嬴政嫉其大倡“禅让”“天下为公”,又非峻法而好宾客、藏典籍,于是君臣离德,吕不韦欲率先传播其言以收拾众心。今人王启才之论略同:其背后自有“更为深层的政治目的与现实针对性,比如在治国指导思想等方面与秦王的矛盾,权力交接在即,吕不韦公布自己的治国思想是为了广为人知,迫使秦王接受。”①综论“悬书”事,其意大略有二:一曰“收拾天下人之心”即昭告天下,秦乃有道,望天下归焉;二曰“收拾秦人之心”即先入为主,以上下舆论迫使嬴政就范,实施刚柔相济之治国理念,此亦吕氏“义兵”之基。《史记》自相抵牾甚多,盖非因子长见异闻而难定一尊,以俟后人。不意后人独凭自家好恶而訾议,假道德之手以嫉贤,推世俗之气以自高。子长猎奇志异,孟坚囿于成见,摩肩接踵,滔滔不返。文信侯尝曰:“尝得学黄帝之所以诲颛顼矣,爰有大圜在上,大矩在下,汝能法之,为民父母。盖闻古之清世,是法天地。凡十二纪者,所以纪治乱存亡也,所以知寿夭吉凶也。上揆之天,下验之地,中审之人,若此则是非可不可无所遁矣。天曰顺,顺维生;地曰固,固维宁;人曰信,信维听。三者咸当,无为而行。行也者,行其理也,行数,循其理,平其私。夫私视使目盲,私听使耳聋,私虑使心狂。智不公,则福日衰,灾日隆。”以“黄帝诲颛顼”为师,“以忠义为品式,以公方为检格”,治平天下,不韦者,不伟乎?

二、“发凡起例”:前无古人之创制

吕氏章法,以“法天地”而行人事,盖因“天曰顺,顺维生;地曰固,固维宁;人曰信,信维听”,故“上揆之天,下验之地,中审之人”,《十二纪》“上揆之天”,众说略同,“顺应天道”。吕艺基于余嘉锡观点提出“十二纪”六十篇为“各纪首篇”和“每纪后四篇总

① 王启才:《〈吕氏春秋〉的传播意识探索》,《中国社会科学院研究生院学报》,2007年第2期。

和”两个系统,且每纪首篇辖四篇(四方),综览其结构。田凤台以月令配天时,春生夏成,秋收冬藏,究四季与政令之所系:春主生而本生、贵生、情欲与尽数以养生民经济;夏主长而劝学、尊师、忠孝、节俭、诬徒与用众以行化文育教;秋主杀而非偃兵之救守,倡义兵之征伐;冬主藏而行事当务即君道之本与事主忠诚、守身廉洁即臣士之节。故曰“春养”“夏教”“秋卫”“冬管”,正所谓“顺天者昌”。于四时之外,复以阴阳五行贯之。战国中期“阴阳”一词渐次抽象,吕氏以五德转移推演并世盛衰,以“阴阳消息”言天道运行。曰:木春、火夏、金秋、水冬,土则居中每时辄济。徐复观认为《吕氏春秋》对于邹衍“深观阴阳消息”悉心采纳,创制《十二纪·纪首》,融阴阳于十二时之中。吕不韦与邹衍是同调,《应同篇》系采邹衍五德终始说,唯以水克火,秦禀水德尚黑,俞樾以为吕著此书之时,“秦犹未并天下,所谓尚黑者果何代乎?”徐氏以为俞樾“不察文理”,此“正所以激励时君,代周之火而王,故为此悬记,秦乃得因而用之”。①

《八览》《六论》孰为地、人,众说纷纭。庞慧认为《十二纪》寓指天、道、君,《八览》寓指地、事、臣,《六论》寓指人、理、事。吕艺则认为“吕氏”天道、地理、人纪相通,揆天验地其终极是人事,《十二纪》以“天曰顺”安排人事。《八览》以“人曰信,信维听”为“中审之人”,依天道地理,人当言而有信。《先识览》《审应览》极似参《洪范》“五事”分梳人事规范,以阴阳五行,时空相配,以“备天地万物古今之事”。《离俗览》以信为国之宝,其《贵信篇》论:“君臣不信,则百姓诽谤,社稷不宁;处官不信,则少不畏长,贵贱相轻;赏罚不信,则民易犯法,不可使令;交友不信,则离散郁怨,不能相亲;百工不信,则器械苦伪,丹漆染色不贞。夫可与为始,可与为终,可与尊通,可与卑穷者,其唯信乎!”“中审之人”确凿。《六论》为“下验之地”,法地德之“地曰固”,于是《士容论》兼采农

① 徐复观:《〈吕氏春秋〉及其对汉代学术与政治的影响》,原载《大陆杂志》(45卷),1972年第3期。

家四说。大地象征臣民，故《六论》以臣佐、士民为说，再由“地道方”“地曰固”推导人事准则。洪家义亦以《十二纪》配天时，《八览》配人事，《六论》配地利。此吕、洪两论颇为剀切。

《吕氏春秋》章法之数字亦见玄机，其中《十二纪》之十二与五，《八览》之八与八，《六论》之六与六，三组数字裁定格局。吕艺以董仲舒《春秋繁露·人副天数》解曰：“小节三百六十六，副日数也，大节十二，副月数也；内有五藏，副五行数也，外有四肢，副四时数也。”与《黄帝内经》略同。《吕氏春秋》《十二纪》应“天数”十二次、十二辰、十二宫、十二月等，董仲舒说“十二者，岁之度也”“十二而天数毕”；《周易系辞》分十数为奇偶，一三五七九为“天数”以中数五为代表，《汉书律·历志》说“天之中故五”，故《十二纪》每纪五篇。《八览》每览八篇以配“中审之人”，《汉书律·律历志》解十二律曰：“人者，继天顺地，续气成物，统八卦，调八风，理八政，正八节，谐八音，舞八佾，监八方，被八荒，以终天地之功，故八八六十四卦。”《六论》每论六篇，以应“地数”二四六八十，以中数为“六”代表。《黄帝内经》以人之“六腑”配地：“六者，地气之所生也，皆藏于阴而象于地。”《汉书·律历志》曰：“林钟为地统，律长六寸。”[①]吕艺此论征引宏富，似不疑辨。

吕氏之功，发凡起例前无古人；揽英集思，众志成城，采撮百家之善，纠矫诸子之偏，通百代之鉴，验之今世犹熠熠生辉。章学诚说：“盖司马迁之取法也，十二本纪仿其十二月纪，八书仿其八览，七十列传仿其六论，则亦微有所以折中是也。”[②]徐复观指出：“两汉思想家，几乎没有一个人没受到《十二纪·纪首》——《月令》的影响的……《十二纪·纪首》对政治的影响，是认为政治与天，实际是与阴阳二气，有密切关联，并且由此而对天发生一种责

① 吕艺：《论〈吕氏春秋〉的结构体系》，《北京大学学报》，1990年第5期。

② 章学诚著，叶瑛校注：《文史通义校注》，《校雠通义》（卷三），北京：中华书局，2014年版，952页。

任感。"[①]没有《十二纪·纪首》便没有《淮南子·时则训》,更无《淮南子》。《周礼》所以成立,亦发自《吕氏春秋》,董仲舒亦承袭吕氏之阴阳五行观。可见吕氏之继往开来之功,其"春秋"固是一家之言,其思想堪称"吕子"。

三、"杂家":循规蹈矩之新说

东周之世,诸子确系百家,或近二百许。而"争鸣"者,言人人殊、各抒己见,并无流派壁垒。《韩非子·显学》曰:"世之显学,儒墨也。儒之所至,孔丘也。墨之所至,墨翟也……故孔墨之后,儒分为八,墨离为三。取舍相反不同,而皆自谓真孔墨。孔墨不可复生,将谁使定后世之学乎?孔子、墨子俱道尧、舜,而取舍不同,皆自谓真尧、舜。尧、舜不复生,将谁使定儒墨之诚乎!"如此"家"内尚各执一词,又况百家乎。春秋战国五百余载,诸子多不接舆,所谓"儒墨之争""儒道之争"亦非一场场大论战,除庄、惠濠梁之辩,孔、晏恩怨等几桩公案,多属古今辩诘,犹汉学与宋学,思接千载而已。譬宋之蜀学、洛学、新学之辩难或为"争鸣",而东周"百家争鸣"或谓后世幻景。至于吕氏,"杂家说"一出,历史真相渐行渐远。

第一,门户之见起于班固。

晚周之世,荀子与吕氏皆纵论百家、品评诸子,以人论学,钩玄提要,不论儒道。荀曰:"墨翟、宋钘大俭约而僈差等,慎到、田骈尚法而无法,惠施、邓析不法先王亦不是礼义,子思、孟轲略法先王而不知其统。"吕曰:"老聃贵柔,孔子贵仁,墨子贵兼,关尹贵清,子列子贵虚,陈骈贵齐,阳生贵己,孙膑贵势,王廖贵先,儿良贵后。此十人者,皆天下之豪士也。"归类分家学说始自司马谈《论六家要旨》,又经刘向至班固"十家九流",唯取大旨,思近类

---

① 徐复观:《〈吕氏春秋〉及其对汉代学术与政治的影响》,原载《大陆杂志》(45卷),1972年第3期。

归,以简驭繁,遂使诸子门户壁垒,“百家争鸣”则蜕变为“十家争鸣”,遂使后学疑窦丛生。孙德谦曰:“不宁惟是,诸子间各有派别,‘天下同归而殊途’是也。又各有崇长以明其指,而其道则又无不合。或曰:敢请其说。曰:法家之商鞅以重农为务,其书有《垦草令》,刘向《别录》云《神农》十二篇,商君所说则同于农家者也。《韩非子》者,亦法家也,而有《解老》《喻老》二篇,《史记》列传谓其‘原道德之意’,则通于道家也。若尹文、慎到非一为名家,一为法家乎?观乎斯篇,尹文之‘不累于俗,不饰于物,不苟于人,不忮于众’,则与小说家宋钘其道相同。慎到之‘不顾于虑,不谋于知,于物无择,与之俱往’,则与兵家之彭蒙、道家之田骈,又可以相提而并论。由是言之,诸子虽各异其家,实有相通之理也。”①诸子觥筹交错,难定一尊。

吕氏弥纶百家,得“殊途同归”要,自名“春秋”,鉴往知来。然班固因循刘向,坚实壁垒,强名之曰“杂”:“兼儒、墨,合名、法,知国体之有此,见王治之无不贯,此其所长也。及荡者为之,则漫羡而无所归心。”班固扬而后抑,并自以“是非颇不缪于圣人”,鄙视商贾为必然,又闻其宾客操刀,复视史载吕氏行状,论说诸子皆及姓氏,独以“春秋”代吕氏。班固微言“兼”“合”,其实大义“漫羡而无所归心”,乃无家无学之杂抄而已,终未脱道学窠臼,未得“殊途同归”之旨。

姑依班论,权重“十家”,儒、道、阴阳、法、墨五家居要。昔者“有道术”或“乡里教人以道艺”者皆为儒,而此特指因礼循名、严判阶级之孔孟,或为扬雄之“通天地人”者(《法言·君子篇》)。道家者,“道德家”也,自然无为之道,于天地无所不该,因倡“无为”而常不用世。阴阳家者,“天地之大理也”(《管子·四时篇》)剖判九州而闳大不经。法家者,一任法律政令也,“法者,编著之图籍,设之于官府,而布之于百姓者也”(《韩非·难三》),“天下

① 孙德谦:《诸子通考·庄子天下篇》,长沙:岳麓书社,2013年版,9页。

之至道,圣君之实用也"(《管子·任法篇》),然无德以正,久而废弛。墨家者,以十大思想救世,不愧一时显学,然其自苦至极、形容枯槁,难以为继。此五家之学,渊源有自,上窥天际,下瞰治道。其次名、纵横、农四家。名家者,唯形名之辨者也,司马迁称其"控名指实""参伍不失""苛察缴绕",疙疙瘩瘩,诡谲奇异,方法论外,一无建树。蒋建侯说:"名学为各家持论所共需。而辩士独以'名家'称者,殆以其除长于辩说外,别无特出之学说欤?"[①]纵横家者,游说之士,朝秦暮楚,事无定主,反复无常,善揣摩而弄机心,通辩辞而诡诈,会机变而无常,有辩术而无学术,诈谖而弃信之邪人也。农家者,祖述神农、主劝耕桑,"所重民食",虽高托"神农之言",然考凭失据,《汉志》以为皆不过农桑树艺而已。再次小说一家,盖以"道听途说者之所造""闾巷小知者之所及",乃"致远恐泥之小道",不足观之。唯以吕氏之学为"杂"使混迹于农家与小说之间,实为班氏俗见。

第二,吕学当出诸子之右。

《吕氏春秋》命意宏大,逾越九流,然后世为班氏所困,终不出十家窠臼,于是吕氏流派归属纷纭。司马谈"采儒墨之善,撮名法之要,与时迁移,应物变化"之见显胜班固,"采"有"择"意,"择采"其善,非"兼""合"可比附,故班氏立论未稳。章学诚曰:"《吕氏春秋》亦春秋家言而兼存典章者也。当互见于《春秋》《尚书》,而猥次于杂家,亦舛误也。古者春秋家言,体例未有一定;自孔子有知我罪我之说,而诸家著书,往往以《春秋》为独见心裁之总名。吕氏之书,盖司马迁之所取法也。十二本纪仿其十二月纪,八书仿其八览,七十列传仿其六论;则亦微有所以折衷之也。四时错举,名曰春秋,则吕氏犹较虞卿《晏子春秋》为合度也。刘知几讥其非史书而冒称春秋,失其旨矣。"[②]章氏否定班说,而援孔子"春

① 蒋伯潜:《诸子通考》,北京:中华书局,2016 年版,16 页。
② 章学诚著,叶瑛校注:《文史通义校注》,《校雠通义》(卷三),北京:中华书局,2014 年版,952 页。

秋”臆度，述吕氏心裁，《吕氏》卓然不啻诸子，当为《春秋》不枉，尤为司马迁所取法，自是一家之言，“杂说”失允。冯友兰亦曰：“独《吕氏春秋》乃以预定计划写成……然此书不名吕子，而名之曰《吕氏春秋》，盖文信侯本自以其书为史也……以此书为史，则其所纪先哲遗说，古史旧闻，虽片言只字，亦可珍贵，故此书虽非子部之要籍，而实乃史其中家之宝库也。”①

《吕氏春秋》以道家为根基采撮诸家，其《序意》篇有文信侯曰：“尝得学黄帝之所以诲颛顼矣，爰有大圜在上，大矩在下，汝能法之，为民父母……”吕氏博采百家，然其主旨一贯：“法天地”也。熊铁基据《序意篇》文信侯所言，否定“杂家说”：其一，“文信侯曰”当属实；其二，所谓“黄帝诲颛顼”云云或是借题发挥，然“大圜在上，大矩在下”之论当为“黄帝”思想；其三，吕氏“中审之人”又发展了道家自然思想；其四，吕氏以天、地、人之一统来“纪治乱存亡”可使“是非可不可无所遁矣”；其五，天、地、人三者咸当，无为而行。高诱深得“吕氏”旨趣，以“道德”“无为”“忠义”“公方”为纲纪，以“与时迁移，应物变化，立俗施事，无所不宜，指约而易操，事少而功多”为主旨，一贯而不杂。其六，《论六家要旨》的“道家论”实袭老庄一脉，落脚《吕氏春秋》，因此吕氏代表着“新道家”。② 此论虽未脱“十家”窠臼，尤可聊备一说，抑或更近吕氏面目。据统计，吕著采撮儒家为最，道家次之，而墨与阴阳又次之，而若论宏旨，固不可量化。

总之，吕氏预知秦已有必得天下之势，遂开庐馆、徕英茂、极简册、攻笔墨、采精异而备天地古今万物之事，损益先王之礼，将欲为一代兴王之礼也。此困心衡虑，洞见胸襟，岂诸子可攀比。

---

① 吕思勉：《吕氏春秋汇校序》，杨宽、沈延国、赵善诒：《吕氏春秋汇校》，北京：中华书局，1937 年版。

② 熊铁基：《论〈吕氏春秋〉的中心思想》，《道家文化研究》（第 14 辑），上海：生活·读书·新知三联书店，1998 年版。

四、"通家":天下学术之大势

孙德谦曰:《吕氏春秋·不二》篇申明"'一则治,异则乱;一则安,异则危。'又足征杂家之学在博贯众家,欲以措之治道也。然则后之论者,徒以其不名一家而驳杂訾之,观于吕氏可知其大不然矣。"[①]后世定位《吕氏春秋》,虽非一味因循班固,但因囿于俗见,多盘桓不前,清卢文弨主墨家 ,郭沫若主儒道两家,陈奇猷主阴阳家,金春峰等主儒家,牟钟鉴主道家,熊铁基主新道家。此外还有史书、子书、政论书、类书、百科全书等说。近年多以为儒道为主,兼综百家,或曰"择善而从,牢笼百家",而曰"杂通"。李家骧《吕氏春秋通论》说吕书自有指导思想,自成理论体系,其独特风貌而亦有超出先秦别家之处。一面说班氏有道理,一面说并非杂拼乱凑,实以杂糅浑凝以主导思想相贯通,即综合家、统一家。李家骧释"杂"字实有牵强,但已初露"贯通"端倪。

章学诚评说诸子,或思之不学,或学之不思,仅凭疑虑而各执一端,故而皆不能贯通"六艺":"诸子百家之患,起于思而不学;世儒之患,起于学而不思;盖官师分而学不同于古人也。"[②]孙德谦以《淮南子》喻之:"'非循一迹之路,守一隅之指',是自明其权事立制,度形施宜,不若诸家之拘于偏端也。况此数家,上始文王,下终强秦,而姬周一代之学案已备于是乎。"[③]又说诸子"自立专家之学":"自周辙既东,王官失守,于是百家蜂作,各习所长,虽互相攻击,立说或囿于一偏,实则持之有故,言之成理,皆以阐明其宗旨,归于不相为谋可矣。所谓专家者,此也!"[④]儒家道德伦理,墨家兼爱非攻,老庄无为因顺,故诸子多为"专家"。

"贯通道术"乃学术之大势,亦即"殊途同归"。荀卿之学,后

---

① 孙德谦:《诸子通考·吕氏春秋不二篇》,长沙:岳麓书社,2013 年版,14 页。

② 章学诚著,叶瑛校注:《文史通义校注·原学下》,北京:中华书局,2014 年版,142 页。

③ 孙德谦:《诸子通考·淮南子要略篇》,长沙:岳麓书社,2013 年版,32 页。

④ 孙德谦:《诸子通考·自序》,长沙:岳麓书社,2013 年版,1 页。

世强称之为“新儒家”,实则“通家”先声。郭沫若曾说荀子“把百家的学说差不多都融会贯通了”,但荀子之融合实“不自觉”或“不太公开”,荀子虽纳诸子之言而又门户极深,狭隘排外,终未超越专家窠臼。《荀子·解蔽》说:“墨子蔽于用而不知文,宋子蔽于欲而不知得,慎子蔽于法而不知贤,申子蔽于势而不知智,惠子蔽于辞而不知实,庄子蔽于天而不知人。”荀子一味非他家之短,虽思、孟亦不能幸免。章学诚《文史通义·言公上》曰:“《吕氏春秋》,先儒与《淮南鸿烈》之解同称,盖谓集众宾客而为之,不能自命专家,斯故然矣。然吕氏、淮南未尝以集众为讳,如后世之掩人所长以为己有也。二家固以裁定之权,自命家言,故其宗旨,未尝不约与一律,斯又出于宾客之所不与也。”①天下一统大势渐明,吕不韦以相国之身,覃思归一大业,集思广益,集腋成裘,不偏不倚,持论平和,遂成“通家”第一人。荀子贵破,吕氏贵立。荀子峻急,吕氏平正。刘文典《〈吕氏春秋〉集释序》曰:“斟酌阴阳、儒、法、刑、名、兵、农百家众说,采撷其精美,摒弃其畛挈,一以道术之经纪条贯统御之,诚可谓怀囊天地,为道关门者矣……非徒以抄内群言为务者也。”刘文典评说吕氏博采众长,贯以道统,自成家法,而世之“专”“杂”二元对立实乃偏狭疏阔。吕氏与荀子之不同在于其声言:人皆有长短,而“善学者,假人之长以补其短”,深得“殊途同归”之旨,故能整齐百家,创制大法。其《孟夏纪·用众》曰:“物固莫不有长,莫不有短,人亦然。故善学者,假人之长以补其短。故假人者遂有天下……天下无粹白之狐,而有粹白之裘,取之众白也。夫取之于众,此三皇五帝之所以大立功名也。凡君之所以立,出乎众也。立已定而舍其众,是得其末而失其本。得其末而失其本,不闻安居。”吕氏申明“虽桀纣犹有可畏可取者,而况于贤者乎”,其不囿门户、博采众长以立大功名之本。于道家取法天、无为、去智、贵生而去老子之翕张予取、和光同尘并去庄列之

① 章学诚著,叶瑛校注:《文史通义校注》,北京:中华书局,2014 年版,158 页。

放诞恣肆;取墨子爱利、尚贤、守法、节丧、守时而去兼爱、非攻、尚同、明鬼;取儒家之诚信、修己、德治、教化、行孝、尚公,高扬禅让,又融会儒道"有为"与"无为"而成"君道无为,臣道有为"之论;取阴阳家之顺天、五德、禨祥与感应;取法家取审时、君道、赏罚、分职、任势与任法,并尊管子,下申韩而斥商鞅之严刑峻法;取纵横家取解纷息争之旨而斥揣摩捭阖;取农家君民并耕为立国之本。此乃吕氏溶冶自铸,尊于贯通。

儒墨、儒道聚讼百代,诸子各非人之短,鲜有相称,较之吕氏渊海自见。王利器曰:"取他人之说,非掠人之美,掩人之长,盖将以为此乃天下之常言,人所共知,故人人得而用之,孔子所谓'述而不作'是也,非《吕氏春秋》为之权舆也。故其书看似书卷纷披,实则其中有我,总之,不离乎天下大一统者近是。故高诱称其书'大出诸子之右',朱熹称'《吕览》……煞有道理',谭献称'集众成书,而立制有宗,立言得人。言立制,立慎法,言尚农。寻其脉络,篇篇衔接义义相生,文章之妙,《淮南》不能及也。'《老君指归·略例》曰:'杂者尚乎众美,而总以行之'……《举人条例》有云:'其有通《礼记》《尚书》《论语》《孝经》之外,更通《道德》诸经、《通玄经》《孟子》《荀卿子》《吕氏春秋》《管子》《墨子》《韩子》,谓茂才。举达观之士,既知经学,兼有诸子之学,取其所长,舍其偏滞,则于理(治)道无不该矣……'则《吕氏春秋》且尝列为举人必读之书矣。孔子曰'君子不以人废言。'若《吕氏春秋》之立言,可以不朽矣。"①此论精审有加,先述学术乃天下之公器,非谓掠美,况有仲尼"述而不作"在先。再以高诱、朱熹、谭献之称颂。又唐人以吕氏并列《尚书》《论语》《道德》《孟子》等诸经为举茂才之必读,《吕氏春秋》立言不朽,经济之士非"通家"不取。

洪家义《吕不韦评传》认为吕氏不必归属一家或数家,当"独立门户"。洪论一:《吕氏春秋》"思想一贯"。扬弃诸子学说而以

① 王利器:《〈吕氏春秋〉平论》,《传统文化与现代化》,1996年第5期。

自然主义施诸政经文化。之于道家“自然”“因顺”“绝圣弃智”“小国寡民”之去取。之于儒家孝道、德政、因循、仁义之辨识，譬如：仁义虽好难行，未能“通乎性命之情”，孟子“锄櫌白梃，可以胜人之长铫利兵”为“不通乎兵者之论”。之于墨者“节用”“节葬”则竭力弘扬，之于“非乐”“非攻”“非乐”则大加挞伐，以为违反自然、违反人情，如“非攻”则使“长有道而息无道，赏有义而罚不义之术不行矣”。洪论二：“主题突出”。吕氏以“公天下”为基点，倡“举贤任能”“德主刑辅”“君无为而臣有为”。概言之，《吕氏春秋》之特色即“开明君主制”：君不专独，君臣分工，天下为公。洪论三：“系统严密”。吕氏以为宇宙本源是“一”，或曰“道”“气”，由此而演化之天、地、人为第二系统，即“上揆之天，下验之地，中审之人”。洪论四：“结构完整”。《吕氏春秋》以天地人之和谐统一，阴阳五行之相互制约建构宏旨。洪论五：“见地独到”。《圆道》说“天道圆，地道方，圣王法之，所以立天下”，为政当效法自然之“因顺”，顺则治，逆则乱，顺则兴，逆则亡。效法自然之“主执圆，臣处方，方圆不易，其国乃昌”，故曰君臣分工。故而洪家义断言《吕氏春秋》并非杂抄汇集：“在战国诸子中是卓然独立的，用高诱的话说：就是‘大出诸子之右’，不妨定为‘吕家’”①。洪家义先生之论见深论全，可弥纶群言。再有，吕氏之“适欲”“薄葬”“义兵”诸论则远迈儒道，须另撰论。儒道论性，压抑人欲；法家论性，扭曲人欲。然欲不可纵亦不可灭，“适”乃自然大道。

纵观非吕诸说，渊深论薄，是吕诸说，切中肯綮。若以家别，则“通家”最切，若品题人物，则“吕子”堪当。

① 洪家义：《论〈吕氏春秋〉的性质》，《南京大学学报》，1999 年第 4 期。

卷二十二　行情适欲:“通家”之执中智慧

我有我身,便有情欲,然“纵欲”与“灭欲”聚讼千载,而鲜窥《吕氏春秋》之执中“适欲”思致。“执中”或谓持中庸之道、折中主义,而此论从来誉毁相参。《尚书·大禹谟》“维精维一,允执厥中”,子曰“过犹不及”,《孟子·尽心上》“子莫执中”,赵岐注曰“执中和近圣人之道”,刘向《说苑·修文》“南者生育之乡,北者杀伐之域,故君子执中以为本”,朱熹《中庸章句序》“君子时中,则执中之谓也”。自孔子起即以教化人伦、控遏人性为念,孟子、荀子论性善恶亦各执一端。老庄一派虽以任性自然为念,然而“无为”与“逍遥”亦是各执一端。儒道或“制”或“任”,皆逆人性,独吕氏主“执中”为尚。《孟春纪·本生》说:“始生之者,天也;养成之者,人也。能养天之所生而勿撄之谓天子。天子之动也,以全天为故者也。此官之所自立也。立官者,以全生也……人之性寿,物者抇之,故不得寿。物也者,所以养性也,非所以性养也。今世之人,惑者多以性养物,则不知轻重也。不知轻重,则重者为轻,轻者为重矣。若此,则每动无不败。以此为君,悖,以此为臣,乱,以此为子,狂。三者国有一焉,无幸,必亡。”不违反自然、不拂乱人性,亦非放任自流。人之性,天生之,“勿撄之”“勿抇之”,而当以物养之,反之以性养物、为物所乱则害性。天子之动是全天下之治本,立官者佐治也。吕氏把庄子之个性解放、绝对自由撮为养性与治国一体,皆在制欲,而以“执中”为要。

一、"执中和"几近圣人之道

自吕氏问世,界定其思想流派即为两千年之话题,或曰整齐百家,或曰根底道家,或曰儒家本色,或曰驳杂不纯,诸说短长,非本题所涉。[1] 洪家义说:"道家学说偏重于自然和人生。他们致力于探讨宇宙的本源以及万物演化的程序和规律,也探讨人的本性和人生的究竟。在先秦诸子中,他们的概括力最强,抽象程度最高,眼界最开阔,胸怀最广大,因此《吕氏春秋》对这家学说的扬弃最多,用来作为全书的理论基础。"[2]但吕氏于老子则不取翕张予取与和光同尘之说,独取至公、至正、无为与自然英旨,本于"天道圆,地道方"而衍说"主执圜,臣处方,方圜不易,其国乃昌"之道,指出"无为而治"当为"君臣分工",即君无为而臣有为。老子曰道之"大",吕氏曰"太一","太一"则乐君臣、和远近、说黔首、合宗亲。《庄子》其言洸洋自恣以适己,故自王公大人不能器之。吕氏引庄列之文亦不取其放诞恣肆,故较之于庄子之任天顺性,不假人为,吕氏之全生养性则更切情理。吕氏引用《庄子·胠箧》"故盗跖之徒问于跖曰:'盗亦有道乎?'跖曰:'何适而无有道邪?夫妄意室中之藏,圣也;入先,勇也;出后,义也;知可否,知也;分均,仁也。五者不备而能成大盗者,天下未之有也。'由是观之,善人不得圣人之道不立,跖不得圣人之道不行;天下之善人少而不善人多,则圣人之利天下也少而害天下也多。"吕氏旨在驳庄子故意混淆"圣人之道"与"盗贼之道",即"辨若此,不如不辨"。然此故事却反证"制欲"一理,盗贼尚知制私而尚公,知"均分"而不专独,盗之道尚不离天之道,况家国乎!"制欲论"乃吕氏妙义之一,儒道于欲,一禁一纵,而吕氏则执中。然儒家偏社会人事与伦理

---

① 李万堡:《殊途同归:〈吕氏春秋〉贯通诸子百家》,《佛山科学技术学院学报》,2018 年第 6 期。

② 洪家义:《吕不韦评传》,南京:南京大学出版社,1995 年版,127 页。

道德,重礼乐教化与个人修养,吕氏有所因之。洪家义说“道家学说从自然原理层面上贯穿着《吕氏春秋》全书,那么,儒家学说则从社会秩序层面上贯穿着《吕氏春秋》全书。”[①]仁义为儒家核心,亦以两千多年之老大帝国以吏为师而无不高蹈道德建设,立道德楷模,行思想教化。名曰控扼物欲横流,其实而豢养伪君子矣。施教者阴阳两面,外倡大道理,内打小算盘,早为常态。吕氏揭去儒家空论道德之面纱,拂去道家空言任性之无奈,而采儒墨之善,又撮名法之要,务为贯通,独辟蹊径,因顺阴阳,法天地而不禁不纵,唯执中以“行情适欲”。

二、“行情适欲”通乎性命之情

老子知欲多害生,且由身及国,弱肉强食,礼崩乐坏,苦无应对,唯倡少私寡欲,恒思小国寡民;儒学主导世俗时政而务为制欲,甚而灭欲。故老子骑青牛而紫气西去,奈何买路“道德篇”;孔子怀仁礼而栖遑奔走,终于悲鸣“天丧予”!独吕氏言欲不可纵、不可灭,亦不可无,人若无欲无求,岂得用之?人不欲贵、不欲富、不欲寿,君上则无以牧民矣!

其一,行情全性。“人情欲生而恶死,欲荣而恶辱,死生荣辱之道一,则三军之士可使一心矣”(《仲秋纪·论威》);“主之赏罚爵禄之所加者宜,则亲疏远近贤不肖皆尽其力而为用矣”(《不苟论·当赏》);“赏罚之柄,此上之所以使也。其所以加者义,则忠信亲爱之道彰”(《行孝览·义赏》)。“圣人修节以止欲,故不过行其情也”[②],圣人之全性之道,在“利性则取”“害性则舍”,若全性,六欲皆得其宜。吕氏扬弃老子之否定感官欲望,重塑庄子适欲思想,并奉为“死生存亡之本”(《仲春纪·情欲》)。高诱注曰:“适犹节也。”节者,一曰节制欲望,二曰顺遂欲望。《孟春纪·重

① 洪家义:《吕不韦评传》,南京:南京大学出版社,1995 年版,142 页。
② 陈奇道:《吕氏春秋新校释》,上海:上海古籍出版社,2002 年版,86 页。

己》:“凡生之长也,顺之也;使生不顺者欲也,故圣人必先适欲。”吕曰:“凡顺性则物长,而不令其顺性者即多欲,故圣人必先‘适欲’。”刘咸炘诠释“适欲”说:“凡生长也必先适欲,此即《序意》顺惟生之义,然谓使生不顺者欲而必先节欲,是固用逆以济顺也。节者亦止自然之节而非强造,故不言节而言适。适者,合宜也。合宜必有其标准,即自然之理也。然则虽逆而实顺也。”①

吕氏曰感官欲望为人性,其合情合德。《仲春纪·情欲》曰:“天生人而使有贪有欲。欲有情,情有节。圣人修节以止欲,故不过行其情也。故耳之欲五声,目之欲五色,口之欲五味,情也。此三者,贵贱、愚智、贤不肖欲之若一,虽神农、黄帝其与桀纣同。圣人之所以异者,得其情也。由贵生动,则得其情矣;不由贵生动,则失其情矣。此二者,死生存亡之本也。”贪欲乃天赋,节者适情。圣人之所与人异者,得其情也。由贵生,动,则得其情矣;不由贵生,动,则失其情矣。所谓“情”,非唯情绪与情欲,乃相关于“本性之情”,即“情性”(本性)。一曰欲望出于本性之情(“欲有情”);感官对声、色、味之欲求合乎人性自然之情;二曰无论贵贱智愚或圣贤暴君皆有声色之欲;三曰圣人与常人之异在于顺应本性之情而行欲——“得其情也”;四曰行欲者能否“得其情”在其是否珍爱生命——“贵生”;五曰顺应本性行欲乃“死生存亡之本”。故管仲论易牙烹子悦君、竖刀自宫侍身、卫公子启方弃父事国之事曰:此三子者,不爱子、不爱身、不爱父,违道德、悖人性,“将何有于君”?此必国家之危、百姓之害!吕氏秉承管子之论以为合于人性者,始合道德。

其二,唯通性命。《离俗览·适威》说“仁义”乃为君者之要务,即必以爱利民为心,《似顺论·有度》曰:“孔、墨之弟子徒属充满天下,皆以仁义之术教导于天下,然而无所行,教者术犹不能

① 黄曙辉编校:《刘咸炘学术论集·〈吕氏春秋〉发微》,桂林:广西师范大学出版社,2007 年版,292 ~ 293 页。

行，又况乎所教？是何也？仁义之术外也。夫以外胜内，匹夫徒步不能行，又况乎人主？唯通乎性命之情，而仁义之术自行矣。"吕氏之高正在"通乎性命之情"，既用人之天赋人欲，又制其泛滥。显见儒家"说教"多于事无补，盖因道德说教难通"性命之情"，吕氏拥道家之"性命之情"以济儒家空洞说教之窘境。儒家之失则在于以仁义道德凌于利益之上，故而"爱民"往往流于形式。吕氏于"义"前再加一"理"字，即"当理不避其难"，一反儒家"罕言利"或"何必曰利"或"小人喻于利"之论。《慎行论·慎行》曰："君子计行虑义，小人计行其利，乃不利。有知不利之利者，则可与言理矣。"有利之利，亦有不利之利，必须审其选择去取。吕氏一以贯之为者，"有度""适度"。言"欲"必不离"利"，故适利也须适欲。吕氏于"乐"则黜墨子《非乐》《非攻》，以"乐"乃"天地之和，阴阳之调……天使人有欲，人弗得不求?"盖因乐欲亦天性，墨家"非乐"者，不通性命之理。

三、"贵生治身"胜于道德说教

孟子有"圣人与我同类者""尧舜与人同耳"之论，而天赋人欲，不节乃滥，然过犹不及耳！所谓圣人君主，无修节止欲，则天下汹汹。圣人嗜欲爱恶与人无异，所异者，"得情"为明，"失情"为暗，得情者，知贵生，唯于"疾学"。或曰疾学而致尧舜，此通家与专家之别也。

杨朱之"为我"只言适欲须制四官（感官），而吕氏则以"情"论之，欲生于情而复节于情，故制欲便在于节情。以贵生而制欲为"得情"，非贵生即纵欲而"失情"，情发于内而欲求于外。欲基于肉体而生于天性，情原于思想而生于理性。荀子认为，生而有好，生而有欲，欲而生恶，而制之策即临之以君上、化之以礼义、治之以法正、禁之以刑罚。荀子之策均在外力，吕氏认为化善之道，当本于内力，凡动物之情，皆在贵生恶死，故此基于"贵生"而"行情适欲”乃可。《不苟论·贵当》曰:“性者万物之本也,不可长,不可短,因其固然而然之,此天地之数也……贤不肖之所欲与人同,尧、桀、幽、厉皆然。”荀子以“性”为坏,“偏阴而正,悖乱而不治”,所以要以权势、礼仪、刑罚重塑之。吕氏则以性为自然,《孟秋纪·荡兵》曰:“性者所受于天,非人之所能为也,武者不能革,工者不能移。”《仲春纪·贵生》曰:“天地之数”无论好坏,欲乃天赋,应“因其固然而然之”。“害于生则止……耳目口鼻,不得擅行,必有所制。”即以情节欲,不使泛滥,则生善性。儒家以礼节欲,以理性制情性,至荀子又加之以刑法。老子主绝欲,庄子主任欲,而杨朱则纵欲。可见儒家以外力制欲,道家以内力或禁或纵,皆偏执一端,未得“执中”。而独吕氏以顺遂六欲之法,此长生久视之道,善养生命者必先适欲,最得其要。奢靡则戕生,顺适则养生。世间万物为我所用,用之得宜则有利,否则有害。因“嗜欲无穷,则必有贪鄙悖乱之心,淫佚奸诈之事矣”(《仲夏纪·侈乐》)。徐复观说:吕氏“对情欲既加以肯定,又要加以节制,与儒家相同,但节制的根据,不是直接求之于理性的本身,乃由《老子》‘五色令人目盲’之意,直接求之于情欲的本身。他反复发挥物质享受太过,则反使情不适而生命为之剥丧。能节制欲望,反可适于情,而保全天所与人的生命:此之谓‘全生’‘全性’‘全天’。”[①]《孟春纪·本生》曰:“是故圣人之于声色滋味也,利于性则取之,害于性则舍之,此全性之道也。世之贵富者,其于声色滋味也,多惑者,日夜求,幸而得之,则遁焉。遁焉,性恶得不伤……万物章章,以害一生,生无不伤;以便一生,生无不长。故圣人之制万物也,以全其天也。”吕氏以生命之须为准,亦曰生理卫生。吕氏本于《中庸》所言“天命之谓性,率性之谓道”,认为“天地万物,一人之身也”,即人身自有天性,须养生以全天。

---

① 徐复观:《〈吕氏春秋〉及其对汉代学术与政治的影响》,王启才:《〈吕氏春秋〉学术档案》,武汉:武汉大学出版社,2015年版,279页。

四、"贵生御君"胜于鬼神吓唬

墨子认为天下祸篡怨恨之乱之所起,在于不相爱,若兼相爱则家国不相乱,盗贼无有,君臣父子皆能孝慈,是故"兼相爱,交相利"则"强不执弱,众不劫寡,富不侮贫,诈不欺愚"(《墨子·兼爱中》),若此则天下治,三代圣王即兼而爱之,从而利之以治。而墨子未明世态之难于"兼相爱",乃因其与"交相利"并非必然因果,"利"非源于"爱"而或源于"夺","夺"源于"欲"。故墨子以"天志""明鬼"仅吓唬天子、诸侯。然天下汹汹,礼崩乐坏,天鬼何在,墨家技穷!吕氏打通墨子"爱利"之说,言君王南面而立,必制私欲以爱利民为心,以"适威"而止滥权。《离俗览·适威》曰:"古之君民者,仁义以治之,爱利以安之,忠信以导之,务除其灾,思致其福。"即以仁义、爱利、忠信并举,恒思人民福祉,今言"心里装着百姓"。而"爱利为民"之天敌即"私欲",纵欲致使权威滥用,故吕氏又曰"适威"。《离俗览·用民》曰:"威太甚则爱利之心息,爱利之心息而徒疾行威,身必咎矣,此殷夏之所以绝也。"人欲即天性,"贵生"必节欲。吕氏之"贵生"在于"全天""养性",即"察阴阳之宜,辨万物之利"。人皆欲长生久视,君王则极之,故以"卫生"说之,则不容其不受。治国用威乃自然之理,威滥源于纵欲,而纵欲则害生,"欲"与"生"权之,"生"之不存,"欲"之焉附?故不"贵生"则身咎、天下绝。何谓"贵生","行情适欲"也。

墨子"兼爱""爱利"之难为因果,"天志""明鬼"之赏罚难明,而吕氏"贵生""适欲"则鹄的分明。《恃君览·知分》曰:"达士者,达乎死生之分。达乎死生之分,则利害存亡弗能惑矣。"《孟春纪·重己》曰:"世之人主贵人,无贤不肖,莫不欲长生久视,而日逆其生,欲之何益?凡生之长也,顺之也;使生不顺者,欲也;故圣人必先适欲。"故吕氏黜墨子《天志》《明鬼》《尚同》《非命》之旨甚明,鬼神唬不住君王,而死神则是震慑乎!

五、"顺天用欲"胜于用威压服

吕氏以天赋人欲，贵贱愚智若一，炎黄桀纣无异，欲生恶死、欲荣恶辱、衣食保暖何罪之有？"天使人有欲，人弗得不求。天使人有恶，人弗得不辟。欲与恶，所受于天也，人不得与焉，不可变，不可易。"（《仲夏纪·大乐》）故禁之是为逆天，顺之是为顺天。御君须"适欲"，而御民亦须"适欲"。

君欲"贵生"，民弗"贵生"？故"圣人深虑天下，莫贵于生"。前论欲不可禁，亦不可纵，唯在"行情适欲"。"欲"乃人行动之源、社会进步之阶，故曰"不可禁"；"欲"亦为乱德之源、伐性之斧，故曰"不可纵"。吕氏"执中"之理正在于"用欲"以励志进取。《离俗览·为欲》曰："使民无欲，上虽贤犹不能用。夫无欲者，其视为天子也与为舆隶同，其视有天下也与无立锥之地同，其视为彭祖也与为殇子同。天子，至贵也，天下，至富也，彭祖，至寿也，诚无欲则是三者不足以劝。舆隶，至贱也，无立锥之地，至贫也，殇子，至夭也，诚无欲则是三者不足以禁……故人之欲多者，其可得用亦多；人之欲少者，其得用亦少；无欲者，不可得用也。……善为上者，能令人得欲无穷，故人之可得用亦无穷也。蛮夷反舌殊俗异习之国，其衣服冠带，宫室居处，舟车器械，声色滋味皆异，其为欲使一也。三王不能革，不能革而功成者，顺其天也；桀、纣不能离，不能离而国亡者，逆其天也。"御人之术在于"令人得欲无穷"，或曰御民者，莫过于施惠，"务除其灾，思致其福"（《离俗览·适威》），便民利民，民乐从之，"仁人之于民也，可以使便（利）之，无不行也"（《开春论·爱类》），顺应民意"欲荣利，恶辱害"之天性，则"民无不令"。顺天性则成，逆天则败。吕氏"适欲"论较之儒家压抑人欲，道家之放纵人欲，法家扭曲人欲，境界尤大。而自汉起，儒家意志渐成主流，降至宋明，禁欲日甚，孰料人性之欲愈压愈张，人心不古。"今以众地者，公作则迟，有所匿其力也；分地则速,无所匿迟也”(《审分览·审分》),大道至简,洞穿数千载!以“改革开放”为转捩点,“适欲”也。能者上、庸者下,真乃“按劳分配”之真谛也,故曰回归理性与人性乃千载不易之理。

无欲之人无用,吕氏思致精微。《仲春纪·情欲》说“耳不乐声,目不乐色,口不甘味,与死无择”,心如止水者,何以自强不息?欲者,有天性也有习性,而习性即“非性”,革除习性,欲望乃正,否则必遭身夭国亡。《孟春纪·本生》曰:“肥肉厚酒,务以自强,命之曰‘烂肠之食’。靡曼皓齿,郑卫之音,务以自乐,命之曰‘伐性之斧’。三患者,贵富之所致也。故古之人有不肯贵富者矣,由重生故也;非夸以名也,为其实也。则此论之不可不察也。”纵欲即为伤身害体之习性,故古之智者始有不肯富贵者,非为邀名,乃重生之故,即“适耳目,节食欲,去巧故”(《季春纪·论人》)。

吕氏任自然、减私欲之贵生观源于老子而本于《周易》,然吕氏不惟养生论之,以此论治道乃其用心所在。《审分览·执一》曰:“为国之本,在于为身。身为而家为,家为而国为,国为而天下为……此四者,异味同体。”为身、为家乃至治国之本必在于满足人之合理欲望。《离俗览·用民》曰:“民之用也有故,得其故,民无所不用。用民有纪有纲,壹引其纪,万目皆起,壹引其纲,万目皆张。为民纪纲者何也?欲也,恶也。何欲,何恶?欲荣利,恶辱害。辱害所以为罚充也,荣利所以为赏实也。赏罚皆有充实,则民无不用矣。”欲与恶乃网罟之纲领,用民须使民有欲。用民不滥威,“威愈多,民愈不用”。“故古之圣王,审顺其天而以行欲,则民无不令矣,功无不立矣。”可谓前无古人,以适欲为准绳,以民生为基点,以治国为鹄的,乃《吕氏春秋》之要旨。

恢复高考四十年祭

大地寒凝百足僵，惊雷初动泪沾裳。
春催几度壮行色，秋染江湖半世霜。
揖别犁锄情切切，恭迎简册意惶惶。
回眸一笑三千里，至味依然是秕糠。

后　记

余幼虽好读,然困于“文革”,日欲问学而无业师,夜思挑灯而少简册,懵懵懂懂,不觉弱冠。怜无知青年凄凄惶惶,念广阔天地无处栖身。忽逢龙虎大比,幸列孙山之右,抚今追昔,青衫拭目。遂有“千军万马过独木桥”“七七、七八届”语定格。值家国百废待兴,倥偬卒业,匆匆赴职,谁知天赋愚顽,忙课顽童,闲敲棋子,忝为人师竟鲜开书箧,常顾旗亭又自命而立。或艳羡商海怀金,或流连宦游弹冠,临歧啜泣有年矣。天生仲尼,万古传训,年届不惑,茅塞初开,“奔向海陆丰”。名曰自北疆冰城转徙南国海隅,实则由府衙操刀而归杏坛执鞭。岁月如流,白云苍狗,屈指寓粤之汕尾职业技术学院(原汕尾师范)廿又二载矣!此地海陆相拥,风光旖旎,聆马思聪之音、浸钟敬文之墨,息心传道授业,埋头吟课诗书,睥睨殿阁消息,走马兰台世界,入于诗骚,出于经史,虽似自寻南冠,实则乐天知命矣!戏曰:“荆卿别易水,文君卖当垆。宋玉悲秋雨,明妃伤春露。青莲频中圣,少陵架茅屋。半山得魏阙,东坡适江湖。诡谲师成心,搦翰江山助。”

世纪之初,缘伍巍教授荐引,访问暨南大学,忝列绍瑾教授门墙,朝夕切磋,寒暑琢磨,又蒙蒋述卓教授、赵维江教授和张海沙教授之沾溉,一时文质相荡,草长莺飞。值夏末羊城熏蒸未退,唯以拍按香檀为消暑之药石,以吟咏烟霞为悬梁之针砭。某夜,于明湖居寓所撰文,曰《寻找“美人”神韵》,不觉入乎其中,乃“倚声”而歌《寻美人》:“花间月下,曾依偎白衣卿相;白石洞外,有道人蓑笠寒江。最无端、春秋代序,美人迟暮,皈依梦里水乡。唯只见诗邦骚人，无限怅惘，黄泉碧落，两处茫茫……今有胡适振臂，西风横空激荡，狂飙突进，也留下片段残章。怎奈何、马滑霜浓，匆匆过客，遥看渝州叶黄。千古美人知何在？蓦然回首，伊人犹在，寻常闾巷！”名为倚声，实则自度，虽温柳二卿而未得闻之。愚以《菩萨蛮》《雨霖铃》已不存宫商之皮，奈何附其曲牌之毛，计较平分阴阳，商量仄别去入，得无削足适履耶！胡云翼终身不填一阕，其用心何其良苦。所谓倚声，实为字正腔圆而非抑扬顿挫，若则今之度词，惟陈言之务去，词曲相摩，两情相悦。

而今又值仲夏，大地蒸腾，栖身闾巷，终日校订，对语先哲，抚今思古，虽身疲而心快，苦独木之难支，幸赖门下本科一六级徐良禧、一七级刘丹燕，专科一七级陈曼琪、周子恩等，酷暑秉烛，子夜网还，严核句读，锱铢不遗。谁知披阅旧稿，终觉旨趣肤廓，义法稚拙，老杜曰“文章憎命达，魑魅喜人过”，今者堂庑犹促，无乃此身筋骨之不疲、心志之不苦乎！

值此搁笔，难忘方正会发中学张文龙高级教师之启蒙，难忘双师何金仁高级讲师、李新光高级讲师、张景武副教授、陆豪翔副教授和罗昕高级讲师之耳提，难忘牡丹江师范学院宋德胤教授、高志忠教授、智少前处长、江世明处长、杨盛华副教授、张荣法副教授、黄万华教授、张迪修老师之面命！再，谨谢师妹牡丹江师范学院文学院宋娟教授指示母校消息，谨谢我系戴国芳副教授、陈醒芬硕士之谋篇卓见，祈使卒章著功！

人生如寄，难尽春花秋月，逆旅征鸿，恒思雪泥指爪。杏坛弦歌，沂水浴风，敢问鲁叟乘桴？春秋代序，高风黄叶，唯冀拙文请益。谨志铭感！

李万堡戊戌仲夏于汕尾海滨寓所